ÉPARGNANTS D'AFRIQUE, INQUIÉTEZ-VOUS !

5-7, rue de l'École-polytechnique ; 75005 Paris

http://www.librairieharmattan.com
diffusion.harmattan@wanadoo.fr
harmattan1@wanadoo.fr

ISBN : 978-2-296-56384-1
EAN : 9782296563841

Arlète TONYE

ÉPARGNANTS D'AFRIQUE, INQUIÉTEZ-VOUS !

L'Harmattan

Études Africaines

Collection dirigée par Denis Pryen et François Manga Akoa

Dernières parutions

Patrice ITOUA « Lepatrick », *Le cinquantenaire économique du Congo-Brazzaville. Fonctionnariat et entreprenariat*, 2011.

Pape Moussa SAMBA, *Léopold Sédar Senghor, philosophe de la culture*, 2011.

François Lonsény FALL, *Mon pari pour le Guinée. Le changement est possible*, 2011.

Emmanuel YENSHU VUBO, *Inventer un nouvel espace public en Afrique. Le défi de la diversité ethnique*, 2011.

Yaya KONE, *Anthropologie de l'athlétisme en Afrique de l'Ouest, La condition de l'athlète*, 2011.

Anna M. DIAGNE, Sascha KESSELER, Christian MEYER (éd.), *Communication Wolof et société sénégalaise. Héritage et création*, 2011.

Fabrice AGYUNE NDONE, *Changement social chez les Makina du Gabon*, 2011.

B. H. MOUSSAVOU, *Prisons africaines. Le cas du Gabon*, 2011.

MOTAZE AKAM, *La sociologie de Jean-Marc Ela*, 2011.

Léon Modeste NNANG NDONG, *L'effort de guerre de l'Afrique. Le Gabon dans la Deuxième Guerre mondiale (1939-1947)*, 2011.

Joseph MBOUOMBOUO NDAM (sous la dir.), *La microfinance à la croisée des chemins*, 2011.

Benoît AWAZI MBAMBI KUNGUA, *De la postcolonie à la mondialisation néolibérale Radioscopie éthique de la crise négro-africaine contemporaine*, 2011.

Anne COUSIN, *Retour tragique des troupes coloniales, Morlaix-Dakar, 1944*, 2011.

Hopiel EBIATSA, *Fondements de l'identité et de l'unité teke*, 2011.

Patrice MOUNDOUNGA MOUITY, *Transition politique et enjeux post-électoraux au Gabon*, 2011.

Baoua MAHAMAN, *La nouvelle génération d'Africains. Quand les idéalistes d'hier plient face au système*, 2011.

Ghislaine SATHOUD, *Rendez aux Africaines leur dignité*, 2011.

Théodore Nicoué GAYIBOR, *Sources orales et histoire africaine*, 2011.

Arlète TONYE

ÉPARGNANTS D'AFRIQUE, INQUIÉTEZ-VOUS !

L'Harmattan

Études Africaines

Collection dirigée par Denis Pryen et François Manga Akoa

Dernières parutions

Patrice ITOUA « Lepatrick », *Le cinquantenaire économique du Congo-Brazzaville. Fonctionnariat et entreprenariat*, 2011.
Pape Moussa SAMBA, *Léopold Sédar Senghor, philosophe de la culture*, 2011.
François Lonsény FALL, *Mon pari pour le Guinée. Le changement est possible*, 2011.
Emmanuel YENSHU VUBO, *Inventer un nouvel espace public en Afrique. Le défi de la diversité ethnique*, 2011.
Yaya KONE, *Anthropologie de l'athlétisme en Afrique de l'Ouest, La condition de l'athlète*, 2011.
Anna M. DIAGNE, Sascha KESSELER, Christian MEYER (éd.), *Communication Wolof et société sénégalaise. Héritage et création*, 2011.
Fabrice AGYUNE NDONE, *Changement social chez les Makina du Gabon*, 2011.
B. H. MOUSSAVOU, *Prisons africaines. Le cas du Gabon*, 2011.
MOTAZE AKAM, *La sociologie de Jean-Marc Ela*, 2011.
Léon Modeste NNANG NDONG, *L'effort de guerre de l'Afrique. Le Gabon dans la Deuxième Guerre mondiale (1939-1947)*, 2011.
Joseph MBOUOMBOUO NDAM (sous la dir.), *La microfinance à la croisée des chemins*, 2011.
Benoît AWAZI MBAMBI KUNGUA, *De la postcolonie à la mondialisation néolibérale Radioscopie éthique de la crise négro-africaine contemporaine*, 2011.
Anne COUSIN, *Retour tragique des troupes coloniales, Morlaix-Dakar, 1944*, 2011.
Hopiel EBIATSA, *Fondements de l'identité et de l'unité teke*, 2011.
Patrice MOUNDOUNGA MOUITY, *Transition politique et enjeux post-électoraux au Gabon*, 2011.
Baoua MAHAMAN, *La nouvelle génération d'Africains. Quand les idéalistes d'hier plient face au système*, 2011.
Ghislaine SATHOUD, *Rendez aux Africaines leur dignité*, 2011.
Théodore Nicoué GAYIBOR, *Sources orales et histoire africaine*, 2011.

A Nathanaël, mon papa,
dont l'éclat a terni dans un monde qui n'était pas le sien

Sommaire

Sommaire

Introduction

« L'Afrique centrale dispose désormais d'un fonds de garantie pour les banques : l'organisme chargé de garantir et de sécuriser les dépôts des épargnants est désormais opérationnel au sein des pays de la Communauté économique et monétaire de l'Afrique centrale »[1]

A la différence du Messie, il est arrivé, le Fonds de Garantie des dépôts en Afrique Centrale dit FOGADAC. Après sept ans de gestation, paraît-il. Sous quelle forme ? Quel est son statut ? Quels en sont les critères d'éligibilité, les principes et les mécanismes de fonctionnement ? Mystère ! Faut-il s'en étonner ? A la réflexion, rien que de très banal, la transparence n'étant pas encore fréquentable. Comme d'habitude, il faudra aller à la pêche à l'information, solliciter amis, relations et connaissances pour avoir accès au Graal. Exercice intéressant mais fatiguant et notoirement injuste. Car si l'on en croit ses objectifs, c'est au FOGADAC de vulgariser sa naissance, de diffuser cette information auprès du public au service duquel il se prétend. Faut-il expliquer cette discrétion par l'insuffisance des solutions proposées ? N'ayant pas lu le texte fondateur aussi bien gardé que la formule du Coca-Cola, nous nous référons donc à l'article susvisé dont la lecture laisse perplexe. Et pour cause !

A la présidence du FOGADAC trône…le *Gouverneur* de la Banque des Etats de l'Afrique Centrale, ci-devant, *Président de la Commission Bancaire et du Comité de Politique Monétaire.* Non que l'on mette en doute ses compétences mais il ne serait pas complètement inconcevable qu'une autre distribution soit possible. A son flanc, siègeraient les représentants des six Etats de la CEMAC. Tout cela dégage un fort remugle au moins de conflits d'intérêts ou carrément de collusion voire de confiscation. Cet appétit gargantuesque est une immense source d'inquiétude.

C'est l'exact contraire de la bonne gouvernance dont tous les représentants de la profession bancaire connaissent le refrain et les recommandations. En somme, ne faîtes pas ce que je fais, faîtes ce que je dis. C'est peu dire que la tâche sera ardue, notamment, lorsque l'on lit que le fonds est un *« mécanisme de protection des dépôts ou système d'assurance des dépôts, financé par les contributions des banques, variant selon les dépôts qu'elles collectent, et à hauteur minimale de 30 millions de francs*

[1] Les Afriques n°153 du 17 au 23 mars 2011.

CFA par banque et 5 millions de francs CFA par institution financière non collectrice de dépôts.

En retour, le FOGADAC procèdera au remboursement des dépôts des épargnants et autres avoirs placés auprès des banques de la Communauté économique et monétaire de l'Afrique Centrale, à hauteur de 5 millions de francs CFA maximum, en cas de difficultés rencontrées par ces institutions financières ».

Quelle est la définition de la difficulté ? Pourquoi 5 millions ? Pour qui les 5 millions ? Quand et comment touchera-t-on les 5 millions ? Dans quel délai ? Quid du solde ? On aurait voulu célébrer des ambiguïtés génératrices de confusion et de retards qu'on ne s'y serait pas pris autrement. Et même, ce fonds eut-il été exemplaire qu'on aurait toujours trouvé à redire parce que la première préoccupation est moins la création du Fonds de garantie que la prévention des difficultés bancaires, le tout allant au moins de pair. Le traitement des faillites bancaires qu'on appelle pudiquement « difficultés » est une vraie course de lenteur d'autant plus incompréhensible que les exemples ne manquent pas. *Amity Bank, Cofinest, Union Bank of Cameroon, First Trust Savings and loan, le Groupe Commercial Bank.*! Ces épisodes d'un triste feuilleton imposent une réflexion sur le management des banques en Afrique francophone. Car, pour l'instant, rien n'interdit que la liste s'allonge. Une telle tempête pour une petite place comme l'Afrique Centrale incite à l'interrogation sur la gestion des structures bancaires dans un secteur pourtant outrageusement réglementé. Et la bourrasque qui a affecté à la Banque des Etats de l'Afrique Centrale l'équilibre de la Tour de Pise n'incline pas vraiment à la sérénité.

Adossée à la réglementation française sous la houlette des trois organes de contrôle et de régulation bancaire que sont le Comité de Bâle, le Fonds de Stabilité Financière et le Fonds Monétaire International, la législation bancaire africaine s'attelle au respect des standards internationaux depuis la faillite des banques de développement des années 90. Malgré un découpage sous régional autour de l'Union Monétaire Ouest Africaine dite UMOA (Bénin, Burkina, Côte-d'Ivoire, Guinée Bissau, Mali, Niger, Sénégal, Togo), d'une part et de la Communauté des Etats de l'Afrique centrale dite CEMAC (Cameroun, Centrafrique Congo, Gabon, Guinée Equatoriale, Tchad) d'autre part, on retrouve des réglementations jumelles tant au niveau de l'accès à la profession bancaire, du contrôle de l'activité bancaire qu'à celui du traitement des établissements de crédit en difficulté.

La défaillance de certains établissements de crédit résulte d'émancipations indues, qui livrent au public la dangereuse vulnérabilité d'un système bancaire et financier inabouti. Cette inquiétante faiblesse pose trois questions, avec en filigrane le souci constant de la sécurité des déposants :

- le management des banques et établissements de crédit,
- leur contrôle et leur supervision,
- le traitement de leurs difficultés
- la création d'un fonds de garantie.

En effet, concentrée en un arsenal de règles préventives et répressives, la législation a négligé la dimension curative d'une maladie dont elle n'a pas posé le diagnostic. Suit un vide juridique vertigineux pour qui sait que l'activité bancaire consiste en la gestion de l'épargne publique, du risque et de la confiance.

L'état du droit traduisant la connaissance du législateur de la matière à laquelle il s'applique, il est concevable qu'instruit par une douloureuse expérience, le législateur se penche sur le cœur du sujet, le traitement des défaillances bancaires. Les turbulences actuelles démontrent que les faillites font partie du champ des possibles, tant certaines administrations provisoires tiennent de l'acharnement thérapeutique. D'autres cas ne méritent-ils pas simplement une reposante et salutaire euthanasie pour l'économie communautaire plutôt que l'entretien d'une gangrène nocive pour la collectivité ? En outre, le recours supplétif aux règles de droit commun des procédures collectives met en exergue leur inadaptabilité à la structure bilancielle des établissements de crédit, qui ne sont pas des sociétés anonymes classiques.

Certes, la réglementation bancaire en Afrique est un sacré labyrinthe. Jugez-en.

ZONE CEMAC

- Règlement COBAC R-2009/02 portant fixation des catégories d'établissements de crédit, de leur forme juridique et des activités autorisées
- Règlement COBAC R-2009/01 portant fixation du capital social minimum des établissements de crédit
- Règlement COBAC R-2005/01 relatif aux diligences des établissements assujettis en matière de lutte contre le blanchiment des capitaux et le financement du terrorisme en Afrique Centrale
- Règlement COBAC R-2008/01 portant obligation d'élaboration par les établissements de crédit d'un plan de continuité de leurs activités.

- Règlement COBAC R-92/01 du 22 décembre 1992 relatif à la procédure de convocation et d'audition des dirigeants d'établissement de crédit
- Règlement COBAC R-92/02 du 22 décembre 1992 relatif à l'agrément des commissaires aux comptes des établissements de crédit
- Règlement COBAC R-93/01 maintenant en vigueur le plan comptable sectoriel des banques et établissements financiers et les réglementations nationales relatives à la liste, à la teneur et aux délais de transmission des documents destinés aux organes de contrôle de l'activité bancaire
- Règlement COBAC R-93/02 relatif aux fonds propres nets des établissements de crédit
- Règlement COBAC R-93/05 relatif à la couverture des immobilisations
- Règlement COBAC R-93/06 relatif à la liquidité des établissements de crédit
- Règlement COBAC R-93/07 relatif à la transformation réalisée par les établissements de crédit
- Règlement COBAC R-93/09 relatif aux modifications de situation des établissements de crédit
- Règlement COBAC R-93/10 fixant les règles de représentation du capital minimum des établissements de crédit
- Règlement COBAC R-93/11 relatif aux participations d'établissements de crédit dans le capital d'entreprise
- Règlement COBAC R-93/12 relatif à l'exercice d'activités autres que celles visées aux articles 4 à 7 de l'annexe à la convention du 17 janvier 1992
- Règlement COBAC R-93/13 relatif aux engagements des établissements de crédit en faveur de leurs actionnaires ou associés, administrateurs, dirigeants et personnel
- Règlement COBAC R-93/14 modifiant les dispositions de l'article 3 du règlement COBAC R-92/01 du 22 décembre 1992 relatif à la procédure de convocation et d'audition des dirigeants d'établissement de crédit
- Règlement COBAC R-94/01 modifiant les dispositions de l'article 2 du règlement COBAC R-93/06 relatif à la liquidité des établissements de crédit
- Règlement COBAC R-96/01 relatif à la structure du portefeuille-crédit des établissements de crédit

- Règlement COBAC R-98/01 relatif au plan comptable des établissements de crédit
- Règlement COBAC R-98/02 relatif à la comptabilisation des créances et dettes rattachées
- Règlement COBAC R-98/03 relatif à la comptabilisation et au provisionnement des créances en souffrance et des engagements par signature douteux
- Règlement COBAC R-99/01 fixant les procédures de mise à jour du plan comptable des établissements de crédit
- Règlement COBAC R-2001/02 relatif à la couverture des risques des établissements de crédit
- Règlement COBAC R-2001/03 relatif à la division des risques des établissements de crédit
- Règlement COBAC R-2001/07 relatif au contrôle interne dans les établissements de crédit
- Règlement COBAC R-2003/01 relatif à l'organisation des comptabilités des établissements de crédit
- Règlement COBAC R-2003/02 relatif à la surveillance des positions de change
- Règlement COBAC R-2003/03 relatif à la comptabilisation et au traitement prudentiel des opérations sur titres effectuées par les établissements de crédit
- Règlement COBAC R-2003/04 relatif à la comptabilisation des opérations de cession d'élément d'actif
- Règlement COBAC R-2003/05 complétant le règlement COBAC R-98/03 relatif à la comptabilisation et au provisionnement des créances en souffrance et des engagements par signature douteux
- Règlement COBAC R-2003/06 complétant le règlement COBAC R-2001/02 relatif à la couverture des risques des établissements de crédit
- Règlement COBAC R-2003/07 complétant le règlement COBAC R-2001/03 relatif à la division des risques des établissements de crédit
- Règlement n°03/03/CEMAC//UMAC/COBAC habilitant la Commission Bancaire de l'Afrique Centrale à déterminer le modèle et la teneur des comptes publiables des établissements de crédit
- Règlement n°04/03/CEMAC/UMAC/COBAC relatif aux diligences des commissaires aux comptes dans les établissements de crédit
- Règlement n°01/00/CEMAC/UMAC/COBAC portant institution de l'agrément unique des établissements de crédit dans la Communauté Economique et Monétaire de l'Afrique Centrale

- Convention portant création d'une Commission Bancaire de l'Afrique Centrale
- Convention portant harmonisation de la réglementation bancaire dans les États de l'Afrique Centrale

INSTRUCTIONS DE LA COMMISSION BANCAIRE

- Instruction COBAC I-2005/01 relative à la compatibilité de certaines activités avec le mandat de commissaire aux comptes d'un établissement de crédit
- Instruction COBAC I-2003/01 portant modification du plan comptable des Etablissements de crédit et de l'instruction I-2002/01
- Instruction COBAC I-2002/01 portant modification du plan comptable des Etablissements de crédit
- Instruction COBAC I-2002/01 portant modification du plan comptable des Etablissements de crédit
- Instruction COBAC I-99/03 mettant en vigueur le système de collecte d'exploitation et de restitution aux banques et établissements financiers des États réglementaires
- Instruction COBAC I-99/02 relative à la concordance entre la situation trimestrielle détaillée et le plan comptable des établissements de crédit
- Instruction COBAC I-99/01 relative à la concordance entre la situation mensuelle détaillée et le plan comptable des établissements de crédit
- Instruction COBAC I-93/13 relative aux engagements des établissements de crédit en faveur de leurs actionnaires, associés, administrateurs, dirigeants et personnel
- Instruction COBAC I-93/12 relative à la transformation effectuée par les établissements financiers (complétant l'instruction I-93/06 du 23 avril 1993)
- Instruction COBAC I-93/11 relative à la liquidité des établissements financiers (complétant l'instruction I-93/05 du 23 avril 1993)
- Instruction COBAC I-93/10 relative à la division des risques des établissements financiers (complétant l'instruction I-93/04 du 23 avril 1993)
- Instruction COBAC I-93/09 relative à la couverture des immobilisations des établissements financiers (complétant l'instruction I-93/03 du 23 avril 1993)

- Instruction COBAC I-93/08 relative à la couverture des risques des établissements financiers (complétant l'instruction I-93/02 du 23 avril 1993)
- Instruction COBAC I-93/07 relative au calcul des fonds propres nets des établissements financiers
- Instruction COBAC I-93/06 relative à la transformation réalisée par les établissements de crédit
- Instruction COBAC I-93/05 relative à la liquidité des établissements de crédit
- Instruction COBAC I-93/04 relative à la division des risques des établissements de crédit
- Instruction COBAC I-93 /03 relative à la couverture des immobilisations des établissements de crédit
- Instruction COBAC I-93/03 relative à la couverture des immobilisations des établissements de crédit
- Instruction COBAC I-93/02 relative à la couverture des risques des établissements de crédit
- Instruction COBAC I-93/01 relative aux fonds propres nets des établissements de crédit

REGLEMENTATION DE LA MICROFINANCE

- Règlement n° 01/02/CEMAC/UMAC/COBAC relatif aux conditions d'exercice et de contrôle de l'activité de microfinance dans la Communauté Economique et Monétaire de l'Afrique Centrale
- Règlement COBAC EMF 2002/01 relatif au champ d'application des règlements COBAC sur les normes prudentielles des EMF
- Règlement COBAC EMF 2002/02 relatif à la limitation des opérations autorisées à titre accessoire
- Règlement COBAC EMF 2002/03 relatif aux fonds patrimoniaux
- Règlement COBAC EMF 2002/04 relatif aux fonds propres nets
- Règlement COBAC EMF 2002/05 relatif aux conditions de constitution du fonds de solidarité
- Règlement COBAC EMF 2002/06 relatif à la constitution de réserves
- Règlement COBAC EMF 2002/07 relatif à la couverture des risques
- Règlement COBAC EMF 2002/08 relatif à la division des risques
- Règlement COBAC EMF 2002/09 relatif à la couverture des immobilisations par les EMF

- Règlement COBAC EMF 2002/10 relatif aux engagements des EMLF en faveur de leurs actionnaires, administrateurs, dirigeants et personnel
- Règlement COBAC EMF 2002/11 fixant le nombre de sociétaires et de parts détenues par un même membre
- Règlement COBAC EMF 2002/12 relatif à la couverture des crédits par les ressources disponibles
- Règlement COBAC EMF 2002/13 relatif aux conditions de recours aux lignes de financement
- Règlement COBAC EMF 2002/14 relatif à la liquidité des EMF
- Règlement COBAC EMF 2002/15 fixant les règles d'émission des chèques
- Règlement COBAC EMF 2002/16 relatif à la prise de participation des EMF
- Règlement COBAC EMF 2002/17 relatif aux modifications de situation juridique et aux conditions de prise de participation dans les EMF
- Règlement COBAC EMF 2002/18 relatif à la comptabilisation et au provisionnement des créances douteuses
- Règlement COBAC EMF 2002/19 relatif à la liste, à la publicité et aux délais de transmission des documents destinés aux organes de contrôle des EMF
- Règlement COBAC EMF 2002/20 relatif aux diligences des établissements de microfinance de la première catégorie ayant un total de bilan inférieur ou égal à cinquante millions F.CFA
- Règlement COBAC EMF 2002/21 relatif aux formes juridiques liées à chaque catégorie d'EMF

ZONE UMOA

- Réglementation du système bancaire et financier
- Loi bancaire
- Dispositif prudentiel
- Agrément unique
- Avis n°01/2007/RB du 02 novembre 2007 aux banques et établissements financiers relatif au relèvement du capital social minimum des établissements de crédit de l'Union Monétaire Ouest Africaine (UEMOA)
- Dispositif de régulation monétaire

- Titres de créances négociables
  . Objectifs, mécanismes
  . Règlements relatifs à l'émission des titres
- Marché monétaire de l'UEMOA
- Marché interbancaire de l'UEMOA
- Guichets permanents de refinancement
- Système des réserves obligatoires
- Dispositif de suivi des crédits primaires : Dispositif des accords de classement
- Réglementation des changes en vigueur dans l'UEMOA

Autres textes légaux ou réglementaires

- Décret-cadre relatif au calcul du taux effectif global
- Instruction n° 01/2007/RB relative à la lutte contre le blanchiment de capitaux au sein des organismes financiers
- Loi portant définition et répression de l'usure

La brûlante actualité immédiate dévoile des pratiques peu soucieuses des desseins traditionnels des entreprises financières, ouvrant un vaste champ de réflexion profond et légitime sur le métier de banquier à l'heure où l'argent est devenu une matière première. La lecture des rapports d'inspection des banques et établissements en difficulté laisse pantois quant à la raison même de la création de certains d'entre eux. On croyait ces entreprises actrices majeures de la croissance économique par l'alimentation des circuits commerciaux et industriels, on en découvre, qui sont des instruments de tonte, les épargnants ayant tout l'air d'un troupeau de moutons. Ces impostures rappellent que l'essentiel de la banque, ce n'est pas le capital des quelques actionnaires, mais l'argent de milliers de déposants qu'elle draine comme intermédiaire financier pour les besoins de la collectivité. La sensibilité et l'importance de l'activité bancaire ont donné lieu à une réglementation sourcilleuse comme premier sas vers l'exigence. C'est ainsi qu'il faut comprendre le recrutement sélectif de ses acteurs par la procédure d'agrément. Or le management des banques sous le choc traumatique défie les logiques orthodoxes en la matière. L'audace et la régularité des habitudes en contravention avec la réglementation, l'inobservation des prescriptions d'évaluation, la collusion des protagonistes tendent à peindre les établissements de crédit comme des lieux de liberté au détriment de la sécurité des déposants.

Ce management préjudiciable à l'épargnant traduit des comportements en déviance avec la tradition bancaire, tellement inexplicables sont les choix, loin les objectifs et absente la stratégie. Ces orages expriment tous les défauts d'un processus qui ne s'embarrasse ni de règles, ni de résultats et encore moins de valeurs. Aussi n'est-il pas superflu d'oublier les réflexes ethniques, d'écarter les suspicions politiques pour dresser un état de lieux (Titre 1) et ouvrir des pistes de réflexion (Titre 2).

Titre 1

Etat des lieux

Chapitre 1

La complaisance du contrôle bancaire

La fragilité de l'armature bancaire fait du contrôle un objectif majeur. Le nombre, le niveau et la variété des intervenants plaident pour une organisation en réseau de surveillance dans les formes et les méthodes de contrôle et, surtout, pour l'évaluation de leur efficacité.

Section I. Les formes de contrôle

I. Le contrôle interne

Il se déploie à deux niveaux : le contrôle hiérarchique et l'audit interne.

A. Le contrôle hiérarchique

1° Définition

Le contrôle bancaire consiste dans la surveillance de la légalité des opérations des banques, de la gestion prudente de l'épargne du public, et de l'adéquation entre les crédits et les fonds propres des banques.

2° Principes directeurs

Les principes directeurs de ce système sont de vérifier:
- que les opérations réalisées par l'établissent, ainsi que l'organisation et les procédures internes sont conformes aux décisions législatives et réglementaires en vigueur, aux normes et usages professionnels et déontologiques et aux orientations des organes délibérant et exécutif ;
- que les procédures de décision, de prise de risques, quelle que soit leur nature, et les normes de gestion fixées par l'organe exécutif en application des décisions de l'organe délibérant, notamment sous forme de limites, sont strictement respectées ;
- la qualité et la fiabilité de l'information comptable et financière, qu'elle soit destinée à l'organe exécutif et à l'organe délibérant, transmise aux autorités de tutelle et de contrôle ou qu'elle figure dans des documents destinés à être publiés ;

- les conditions d'évaluation, d'enregistrement, de conservation et de disponibilité de cette information, notamment en garantissant l'existence de la piste d'audit ;
- la qualité des systèmes d'informations et de reporting.

3° Dispositif

La réglementation bancaire impose aux établissements de crédit de se doter d'un système de contrôle interne efficace en adaptant l'ensemble des dispositifs à la nature et au volume de leurs activités, à leur taille, à leurs implantations et aux risques de différentes natures auxquels ils sont exposés. Cet ensemble comprend notamment :

- un système de contrôle des opérations et des risques
- des procédures internes écrites ;
- une organisation comptable ;
- un système de traitement de l'information ;
- des systèmes de mesure des risques et des résultats ;
- des systèmes de surveillance et de maîtrise des risques ;
- un système de reporting

Le coeur du contrôle interne est de s'assurer que l'établissement de crédit dispose d'outils adaptés à la nature et à la dimension de ses activités : définition, séparation des fonctions et répartition exacte des responsabilités, préservation des actifs, comptabilisation correcte de l'actif et du passif, concordance des processus, audit efficace, etc...Reste l'épreuve de la pratique. Or, l'importante réserve à laquelle conduit l'observation est l'inexistence des conditions préalables de l'efficacité, à savoir :

- la compétence et le professionnalisme du personnel ;
- la mise en œuvre effective du processus de contrôle ;
- les consultations et les échanges d'informations au sein de la profession ;
- la qualité du système informatique et des outils d'analyse.

4° Mise en œuvre des procédures de contrôle

Elle s'opère en plusieurs étapes :

- la détection des foyers de risques
- le classement par type
- l'évaluation du risque
- la définition du plan d'actions
- le calendrier des contrôles
- le reporting

5° La pertinence de la procédure de contrôle

Elle s'observe à travers :

- le contrôle du contrôle
- l'information sur les incidents
- la qualité du reporting
- la sensibilité aux résultats

Il s'agit là du parcours fondamental d'un programme de contrôle efficace. La réalité est tout autre pour quatre raisons :

- **Obsolescence du cadre réglementaire**

D'abord parce que le rythme de la vie économique a rendu le cadre réglementaire obsolète. Le Règlement COBAC R-2001/07 relatif au contrôle interne dans les établissements de crédit est vieux de 10 ans, dix ans qui ont connu de nombreux bouleversements. Ensuite, le dilettantisme des organes de contrôle qui se limitent généralement à l'effleurement de l'aspect formel des choses et à des affirmations superficielles sans procéder aux évaluations idoines, telles que l'observation de la qualité du portefeuille ou des procédures de déclassement des créances compromises en créances douteuses.

- **Dilettantisme des dirigeants**

Les exigences de diplôme, d'expérience et d'honorabilité présument de leur compétence des dirigeants, normalement prête à se manifester dès le premier acte de dérive. Ce test de réactivité informe sur leur aptitude à prendre en un laps de temps les mesures correctives pour rétablir la situation déplorée. Simplement, ces standards deviennent difficiles à respecter lorsque l'actionnariat atteste de structures de propriété qui ne favorisent pas l'action la transparence ou servent de fondement à la confiscation des pouvoirs. Est également préjudiciable la pratique des domaines réservés qui soustrait à l'investigation des organes de contrôle des informations et documents névralgiques. Ne sont pas à négliger des phénomènes ethniques qui peuvent polluer l'objectivité de la direction générale.

- **L'impavidité des dirigeants face aux conventions réglementées**

Comme toutes les sociétés anonymes, les banques et établissements de crédit sont soumis aux dispositions législatives de l'Acte uniforme sur les sociétés commerciales qui subordonnent à l'autorisation préalable du conseil d'administration :

- toute convention entre une société anonyme et l'un de ses administrateurs, directeurs généraux ou directeurs généraux adjoints
- les conventions auxquelles un administrateur ou un directeur général ou un directeur général adjoint est indirectement intéressé ou dans lesquelles il traite avec la société par personne interposée.
- les conventions intervenant entre une société et une entreprise ou une personne morale, si l'un des administrateurs ou un directeur général ou un directeur général adjoint de la société est propriétaire de l'entreprise ou associé indéfiniment responsable, gérant, administrateur, administrateur général, administrateur général adjoint, directeur général ou directeur général adjoint de la personne morale contractante.

Procédure. L'administrateur intéressé doit informer le conseil d'administration dès qu'il a connaissance d'une convention soumise à autorisation. Le président –directeur-général avise le commissaire aux comptes dans le délai d'un mois à compter de leur conclusion de toute convention autorisée et la soumet à l'approbation de l'assemblée générale statuant sur les comptes de l'exercice écoulé. Un rapport contenant l'énumération des conventions autorisées est présenté par le commissaire aux comptes qui doit le déposer au siège social quinze jours au moins avant la réunion de l'assemblée.

En cas de poursuite au cours du dernier exercice de l'exécution de conventions conclues et autorisées au cours d'exercices antérieurs, le commissaire aux comptes en est informé dans le mois de la clôture de l'exercice. L'intéressé ne peut pas prendre au part au vote et ses actions ne sont pas prises en compte pour le calcul du quorum et de la majorité.

Conséquences. Approuvées ou non par l'assemblée générale, ces conventions produisent leurs effets à l'égard des contractants et des tiers, à moins qu'elles ne soient annulées pour fraude. Toutefois, même dans ce cas, l'administrateur intéressé supporte le préjudice subi par la société et, éventuellement, les autres membres du conseil d'administration.

Elles peuvent également être annulées pour le préjudice qu'elles ont causé à la société. Cette action en nullité se prescrit par trois ans à compter de sa date ou, si elle a été dissimulée, du jour de sa révélation. Elle appartient aux organes de la société et à tout actionnaire agissant à titre individuel. Cette nullité peut être couverte par un vote spécial de l'assemblée générale ordinaire intervenant à la suite du rapport spécial du commissaire aux comptes, qui explique les raisons de la violation de la procédure d'autorisation.

Les vrais problèmes des conventions réglementées apparaissent lors des changements de contrôle généralement en raison des difficultés car résonne en écho aux notions de groupe et d'engagement pour une même signature.

La législation communautaire définit le groupe de sociétés comme un ensemble formé par des sociétés unies par des liens divers qui organisent le contrôle de l'une sur les autres par la détention effective du pouvoir de décision, en l'occurrence, plus de la moitié des droits de vote.

Dans l'UMOA, la notion de même signature est définie comme suit :
« Sont considérées comme une même signature,
- les personnes physiques ou morales qui constituent un ensemble du point de vue du risque parce que l'une d'entre elles détient sur l'autre ou sur les autres, directement ou indirectement, un pouvoir de contrôle, notamment un contrôle exclusif, conjoint ou une influence notable, tels que définis dans l'article 78 du règlement relatif au droit comptable dans les Etats de l'Union Economique et Monétaire Ouest Africaine (UEMOA) ;
- les personnes physiques ou morales qui sont liées de telle sorte que les difficultés financières rencontrées par l'une ou certaines d'entre elles entraîneraient nécessairement des difficultés financières sérieuses chez l'autre ou toutes les autres. De tels liens peuvent notamment exister entre deux ou plusieurs personnes physiques ou morales dans l'un des cas suivants :
a) les personnes sont apparentées au premier rang ;
b) les personnes sont des filiales de la même entreprise-mère ;
c) les personnes sont soumises à une direction de fait commune ; chacune des personnes est une collectivité territoriale ou un établissement public, et l'une dépend financièrement de l'autre ».

Pourtant, nombre de banques sont saignées par les crédits abusifs accordés aux dirigeants et à des entreprises satellites apparentées sans considération pour les limites légales. Mais les administrateurs ne possèdent pas toujours les qualifications nécessaires à leur mission, ni l'aptitude au jugement objectif sur les activités de la banque que réclame leur présence. Naturellement, ce défaut d'expertise ne sert pas leur obligation d'objectivité et de vigilance. Résultat, des groupes de sociétés se construisent sur la base de relations incestueuses et s'effondrent comme un château de cartes à la première bourrasque.

- **L'impassibilité des assemblées**

Les assemblées générales ne remplissent pas leur rôle. L'approbation annuelle des comptes est en principe l'occasion d'un examen minutieux du rapport de gestion, qui requiert une lecture parfois fastidieuse mais scrupuleuse des comptes présentés par la direction générale. Malheureusement, les assemblées générales se comportent en général comme des chambres d'enregistrement dans une matière dont, il faut le reconnaître, l'extrême complexité n'est pas encourageante.

B. L'audit interne

Maillon essentiel du système de gestion de l'établissement de crédit, il est un outil d'analyses et de recommandations, dont les plans d'action devraient inciter la direction à une discipline systématique pour l'efficacité de la gestion des risques. L'enjeu de cette fonction est d'intervenir à tous les niveaux de responsabilité de la banque en vérifiant la régularité de ses activités.

1° Mission

Elle doit s'intégrer dan un cadre réglementaire bien défini pour lui permettre d'identifier ses référentiels et de s'y reporter. Elle est de s'assurer de la régularité, de la conformité des opérations et de l'efficacité des dispositifs du contrôle interne, et spécifiquement de leur adéquation à la nature de l'ensemble des risques inhérents aux opérations selon une périodicité bien définie. Certains règlements prévoient même la rédaction d'une Charte de l'Audit Interne approuvée par les organes dirigeants qui définisse le rôle, les pouvoirs et les responsabilités assignés à cette fonction.

2° Domaine d'intervention

La mission de l'audit interne englobe tous les départements de la banque à savoir :

- l'octroi des crédits ;
- les activités financières
- et la gestion des risques.

En conséquence, l'Audit interne est censé bénéficier d'un accès illimité à toutes les fonctions, déclarations de politique générale, procédures, archives et membres du personnel de la Banque, dans la mesure nécessaire à l'accomplissement de sa mission. Sur le terrain, c'est une autre histoire.

3° Budget de l'audit

Les objectifs arrêtés, il convient de composer une équipe dotée de tâches spécifiques et d'outils correspondants. Ceci suppose donc un planning et des ressources suffisantes pour crédibiliser la démarche, valider les constats et formuler des recommandations qui concluent la mission de l'audit, étant entendu qu'elle devra emporter l'adhésion de tous les collaborateurs.

Prévu par la réglementation sur le contrôle interne, le comité d'audit ne présente pas toujours la garantie d'indépendance qui doit en être la principale caractéristique. C'est la première préoccupation. Le deuxième souci du comité d'audit est de se heurter à des dossiers réservés uniquement gérés par l'organe dirigeant, opacité qui n'est pas propice au contrôle. La troisième exigence d'un comité d'audit est la compétence vaste et pointue de ses membres sans laquelle sa fonction serait illusoire.

II. Le contrôle externe

L'organisation du contrôle bancaire repose sur deux piliers : la solvabilité et la liquidité. Sont concernés comme organes, le Ministre des Finances, la Commission Bancaire et la Banque Centrale.

A. Le contrôle de la solvabilité

Le contrôle da la solvabilité procède de la réglementation prudentielle et comptable qui fixe les exigences minimales de fonds propres. C'est l'un des rôles des Commissions Bancaires.

1° La réglementation prudentielle

Les règles prudentielles désignent l'ensemble des normes de gestion destinées à garantir la liquidité et la solvabilité des banques à l'égard des déposants et des tiers ainsi que l'équilibre de leur structure financière. Ces règles reposent sur la notion de fonds propres qui constituent les ressources stables des banques et établissements de crédit. Comment sont-ils déterminés ?

a) Le calcul des fonds propres nets ou effectifs

Les fonds propres nets[2] ou effectifs[3] sont constitués par la somme des fonds propres de base et des fonds propres complémentaires de laquelle sont déduites certaines créances et participations.

Les fonds propres de base

Sur une base consolidée, les fonds propres de base comprennent les capitaux propres de l'établissement de crédit, déduction faite des non valeurs. A quelques variantes près, y sont comptés:

- le capital ;
- les primes liées au capital ;
- les réserves, autres que les réserves de réévaluation ;
- le report à nouveau créditeur ;
- les provisions réglementées ;
- les fonds affectés ;
- les subventions d'investissement définitivement acquises ;
- le fonds de financement et de garantie, constitués de ressources propres provenant de l'affectation des résultats, de dons extérieurs ou de taxes parafiscales ;
- les provisions pour risques bancaires généraux, à l'exclusion de toute provision affectée à la couverture des charges ou de risques définis, probables ou certains.
- Le résultat du dernier exercice clos, approuvé par les organes compétents et certifié par les commissaires aux comptes dans l'attente de son affectation. ;

Précisions en UMOA

- les dotations ;
- le résultat net bénéficiaire de l'exercice non approuvé ou non affecté à hauteur de 15% ;
- le résultat intermédiaire au 30 juin, à hauteur de 15%, à condition qu'il soit calculé, net d'impôt prévisible, après comptabilisation de toutes les charges afférentes à la période ; résultat à vérifier par les commissaires aux comptes.

---

[2] Règlement COBAC R-93/02 relatif aux fonds propres nets des établissements de crédit.

[3] Rapport annuel de la Commission Bancaire 2002

Les déductions

Viennent généralement en déduction :

- la part non versée du capital
- les actions propres détenues, évaluées à leur valeur comptable
- le report à nouveau débiteur ;
- les immobilisations incorporelles, y compris les frais d'établissement et le fonds de commerce ;
- les pertes en instance d'approbation ;
- le cas échéant, le résultat déficitaire déterminé à des dates intermédiaires ;
- les dividendes à distribuer
- les provisions complémentaires à constituer pour dépréciation ou risques de non recouvrement d'actifs ou pertes et charges diverses.
- toutes participations, dotations des succursales et tous emplois constituant des fonds propres ou assimilés chez d'autres banques et établissements financiers.

Les fonds propres complémentaires

Les fonds propres complémentaires comprennent des éléments de qualité inférieure. Exemple de l'UMOA :

- des subventions d'investissement ;
- des écarts de réévaluation
- des réserves latentes positives de crédit-bail ou de location avec option d'achat (nettes des impôts différés), après vérification par les commissaires aux comptes ;
- des comptes bloqués d'actionnaires, des titres et emprunts subordonnés à durée indéterminée ou tous autres fonds, répondant aux conditions suivantes : (être de disponibilité immédiate ; être subordonnés en capital et en intérêts. Ainsi, en cas de liquidation de l'établissement assujetti, ces titres ou emprunts ne peuvent être remboursés qu'après règlement de toutes les autres dettes existant à la date de mise en liquidation ou contractées pour les besoins de celle-ci ; n'être remboursables qu'à l'initiative de l'emprunteur et sous réserve exclusive que la solvabilité de l'établissement assujetti ne soit affectée ou que des fonds stables d'égale ou de meilleure qualité soient substitués à ces emprunts ainsi remboursés ; être assortis d'une clause de différé de paiement des intérêts dus au cas où la rentabilité de la banque ne rendrait pas opportun leur versement ; être disponibles pour apurer des pertes, permettant ainsi à l'établissement assujetti de poursuivre son activité).
- les titres et les emprunts subordonnés à durée déterminée (notamment les obligations convertibles ou remboursables en actions ou en espèces)

qui remplissent les conditions ci-après (avoir une durée initiale supérieure ou égale à 5 ans ; n'être remboursables par anticipation qu'à l'initiative de l'emprunteur et dans l'hypothèse que la solvabilité de l'établissement assujetti ne soit affectée ou que des fonds propres d'égale ou de meilleure qualité soient substitués à ces emprunts ainsi remboursés ; en cas de liquidation de l'établissement assujetti, ces titres ou emprunts ne peuvent être remboursés qu'après règlement de toutes les autres dettes existant à la date de mise en liquidation ou contractées pour les besoins de celle-ci).

En tout état de cause, les fonds propres complémentaires, pris globalement, ne peuvent être inclus dans les fonds propres effectifs que dans la limite de 100% du montant des fonds propres de base. De même, dans la détermination des fonds propres effectifs, les titres et emprunts subordonnés à durée déterminée sont plafonnés, quel que soit leur montant, à 50 % du montant des fonds propres de base.

La détermination des risques

Le principal critère de détermination des risques est la catégorie de la contrepartie. Les quatre principales catégories de contreparties retenues sont l'administration centrale et ses démembrements ainsi que les banques centrales ; les banques ; les établissements financiers et autres institutions financières et les autres catégories de contreparties comprenant notamment les institutions internationales non financières et les autres agents économiques (non financiers).

- Pour les concours au bilan (prêt, escompte, avance, crédit-bail...), la contrepartie à considérer est le bénéficiaire du concours ;
- Pour les titres détenus, la contrepartie est l'émetteur des titres ;
- Pour les engagements de financement donnés, la contrepartie est constituée par le bénéficiaire de l'engagement ; pour les engagements de garantie donnés (caution, aval, autres garanties), le risque est réputé pris sur le donneur d'ordre ; pour les engagements reçus, le risque est censé être pris sur le garant (qui se substitue à la contrepartie initiale), à condition que le coefficient de pondération applicable au garant ne soit pas plus élevé que celui applicable en l'absence de garantie.

Les coefficients de pondération

Les risques au bilan et hors bilan sont affectés des coefficients de pondération suivants :

Pondération à 0%

- encaisses et valeurs assimilées ;
- créances sur les administrations centrales et leurs démembrements ou les banques centrales de tous pays ;
- titres émis par les administrations centrales et leurs démembrements ou les banques centrales de tous pays ;
- créances garanties par des comptes tenus par l'établissement concerné ou par des bons de caisse ou autres titres émis par celui-ci, à l'exclusion des actions ;
- valeurs à l'encaissement ou en recouvrement autres que celles à crédit immédiat.

Pondération à 20%

- créances et titres garantis par les administrations centrales et leurs démembrements ou les banques centrales de tous pays
- concours (prêts, avances, crédit-bail) aux banques ou garantis par celles-ci ainsi que titres émis ou garantis par des banques ;
- concours (prêts, avances, crédit-bail) aux établissements financiers et autres institutions financières ou garantis par ceux-ci, ainsi que titres émis ou garantis par les établissements financiers et autres institutions financières ;
- engagements donnés d'ordre de banques ;
- engagements donnés d'ordre des établissements financiers et autres institutions financières.

Pondération à 50%

- prêts garantis par des hypothèques fermes et de deuxième rang au moins, sur des logements ou autres immeubles ;
- engagements de garanties donnés d'ordre de la clientèle, à l'exception des garanties de remboursement de prêts financés par d'autres banques, institutions financières ou établissements financiers, ou engagements contre garantis par ceux-ci ;
- crédits bénéficiant de l'accord de classement de la Banque Centrale.

Pondération à 100%

- concours distribués autres que ceux visés ci-dessus ;
- garanties de remboursement données à des banques, ou établissements financiers, concernant des concours à la clientèle ;
- engagements de financement donnés en faveur de la clientèle ;
- titres de placement et titres de participation autres que ceux visés ci-dessus ;

- créances en souffrance (impayées, douteuses, litigieuses) nettes des provisions, à l'exception des créances sur les administrations centrales et leurs démembrements ;
- autres actifs, y compris les immobilisations.

b) Les principaux ratios prudentiels

- **Ratio de division des risques.**

Les risques sont des éléments d'actif et de hors-bilan sujets à l'aléa de la défaillance d'une contrepartie.

« La répartition des risques est une règle d'or de l'activité financière en général [4] »

Ce rapport a pour fonction d'éparpiller les risques supportés par un établissement de crédit.

Dans l'UMAC : tout établissement de crédit est tenu de respecter en permanence :
- un rapport maximum de 45 % entre l'ensemble des risques qu'il encourt sur les opérations sur un même bénéficiaire et le montant de ses fonds propres nets ;
- un rapport de 800 % entre les grands risques qu'il encourt et le montant de ses fonds propres nets

- **Ratio de liquidité**

Le risque d'illiquidité est représenté par l'éventuelle impossibilité pour l'établissement à faire face à ses engagements ou à dénouer ou compenser une position. Il peut survenir en cas de retraits massifs de fonds par les déposants. C'est pourquoi les banques concernées doivent présenter en permanence un rapport de liquidité au moins égal à 100 %.

- **Ratio de couverture des risques.**

C'est le rapport entre le montant des fonds propres nets des établissements de crédit et l'ensemble des risques qu'il encourt du fait de leurs opérations. Il est au moins égal à 8 %.

---

[4] Proposition de directive sur la surveillance et le contrôle des grands risques dans les établissements de crédit, COM(91) 68 final, JOCE. C123, du 09/05/1991, P.18

- **Ratio de solvabilité**

Concept : « *C'est le rapport entre le montant des fonds propres de l'établissement et l'ensemble des risques encourus, comptabilisés au bilan ou hors-bilan, affectés d'un taux de pondération en fonction de leurs caractéristiques*[5] »

Le ratio de solvabilité prend donc en compte l'ensemble des risques que sont :

- le risque de crédit : le risque encouru en cas de défaillance d'une contrepartie ou de contreparties considérées comme un même bénéficiaire ;
- le risque de taux d'intérêt : le risque encouru en cas de variation des taux d'intérêt sur l'ensemble des opérations de bilan et de hors-bilan
- le risque d'illiquidité ;
- le risque de règlement : le risque encouru, notamment dans les opérations de change, au cours de la période qui sépare le moment où l'instruction de paiement d'un instrument de paiement vendu ne peut plus être annulée unilatéralement et la réception définitive de l'instrument acheté.
- le risque de change : le risque encouru du fait de l'évolution du cours des devises sur les opérations de bilan et de hors-bilan ;
- le risque de marché : le risque de variation de prix de tout instrument coté sur un marché ;
- le risque opérationnel : le risque résultant, notamment, d'insuffisances de conception, d'organisation et de mise en œuvre des procédures d'enregistrement dans les systèmes d'information de l'ensemble des évènements relatifs aux opérations de l'établissement et plus particulièrement dans le système comptable ;
- le risque juridique : le risque de tout litige avec une contrepartie résultant, notamment, de toute imprécision, lacune ou insuffisance de nature quelconque susceptible d'être imputé à l'établissement au titre de ses opérations ».

Appelé ratio Cooke, du nom du Président du Comité de Bâle de l'époque de sa création, c'est en réalité un double ratio :

- le premier impose aux banques de provisionner des fonds propres et quasi-fonds propres à concurrence de 8% de leurs engagements risques ;
- le second, de provisionner des fonds propres à hauteur de leurs engagements totaux.

Ce ratio, qui est le fondement de la réglementation prudentielle a à l'épreuve de l'expérience, fait l'objet de nombreuses critiques. La mise en

[5] C. Leguevaques : Droit des défaillances bancaires, p.77

conformité des établissements de crédit à ses exigences a été trop rude pour certaines banques contraintes de céder leurs actifs. Certes, cet ajustement impose une gestion contraignante coûteuse en moyens humains et technologiques, mais on lui doit une plateforme minimale d'organisation et de gestion, un échange nourri d'informations, un débat constant et une activité réglementaire de qualité. La limite réelle de ce ratio est le défaut de prise en compte des risques de marché dus à l'apparition des produits dérivés, célèbres pour avoir causé des faillites retentissantes comme celle de la Barings.

Pour rappel, *« les dérivés de crédit sont des instruments qui permettent de transférer de manière synthétique ou non, par un contrat passé entre deux contreparties, tout ou partie du risque de crédit et le rendement portant sur un tiers, qualifié d'entité de référence. Sous sa forme la plus simple, le Special Purpose Vehicle est créé pour permettre le transfert de risque de crédit au marché des capitaux. Puis, il émet des titres de créances ou des titres obligatoires et le produit de l'émission est investi pour acquérir des titre obligataires d'Etat ou de très bonne qualité, en collatéral du dérivé de crédit qu'il a vendu à l'acheteur de crédit »*[6].

Ces critiques ont conduit à une évolution tendant à prendre en compte les risques du marché. Cette réforme établit de nouveaux fondements de contrôle des risques par une meilleure adaptation des grilles de pondération

« Exemple : La grille de pondération des risques était mal adaptée, car elle reflétait très mal les véritables risques des engagements bancaires. Par exemple, un prêt à un État de l'OCDE était pondéré d'un risque zéro quel que soit le pays considéré alors qu'il est évident que le risque de signature du Mexique est différent de celui de la France. De même, toutes les entreprises privées, quelles que soient leur taille, leur secteur d'appartenance et leur statut, voyaient leur risque pondéré par un facteur 100. Cela a engendré des distorsions et des mécontentements. Les accords de Bâle 2 ont vu le jour en réponse »[7]

Evolution vers le ratio Mc Donough

Lignes directrices : cette évolution s'est exprimée par une exigence minimale de fonds propres, une meilleure surveillance prudentielle et le recours à la discipline de marché.

---

[6] T. Granier et C. Jaffeux : la titrisation : aspects juridique et financier p.182.
[7] Source : d'après Marion Navarro, Regards croisés sur l'économie, n°3.

Exigence minimale de fonds propres. Il s'agit d'intégrer la titrisation de créances dans le système de pondération en utilisant *« une méthode fondée sur la notation interne des contreparties comme base de fixation des normes de fonds propres dans certains établissements de crédit aux activités très complexes »*[8] et en respectant les options de qualité et de quantité arrêtées par les autorités de contrôle. Pour le Comité de Bâle, la solution était donc d'intégrer le risque de marché dans le calcul des ratios. Cela n'aurait d'intérêt que si le contrôle des risques était effectué dans des conditions de transparence correctes à savoir le crédit, le marché et les risques opérationnels (contrôle défectueux, informatique, fraude, réputation en cas d'implication dans le blanchiment d'argent. Le maintien des valeurs de référence (8% et 4%) s'est accompagné de deux mesures : l'intégration des risques opérationnels dans le calcul de ces valeurs et la redéfinition du système de pondération. L'amélioration de la prise en compte des risques s'exprime dans l'extension du registre des risques et leur meilleure appréhension par les banques. Selon le rapport COBAC 2008, *« sur l'évolution de l'assise financière évaluée sur base comptable ...Rapportés au total cumulé du bilan de la Zone, les fonds propres comptables ne représentent que 7,82 % en 2008 contre 7,10 % en 2007.*

Pendant ce temps-là que se passe-t-il en Afrique pour la mise en œuvre de Bâle II ?

LA MISE EN OEUVRE DE BALE II

En 2003, la Commission Bancaire avait pris la décision d'appliquer Bâle II dans la Communauté Economique et Monétaire de l'Afrique Centrale (CEMAC). Pour mener à bien cette réforme, deux comités avaient été mis en place au sein du

Secrétariat Général de la COBAC :

- un comité technique chargé, entre autres, de préparer la réforme, d'étudier les diverses propositions, d'effectuer les tests, de suggérer des axes de formation et d'assurer la vulgarisation du nouveau dispositif ;

- un comité de validation qui a la responsabilité d'examiner et d'approuver les travaux du comité technique, avant leur soumission à la Commission Bancaire.

Suivant les termes de référence de la réforme élaborés par le Comité Technique, un certain nombre d'actions ont déjà été engagées jusqu'ici. Il s'agit essentiellement :

- du lancement des réflexions devant aboutir à la révision du dispositif réglementaire pour plus de conformité avec les 25 Principes pour un contrôle bancaire efficace (BCP) ;

[8] T. Garnier et C Jaffeux, op.

- de la formation de l'ensemble des cadres du Secrétariat Général sur des thèmes en relation avec le Nouvel Accord (sur la période 2005-2006) ;
- de la communication du document complet présentant le dispositif Bâle II aux établissements de crédit et aux différentes directions centrales et nationales de la Banque Centrale,
- de l'organisation à Libreville en novembre 2006 d'un séminaire de sensibilisation à l'attention des dirigeants des établissements de crédit. A la faveur de cette rencontre, la COBAC avait présenté les orientations retenues dans le cadre de cette réforme.
Compte tenu du retard pris dans la mise en conformité de la réglementation prudentielle en vigueur avec les BCP, des conclusions des rapports d'inspection faisant état d'une application non satisfaisante du règlement relatif au contrôle interne, et des recommandations des dernières évaluations de la COBAC par le FMI et la Banque Mondiale (nécessité de mettre en oeuvre un certain nombre de prérequis nécessaires à l'application de Bâle II), la COBAC a été amenée à revoir le chronogramme initialement adopté en 2003.

Un nouveau chronogramme a ainsi été adopté en septembre 2007 avec pour principale disposition l'application complète de Bâle II à l'horizon 2015. Au-delà de ces nouvelles orientations, il a également été créé au sein du Secrétariat Général de la COBAC un Groupe dédié à la mise en œuvre de Bâle II, qui rend compte au Comité Technique.

En 2008, le Groupe dédié a élaboré un questionnaire destiné aux banques et établissements financiers de la CEMAC en vue de se faire une idée de la qualité de leurs systèmes de gestion des risques et des actions qu'elles ont déjà prises pour une bonne application de Bâle II.

Le dépouillement de ce questionnaire a permis de constater que les établissements de crédit de la CEMAC ont, pour la plupart, une assez bonne connaissance du Nouvel Accord de Bâle sur les fonds propres. Toutefois, ils ne disposent pas encore d'outils adaptés. Quelques établissements de crédit ont pris des initiatives pour renforcer leurs systèmes d'information et de gestion des risques de crédits ; d'autres ont mis en place des systèmes de notation internes, mais qui demeurent encore non conformes aux exigences de Bâle II.
Par ailleurs, tous les établissements de crédit ont été invités à désigner un responsable Bâle II pour assurer l'interface avec le Groupe dédié et suivre tous les développements liés à la mise en oeuvre de la réforme ».

Surveillance prudentielle. L'intérêt pour chaque établissement de crédit, c'est l'institution d'un système de contrôle de risques et d'évaluation des fonds propres compatible avec ses activités.

Recours à la discipline de marché. L'enjeu c'est une information sûre et rapide qui permette aux contreparties d'évaluer correctement les risques. La tendance serait alors une plus grande accessibilité aux ressources à un meilleur coût.

Réserves. Mais même cette réforme ne fait pas l'unanimité et suscite une série de réserves.

- La première porte sur l'activité des banques que leur nature « globale » ou « locale » opposera. Le gouffre entre les deux est suspecté d'alimenter potentiellement des difficultés pour le système financier international. Soit les banques locales le resteront et subiront toujours le diktat des banques appartenant aux pays membres du G 20, soit il s'instaurera un devoir de secours des banques globales pour les locales à l'occasion de crises financières internationales.
- La deuxième concerne la difficulté des grilles de lecture entre établissements équivalents et celle de la validation préalable des modèles mathématiques de contrôle des risques.
- La troisième déplore l'instauration d'une donnée variable d'ordre privé à la place d'une norme uniforme et publique qui signerait la reddition de la Banque des Règlements Internationaux (BRI) devant l'hégémonie des marchés.

Cette réforme s'applique de manière inégale. Alors qu'en France, le ratio Mc Donough remplace le ratio Cooke depuis le premier janvier 2007, et s'applique à toutes les banques, il n'est en vigueur aux États-Unis que dans les grandes banques internationales, soit une vingtaine sur plus de 7.000 banques. Il est également jugé trop sévère parce qu'il intègre les risques opérationnels sans baisser les valeurs de référence des ratios.

Autre grief, le caractère procyclique du ratio Mc Donough : les risques des banques croissant avec la récession, le renforcement des fonds propres et la limitation des crédits entretiennent la récession. Cette situation problématique est renforcée par le mode de calcul des pondérations.

Pour ce qui est de l'Afrique, les préoccupations du marché ne sont pas encore vraiment les siennes en raison du caractère embryonnaire du marché boursier. Tandis que le marché boursier de l'Afrique occidentale se bat pour atteindre une certaine maturité, le Cameroun et le Gabon en sont encore à se disputer des places sans cotation déterminante. Dans l'UMOA, le ratio moyen de solvabilité des banques ressort à 11,9 % contre 10,9 % en 2007 selon le rapport annuel de la Commission Bancaire de l'Afrique de l'Ouest pour l'année 2008.

2° La comptabilité bancaire

a) Les exigences de la comptabilité bancaire

Etablissement et publication des comptes. La réglementation comptable impose aux établissements de crédit l'adoption d'un plan comptable spécifique qui fixe les règles et principes généraux, le cadre comptable, le plan des comptes, la définition des attributs d'identification, les notes méthodologiques relatives à la comptabilisation des transactions en devises et des opérations de crédit-bail assimilées ;

Ce sont les règles qui régissent les documents destinés à donner des renseignements sur la situation financière des établissements de crédit à savoir les états financiers mensuels ou trimestriels, semestriels et annuels.
Le plan comptable bancaire est caractérisé par :
- l'imposition d'un plan de comptes avec des contenus de comptes clairement définis ;
- la définition de l'organisation comptable relative au manuel de procédures, à l'enregistrement des opérations, à la confection des documents de synthèse et à l'établissement des comptes consolidés ;
- la définition des principes comptables ;
- la définition des méthodes comptables, notamment les méthodes d'évaluation, les règles et les procédures de préparation et de présentation des documents de synthèse.

- 30 septembre : c'est la date à laquelle les banques et établissements financiers de l'UEMOA doivent arrêter leurs comptes.
- 31 mars de l'année suivante : c'est la date avant laquelle ils doivent communiquer à la Banque centrale et à la Commission Bancaire leur bilan et les engagements hors bilan, leur compte d'exploitation, les comptes de pertes et profits, documents certifiés réguliers et sincère par un commissaire aux comptes agréé à la Cour d'Appel.

Le bilan annuel de chaque banque est publié au Journal Officiel à la diligence de la Banque Centrale, aux frais de la banque.

Les sanctions prescrites contre la violation de ces obligations sont essentiellement financières et consistent en une pénalité par jour de retard :
10.000 francs durant les quinze premiers jours ;

20.000 francs durant les quinze jours suivants ;
50.000 francs au-delà.

C'est la Banque Centrale qui recouvre ces pénalités pour le compte du Trésor. Ces sanctions dérisoires ne sont pas la hauteur des enjeux.

Consolidation des comptes. Les règles de consolidation des comptes sont fixées par l'acte uniforme sur le droit comptable. Le principe en est posé par l'article 74 dudit acte :

« Toute entreprise, qui a son siège social ou son activité principale dans l'un des Etats-parties et qui contrôle de manière exclusive ou conjointe une ou plusieurs autres entreprises, ou qui exerce sur elle une influence notable, établit et publie chaque année les états financiers consolidés de l'ensemble constitué par toutes ces entreprises ainsi qu'un rapport sur la gestion de cet ensemble... »

Définition. La consolidation consiste dans la présentation dans des comptes uniques de la situation économique et financière et des résultats d'un groupe de sociétés qui leur donne l'apparence d'une seule entité sur le plan comptable.

Cette prudence est dictée par la porosité des patrimoines et leur interdépendance économique et permet une vision globale de l'ensemble. Mais les défaillances bancaires sont bien la preuve que la réglementation seule ne suffit pas à éliminer ce qu'elle tend à prévenir. La confusion des rôles, les erreurs de gestion et des prises de risques dangereux restent en cours dans les établissements de crédit. D'où la nécessité d'une supervision efficace au service d'un triple objectif :

- garder le cap de l'intérêt général
- la correction à temps des dérives
- l'éventualité de sanctions

La lecture des rapports annuels[9] des Commissions Bancaires révèle que les infractions relevées concernent :

- la faiblesse des fonds propres
- l'obsolescence du système d'information et de la comptabilité
- la violation des règles de déclassement et de provisionnement des engagements en souffrance

[9] Rapports annuels 2007

- l'inexistence d'un dispositif de prévention de lutte contre le blanchiment de capitaux
- la dégradation de la structure financière
- l'insuffisance du système de contrôle interne
- le défaut de provisions
- l'opacité du capital social
- l'abus des concours apportés aux actionnaires, dirigeants et personnel

Dans la zone UMAC, les vérifications ont également décelé la violation des règles prudentielles qui, dans certains cas, met en cause les autorités nationales.

La plupart des banques africaines sont des filiales de banques étrangères et appartiennent comme telles à des groupes qui comportent des structures d'actionnariat à plusieurs niveaux. Il peut arriver que l'autorité chargée du contrôle du groupe consolidé soit également responsable de la surveillance des filiales. Ou, que l'autorité en charge de la surveillance du groupe bancaire soit différente de celles qui contrôlent les filiales. Dans tous les cas, l'éventualité d'une confusion plaide pour les normes minimales de contrôle suivantes[10] :

« - Tous les groupes bancaires internationaux et banques internationales devraient être contrôlés par une autorité du pays d'origine apte à mener à bien la surveillance consolidée ;

- *La création d'un établissement bancaire à l'étranger devrait recevoir l'assentiment préalable de l'autorité de contrôle du pays d'accueil ainsi que de celle du pays d'origine de la banque et, le cas échéant, du groupe bancaire*
- *Les autorités de contrôle du pays d'origine devraient avoir le pouvoir d'obtenir des informations auprès des établissements à l'étranger des banques ou groupes bancaires sous leur responsabilité*

Si l'autorité du pays d'accueil juge qu'une des normes minimales précédentes n'est pas respectée à sa satisfaction, elle pourrait imposer les restrictions qu'elle estime nécessaires pour satisfaire à ses exigences prudentielles dans le cadre de ces normes minimales, y compris interdire la création d'établissements bancaires».

L'inconnue des engagements hors-bilan. Le bilan est loin d'être la photographie patrimoniale fidèle d'une entreprise. Les éléments dits « hors bilan » peuvent se révéler une vraie boîte de Pandore pour l'établissement de crédit et ses actionnaires. En effet, les engagements hors bilan représentent

[10] Basel Committee on Banking Supervision, Juillet 1992.

tous les droits et obligations, soit qui ne sont pas inscrits au bilan, soit qui y sont de façon incomplète. Ils correspondent à des engagements reçus par la société ou donnés par elle mais qui ne ressortent pas à l'actif ou au passif du bilan.

Le danger, c'est qu'ils peuvent modifier la composition patrimoine de l'établissement de crédit en cas de réalisation d'un évènement possible. On y retrouve donc les cautions, avals, hypothèques, nantissements, les indemnités de départ à la retraite, les effets de commerce non échus, les opérations de crédit-bail.

Exemple : l'entreprise A se porte caution pour sa filiale B, qui peut ainsi bénéficier d'un prêt de 100 millions de francs accordé par la banque X. Cinq ans plus tard, B est en cessation de paiements après n'avoir remboursé que la moitié du prêt. A doit alors verser à X cinquante millions de francs, diminuant d'autant son bénéfice avant impôts.

Les engagements hors bilan sont logés dans les annexes de bilan et de compte de résultat. Ceux qui revêtent une grande importance doivent faire l'objet d'une information complète et obligatoire. En matière de banque, les engagements hors bilan peuvent facilement dissimuler des fraudes, surtout lorsque les dirigeants ne maîtrisent pas le contrôle de produits sophistiqués sur les marchés financiers. Exemple de la banque d'affaires britannique Baring Securities soudainement plombée d'un sinistre de 1 milliard d'euros à cause de son fondé de pouvoir Nick Leeson, qui avait spéculé avec malheur sur la hausse de l'indice Nikkei. Ils seront d'autant plus difficiles à dénicher s'ils cèlent des manœuvres peu scrupuleuses.

Est-il facile de les repérer [11]? Les investisseurs victimes d'engagements hors bilan sont souvent féroces vis-à-vis des *dirigeants* de l'entreprise fautive. Il faut dire que lorsque ces éléments sont découverts, il est bien souvent trop tard et le cours de Bourse s'en ressent.

Analystes et gérants sont, la plupart du temps, impuissants à détecter ces engagements, comme en témoigne la retentissante déconfiture, dans les années 80, de la société Sedri, victime d'engagements hors bilan que personne n'avait repérés. L'actionnaire particulier, peu familier des subtilités des rapports annuels, est encore plus démuni. Pour essayer d'y voir clair et anticiper de tels éléments mieux vaut demander l'avis de spécialistes.

Les « earn out ». Il s'agit, en français, de paiements différés conditionnels. Ces sommes sont dues en complément du prix d'acquisition d'une société dans le cas où celle-ci atteint les objectifs fixés lors de la transaction. Par prudence, mieux vaut les ajouter au montant de l'endettement de la société acheteuse. Par exemple, *Havas* affichait 266 millions d'euros de earn out fin 2001, auxquels s'ajoutait un endettement net de 703 millions ».

---

[11] La Vie Financière n° 304., 2003.

Aux Etats-Unis comme en Europe, l'heure est aujourd'hui à la limitation des engagements hors-bilan. Changer les règles comptables, c'est le nouveau défi de la FASB (Financial Accounting Standards Board. Cet organisme qui élabore la réglementation américaine sous l'autorité de la SEC (Securities Exchange Commission) estime que les banques doivent prendre en compte leurs actifs à risque au lieu de procéder à des surévaluations. La prise d'effet de ces changements était programmée pour le 15 novembre 2009.

Les dix-neuf établissements contrôlés soumis par les autorités américaines à un test de résistance financière «stress test» vont ainsi devoir inscrire à leur bilan environ 900 milliards de dollars d'actifs qui n'y figurent pas aujourd'hui, selon les estimations de la Réserve fédérale. Sans le quantifier, Citigroup évoque dans son rapport annuel publié «un impact significatif» tandis que JP Morgan Chase avance dans le sien un total de 160 milliards de dollars.

Ce recours aux véhicules hors-bilan, une pratique «abusée» selon le président du FASB Robert Herz, a selon de nombreux experts largement contribué à la crise des financements immobiliers «subprime». Evoquant sa disparition, le Washington Post indiquait hier «une astuce comptable qui restera comme l'un des emblèmes du boom immobilier, car elle a permis aux établissements financiers de dissimuler aux régulateurs et aux investisseurs la vaste expansion de leurs prêts».

Les établissements financiers et leurs représentants, comme l'American Bankers Association, ne partagent pas cette interprétation et ont lutté pendant de longs mois contre ces changements des règles comptables. En juillet dernier, le FASB avait accepté de repousser d'un an l'entrée en vigueur des nouvelles règles afin de prendre certaines critiques en compte et de permettre aux banques de préparer l'échéance. Wayne Abernathy, président de l'ABA, n'en maintient pas moins la même réserve: les banques, estiment-ils, prêteront moins dans ces nouvelles circonstances, et pour plus cher. Et d'avertir, «la capacité de reprise économique s'en trouvera affectée».[12]

b) La filiation entre la comptabilité et le contrôle bancaires

La comptabilité étant un élément de contrôle, la profondeur de l'intimité de ces deux notions a suscité des observations sur leurs principaux enjeux[13]. Le Professeur Arnold Schilder, Président du Groupe de travail sur la comptabilité du Comité de Bâle a relevé des points de convergence et des points de divergence.

---

[12] Thomas Maurice, Le FASB va limiter les engagements hors-bilan des banques américaines, www.agefi.fr

[13] Prof. Arnold Schilder : comptabilité et contrôle bancaire, les principaux enjeux.

Parmi les premiers figurent la transparence et l'amélioration de la prise en compte des risques ainsi que l'harmonisation internationale de la réglementation. Ainsi, la réglementation des provisions procède de pertes dues à un évènement donné alors que Bâle II préconise une législation de fonds propres qui pare aussi bien au prévu qu'à l'imprévu. Par contre, au rang des seconds, la comptabilisation uniforme des plus et des moins –values latentes ne semble pas une donnée à encourager en raison de son impact sur la qualité du capital réglementaire. Par ailleurs, la limite temporelle des normes comptables crée un décalage avec celles des fonds propres. En outre, il n'existe pas d'espace pour une comptabilisation globale du cycle. Enfin, la comptabilité ne s'embarrasse pas beaucoup des préoccupations de stabilité financière ni des pratiques de gestion des risques des banques.

Cette situation entraîne de nouveaux paris pour le contrôle bancaire. Car la modélisation des mesures nuit à l'objectivité et érode la fiabilité tandis que les normes de communication des états financiers s'éloignent des caractéristiques particulières des banques. La question est de choisir entre l'initiative réglementaire, que commande la nécessaire convergence entre la comptabilité et le contrôle bancaire, et son coût. En effet, réformer pour affiner les directives prudentielles, imposer de meilleurs filtres ou de nouveaux canaux d'information implique de nouvelles charges administratives et rabote l'autorité des IFRS pourtant en odeur de sainteté au Comité de Bâle.

En conclusion, il s'agit de rester prudent et de favoriser le dialogue entre les autorités de contrôle et les banques.

B. Le contrôle de la liquidité

C'est le rôle des banques centrales qui y consacre deux leviers : la politique du crédit et la lutte contre le blanchiment des capitaux.

1° La politique du crédit

Généralités. La politique du crédit compte deux aspects : un volet quantitatif axé sur le volume global des crédits et un volet fondé sur leurs critères de sélection. Comme la quantité de crédits octroyés augmente la masse monétaire, fait générateur de l'inflation, il faut réguler la distribution du crédit. On parle alors de politique monétaire. La sélectivité des crédits, quant à elle, favorise ou freine une certaine catégorie d'opérations selon les secteurs retenus. On parle dans ce cas de politique du crédit. L'essentiel est de retenir que la politique monétaire et la politique du crédit concourent au même but : juguler la masse monétaire en limitant le volume global des crédits.

Stratégie monétaire de la BEAC. Pour la BEAC, l'objectif de stabilité monétaire signifie un taux d'inflation faible et un taux de couverture de la monnaie suffisant (le seuil minimal est de 20 %). Pour y parvenir, elle dispose de deux instruments : la politique de refinancement et les réserves obligatoires.

La politique de refinancement. Elle a pris la forme d'une avance de titres fondée sur la sélection des titres des banques pouvant servir de support à ses concours, grâce à des accords de mobilisation. La BEAC fixe trimestriellement le niveau des avances qu'elle peut accorder par appel d'offres. Ces avances sont accordées à un taux d'intérêt fixé (taux d'intérêt des appels d'offres ou TIAO), par délégation du Conseil d'Administration, par le Gouverneur, suivant les objectifs de la politique monétaire. La BEAC se réfère aux objectifs de croissance des agrégats monétaires et de refinancement compatibles avec la réalisation des objectifs finaux de la politique monétaire. Par ailleurs, la BEAC ponctionne de la liquidité, par le biais des appels d'offres négatifs, à un taux d'intérêt fixé par le Gouverneur (Taux d'intérêt sur les placements ou TISP)

Les réserves obligatoires. *« Le recours aux réserves obligatoires vise à « mettre en banque » le système bancaire, c'est-à-dire le contraindre au refinancement lorsque les facteurs autonomes de la liquidité bancaire engendrent un excédent de monnaie centrale. Ainsi, les réserves obligatoires, par leur action structurelle, sont un complément à la politique de refinancement ».*

Il s'agit d'obliger les banques à conserver une partie des dépôts collectés auprès de leur clientèle dans des comptes rémunérés dits *"comptes de réserves obligatoires"* tenus par la BEAC.

Modalités d'application. Sont en question leur mode de calcul, leur rémunération et les sanctions en cas de défaillance.

Calcul des réserves obligatoires. Assiette des réserves obligatoires. L'assiette des réserves obligatoires minimales comprend :

a) les dépôts à vue, à savoir les soldes créditeurs des comptes créditeurs à vue (résidents et non-résidents)

b) les dépôts à terme et d'épargne : les comptes de dépôts à régime spécial et les comptes de dépôts à terme (résidents et non-résidents) ;

Les chiffres des dépôts à prendre en compte pour le calcul du niveau réglementaire des réserves obligatoires sont ceux relatifs aux encours des dépôts aux dates des 10, 20 et 30 (ou 31) du mois de référence.

Coefficients des réserves obligatoires. Ils sont fixés et modifiés par le Gouverneur dans les mêmes conditions que les taux d'intervention de l'Institut d'Emission, en fonction de l'évolution de la conjoncture économique interne et externe. Après une modification des coefficients des réserves obligatoires, la BEAC laisse aux banques une période d'adaptation de deux mois au cours de laquelle aucune sanction ne leur sera appliquée.

Rémunération des réserves obligatoires et régime des sanctions

Rémunération des réserves obligatoires. Elle relève de la compétence du Gouverneur de la BEAC, titulaire d'une délégation du Conseil le pouvoir de fixer et de modifier le taux de rémunération des réserves obligatoires dans les mêmes conditions que les taux d'intervention de la Banque.

Contrôle des déclarations des banques. Il s'agit de vérifier l'exactitude du montant des dépôts déclarés par les établissements de crédit par :

- les contrôles sur pièces, par le rapprochement des déclarations avec les situations mensuelles des banques ;

- les contrôles sur place, effectués périodiquement et de manière inopinée, à l'initiative de la BEAC (Service du Marché Monétaire) et/ou la COBAC.

Régime des sanctions. Des sanctions pécuniaires peuvent être infligées aux banques en cas d'insuffisance du niveau des réserves obligatoires ou de déclaration tardive ou erronée de leurs dépôts.

b) Politique monétaire de la BCEAO

Finalités. Elle répond à un double souci : la stabilité des prix et de la valeur de la monnaie commune, ainsi que le financement des économies des pays membres.

La BCEAO a mis en place un dispositif qui repose sur trois principes fondamentaux :

- la réduction du rôle de la monnaie centrale au profit d'une mobilisation accrue de l'épargne intérieure
- la mise en harmonie des règles de gestion monétaire avec l'organisation de l'activité économique et l'environnement international
- l'instauration de mécanismes flexibles de régulation monétaire dans le cadre d'une libéralisation progressive du marché du crédit, associée à un renforcement de l'efficacité de la surveillance bancaire

Quant à la nouvelle politique des taux d'intérêt, elle encourage le dynamisme et la flexibilité pour renforcer la stabilité monétaire, améliorer la collecte des ressources intérieures et favoriser leur utilisation optimale. Après la suppression du taux d'escompte préférentiel et de tous les régimes particuliers qui en dérivaient, la Banque Centrale dispose de trois taux directeurs :

- un taux d'escompte (TES) qui constitue le taux de dernier ressort, c'est-à-dire le plus onéreux
- un taux intermédiaire, le taux de pension
- un taux d'appel d'offres ou taux du marché monétaire, taux le plus faible et principal taux opérationnel de l'Institut d'émission

A cela, il faut ajouter le système des réserves obligatoires institué en réponse à la nouvelle orientation de la politique monétaire axée désormais sur le contrôle indirect de la liquidité. Cet instrument est appelé à jouer un rôle principal de régulation monétaire de l'UEMOA au cours des prochaines années.

Procédure d'open-market. Elle vise à vue à renforcer l'efficacité de la politique des taux d'intérêt de la BCEAO avec le jeu de l'offre et de la demande aux conditions du marché. Pour encourager la proposition de taux d'intérêt traduisant la situation réelle des marchés, les enchères régionales sont désormais organisées selon le principe de l'adjudication à la hollandaise suivant lequel les taux proposés par chaque intervenant lui sont effectivement appliqués sur les soumissions retenues.

Système des réserves obligatoires dans l'UMOA
« Facteur institutionnel de contrôle de la liquidité bancaire, le dispositif des réserves obligatoires permet, par son maniement, de réduire ou de développer la capacité de distribution de crédit du système bancaire».

Objectifs

- Obliger les banques à détenir, sous forme de monnaie centrale, une fraction de l'actif et/ou du passif de leur bilan. Ces réserves sont exigées sur les dépôts et/ou les crédits.

- Renforcer l'efficacité de la nouvelle politique des taux d'intérêt et contribuer à la régulation de la création monétaire par l'exercice éventuel d'une pression sur la liquidité bancaire qui se répercute sur la sensibilité des établissements de crédit à l'évolution des taux directeurs de la BCEAO ;

- Participer à la liquidité du système bancaire comme élément de sécurisation des dépôts en l'absence de fonds de garantie et de crédibilité du système bancaire. C'est également un système d'alerte sur le niveau de trésorerie du système bancaire en l'absence de ratio spécifique.

- Orienter la structure des dépôts et des crédits par des modalités d'application appropriées

Modalités d'application. Elles procèdent d'une politique d'encouragement des dépôts à terme et de la mise en place de crédits à moyen et long terme. Ainsi, les éléments de son assiette devraient aider les banques à agir sur la structure de leur bilan.

Etablissements assujettis. Sont soumis au système des réserves obligatoires l'ensemble des banques et établissements de crédit distributeurs de crédit afin de respecter la concurrence et d'optimiser son efficacité.

Assiette de calcul des réserves. Elle dépend des impératifs de la politique monétaire. Le principe est celui d'une assiette mixte avec la possibilité d'éventuels ajustements.

Pour les banques et établissements financiers distributeurs de crédit, l'assiette est constituée des crédits à court terme et des créances brutes des banques sur l'extérieur.

Pour les établissements de financement de ventes à crédit, l'assiette est constituée de l'encours des crédits à l'économie, net des emprunts obtenus auprès des banques.

Coefficients des réserves. Les coefficients applicables aux banques sont régulièrement modifiés en fonction de la conjoncture économique et financière de chaque membre de l'Union. Ceux applicables aux Etablissements financiers, distributeurs de crédits sont demeurés inchangés à 5,0%.

Constitution et déclaration des réserves à la Banque Centrale. Les réserves sont constituées à partir des dépôts effectués par les établissements intéressés sur leurs comptes courants ordinaires ouverts dans les livres de la Banque Centrale. Par ailleurs, les titres publics, émis dans le cadre de la titrisation des concours consolidés par la B.C.E.A.O. ou en représentation de créances bancaires de l'Etat, sont admis en constitution des réserves obligatoires. Pour des motifs de flexibilité, chaque établissement s'organise librement pour détenir, sur une base moyenne durant la période définie, le minimum de réserves obligatoires requis par la réglementation. Les avoirs constitués en compte courant dans le cadre des réserves obligatoires ne sont pas rémunérés.

Evolution du coefficient des réserves obligatoires applicables aux banques[14]

Etats	Du 16 octobre 1993 au 15 août 1998	Du 16 août au 15 novembre 1998	Du 16 novembre au 15 décembre 1998	Du 16 décembre 1998 au 15 avril 2000	Du 16 avril au 15 août 2000	Du 16 août au 15 septe mbre 2000	Depuis le 16 septem bre 2000
Bénin	1,5%	9,0%	9,0%	3,0%	3,0%	9,0%	9,0%
Burkina	1,5%	9,0%	9,0%	3,0%	3,0%	3,0%	3,0%
Côte d'Ivoire	1,5%	9,0%	1,5%	1,5%	3,0%	3,0%	5,0%
Guinée Bissau		5,0%	5,0%	3,0%	3,0%	3,0%	3,0%
Mali	1,5%	9,0%	9,0%	3,0%	3,0%	3,0%	3,0%
Niger	1,5%	5,0%	5,0%	1,5%	3,0%	5,0%	5,0%
Sénégal	1,5%	5,0%	1,5%	1,5%	3,0%	9,0%	9,0%
Togo	1,5%	9,0%	3,0%	1,5%	3,0%	3,0%	3,0%

(Le coefficient applicable aux établissements financiers est demeuré inchangé à 5,0% depuis l'institution du système des Réserves Obligatoires en octobre 1993.)

[14] www.bceao.int.

Les guichets permanents de refinancement de la Banque Centrale. Ce sont les guichets de réescompte et de pension. En principe, les dispositions statutaires de la Banque Centrale l'autorisent à escompter, prendre en pension ou en gage aux banques et établissements financiers les effets et titres représentatifs de créances sur les Etats de l'UEMOA, les entreprises installées dans l'UEMOA et tenant une comptabilité des opérations qu'elles y effectuent et les particuliers ressortissants de l'Union. Cet éventuel concours est subordonné au respect de certaines conditions

Conditions d'admissibilité des effets et titres au portefeuille de la Banque Centrale. L'admissibilité des valeurs dans le portefeuille de la Banque Centrale obéit à des conditions de qualité, de durée, de quotité et de valorisation.

Qualité des valeurs. Sont présumés de bonne qualité les effets et titres garantis par deux signatures notoirement solvables, celle de l'établissement cédant et celle du signataire de l'effet ou de l'émetteur du titre. Le dispositif prudentiel permet d'apprécier la solvabilité des banques et établissements financiers cédants.

Quant aux signataires des effets ou titres privés, leur solvabilité est appréciée au regard du système des accords de classement ou du dispositif prudentiel selon qu'il s'agit d'une entreprise ou d'un établissement de crédit. La signature des institutions financières régionales émettrices de titres ou cédantes de valeurs est appréciée en fonction de leurs situations financières ou tous autres moyens à la disposition de la Banque Centrale. Les effets et titres publics sont réputés de première catégorie.

Durée des créances et des valeurs mobilisables. Pour être admissibles au refinancement de la Banque Centrale, les effets et titres doivent être représentatifs de créances :

- à court terme d'une durée de deux (2) ans au plus ;

- à moyen terme d'une durée comprise entre deux (2) et dix (10) ans ;

- à long terme n'ayant plus que quinze (15) ans à courir.

Par ailleurs, la durée de vie résiduelle doit être de 12 mois au maximum pour les effets et titres privés et de 15 ans au maximum pour les effets et titres publics.

Quotité et valorisation. La part mobilisable des crédits est fixée à 90% du montant de l'encours et l'effet représentatif de la créance est pris à sa valeur nominale.

S'agissant des titres, la quotité mobilisable est fixée à 90% dans les conditions de valorisation ci-après :
- la valeur nominale des titres pour les titres à intérêts post comptés ;

- le prix d'émission des titres pour les titres à intérêts précomptés ;

- pour les titres côtés à la BRVM, la valeur nominale ou le prix d'émission selon qu'il s'agisse de l'un ou de l'autre, sous réserve que ces valeurs soient inférieures ou égales à la valeur de transaction..

Procédures. On en compte deux : le réescompte et la pension livrée.

Le réescompte

Définition du réescompte et intérêt économique. Le réescompte est l'opération par laquelle, un établissement de crédit cède, à son initiative, à la Banque Centrale, de manière définitive et en pleine propriété, des effets ou des titres de créance pour une valeur de mobilisation déterminée conformément aux conditions réglementaires, délestée des intérêts au taux d'escompte de la Banque Centrale. Les garanties accompagnent la cession. Les concours au titre du réescompte sont mis en place en principe jusqu'à l'échéance de l'effet ou du titre réescompté, qu'il soit possible pour le cédant de procéder à un dénouement anticipé.

Le réescompte est utilisé par les établissements de crédit pour couvrir leurs besoins de liquidité sur une longue période (maximum 360 jours).

Traitement des valeurs au réescompte. Les valeurs admissibles au portefeuille de la Banque Centrale doivent avoir une durée minimale de 5 jours et être livrées à la Banque Centrale. Les effets et les titres matérialisés doivent être effectivement remis et endossés à l'ordre de la BCEAO avec la mention *" valeur en compte"*. Les effets dématérialisés, les titres, tenus en compte à la Banque Centrale ou auprès d'un dépositaire central ou d'un teneur de compte agréé par la Banque Centrale, doivent être virés à un compte-titres de l'Institut d'émission.

« Les agios précomptés sont calculés au prorata du nombre de jours à courir de la date de valeur de réescompte à celle de l'échéance. Tout effet ou

titre escompté donne lieu à la perception d'un minimum de 10 jours d'agios. En cas de dénouement anticipé, il est procédé à une restitution des agios perçus, avec toutefois un minimum de perception effective de 10 jours, sauf en cas de retrait de l'effet à l'initiative de la Banque Centrale.

Cinq jours avant l'échéance, l'effet ou le titre est remis au cédant pour encaissement. A l'échéance, la Banque Centrale débite d'office le compte courant ordinaire du cédant auprès d'elle du montant des concours consentis par elle».

La pension livrée[15]

Définitions

En Afrique centrale, « *La pension est l'opération par laquelle un établissement de crédit ou l'une des institutions définies aux trois premiers alinéas de l'article II de l'Annexe à la Convention du 17 janvier 1992 portant harmonisation de la Réglementation bancaire dans les Etats de l'Afrique Centrale, cède en pleine propriété à la Banque Centrale, moyennant un prix convenu, des valeurs, titres, effets publics ou privés, et par laquelle le cédant et le cessionnaire s'engagent respectivement et irrévocablement, le premier à reprendre les actifs cédés, le second à les rétrocéder pour un prix et à une date convenus* » .

En Afrique de l'Ouest, « *l'opération par laquelle une personne morale, un fonds commun de placement ou un fonds commun de créances cède en pleine propriété à une autre personne morale, à un fonds commun de placement ou à un fonds commun de créances, moyennant un prix convenu, des valeurs, titres ou effets définis ci-après et par laquelle le cédant et le cessionnaire s'engagent respectivement et irrévocablement, le premier à reprendre les valeurs, titres ou effets, le second à les rétrocéder pour un prix et à une date convenus.*

Les valeurs, titres ou effets mentionnés ci-dessus sont : les valeurs mobilières inscrites à la côte officielle d'un marché UEMOA ou étranger ; les titres de créances négociables sur un marché réglementé UEMOA ou étranger ; les effets publics ou privés ; d'une manière générale, toutes les

---

[15] A. Tonye : Pratique juridique des financements structurés en Afrique

créances autres que les bons de caisse, représentées par un titre négociable sur un marché.... ».[16]

Elle répond à un besoin de liquidité sur une *courte période* (30 jours au maximum).

Traitement des valeurs prises en pension. Toutes les valeurs susceptibles d'être réescomptées peuvent être prises en pension. Les valeurs déposées en pension doivent être endossées en blanc par les établissements remettants. Les opérations au guichet de la pension s'effectuent au taux de la pension de la Banque Centrale. La durée de la pension est de un (01) jour au moins et de trente (30) jours au plus. Les agios sont calculés prorata temporis à la date de dénouement de la pension.

2°. Discussion sur l'autorité de contrôle

Le contrôle des établissements de crédit par les banques centrales est une question controversée dans le milieu de l'analyse économique, qui s'interroge sur l'opportunité de confier la politique monétaire et le contrôle bancaire à la même autorité.

Les banques sont soumises au contrôle des banques centrales en raison de leur rôle stratégique et de leur vulnérabilité. Reconnu par les théoriciens modernes, leur rôle stratégique serait, dans le cadre d'une économie de marché, de fournir de l'information et de garantir la liquidité. Quant à leur fragilité, deux éléments l'expliquent :

- l'asymétrie de la structure du bilan caractérisée par un passif liquide et un actif à valoriser ;
- l'importance du marché interbancaire qui peut faciliter la contamination du système par une défaillance individuelle.

En ce qui concerne la banque centrale, il y a interférence entre la politique monétaire et le contrôle bancaire par le contrôle de la liquidité. En effet, l'action sur la liquidité monétaire est le principal outil au service de la stabilité monétaire interne (au niveau des prix) et externe (pour les taux de change). Le contrôle de la banque centrale est de veiller à l'approvisionnement des banques en liquidité et d'éviter des crises dues à une défaillance individuelle. D'où deux thèses :

a) Les tenants de l'indépendance avancent comme argument l'élimination des conflits d'objectifs et la valorisation de la discipline de marché

---

[16] Article 32 – Règlement N° 15/2002/CM/UEMOA relatif aux systèmes de paiement dans les Etats membres de l'UEMOA.

- éliminer les conflits d'objectifs : exemple, la banque centrale peut injecter massivement de l'argent comme prêteur de dernier ressort à une banque en difficulté et provoquer une instabilité monétaire.

La politique du taux d'intérêt constitue un autre argument de cette thèse. En effet, les difficultés du système bancaire ou une situation d'inflation dicteront un abaissement ou une augmentation du taux d'intérêt. La défense d'une monnaie peut également conduire à une hausse soudaine des taux coûteuse pour les banques.

« Sur le plan théorique, on peut expliquer l'existence de ce conflit d'objectifs par le fait que la politique monétaire est supposée exercer un impact contra-cyclique, tandis que la politique de contrôle bancaire a des effets procycliques ; ainsi est-il plus difficile pour les banques de respecter les ratios de solvabilité en période de récession lorsque les profits sont bas et les dettes élevées (Goodhart-Schoenmaker, 1992). Dans les cas où les fonctions de régulation monétaire et bancaire ne sont pas institutionnellement séparées, les autorités chargées du contrôle des banques subiront d'importantes pressions pour que soit relâchée la politique monétaire, afin de rendre moins coûteux pour les banques le respect des règles prudentielles : une séparation complète des deux fonctions apparaît alors comme le seul moyen de résister à ces pressions »[17]

- valoriser la discipline de marché : c'est mettre en lumière la responsabilité des actionnaires et des dirigeants soumis à la sanction du marché en vertu de l'application des principes de bonne gouvernance. Simplement, le marché boursier africain balbutie encore et ne constitue pas encore l'instrument de mesure de la confiance des déposants. Reste le contrôle du contrôle interne par un organisme indépendant.

En effet, le contrôle interne est un contrôle individuel qui ne prévient pas les risques systémiques inhérents à l'interbancarité. La solution est donc la proposition de la création d'une agence de contrôle indépendante de la banque centrale afin d'éliminer l'aléa de moralité qui rassure la direction générale des banques du concours d'un prêteur en dernier ressort et les incite à ne pas respecter les règles prudentielles et la discipline de marché. L'aléa de moralité est d'autant plus fort que la banque est importante et qu'elle peut exercer des pressions sur la banque centrale car leur défaillance aurait des conséquences désastreuses sur le système bancaire. C'est l'essence du « t*oo big to fail* »

---

[17] P. Duquesne : Le rôle de la Banque Centrale dans le contrôle bancaire – Séminaire du FMI, 30/01/1997 sur « Les rapports entre solidité du système bancaire et politique monétaire dans un contexte de marchés financiers mondialisés ».

b) Les partisans de l'union plaident pour :

- **la sécurité des systèmes de paiement par la gestion de la liquidité** bancaire : la banque centrale a un rôle majeur dans la gestion, la garantie et le surveillance des systèmes de paiement. Mais l'importance de ce rôle dépend des caractéristiques des systèmes de paiement et sera différente selon qu'il s'agit d'un système à règlements nets ou d'un système à règlements bruts avec découvert ou encore un système à règlements nets avec clause de révocation.

- **la prévention du risque systémique grâce à la fonction de prêteur de dernier ressort de la banque centrale** - Autre débat : les banques centrales ne doivent-elles prêter qu'aux banques illiquides mais solvables avec prélèvement d'un taux de pénalité ou les imperfections du marché du crédit suffisent-elles à justifier l'intervention du prêteur en dernier ressort ?

- **la gestion de l'aléa de moralité** : l'aléa moral consiste dans la prise en compte de graves risques pouvant procéder de données économiques, réglementaires ou humaines. En dehors d'une éventuelle intervention du gouvernement, il n'existe que deux façons de renflouer une banque en difficulté : l'action du prêteur en dernier ressort ou une assurance de dépôts. Les procédures administratives et judiciaires compromettent souvent la pertinence du système d'assurances. Par ailleurs la certitude d'une indemnisation des déposants n'améliore pas la gestion des risques par les dirigeants.

En pratique, on assiste à une articulation des deux en raison de l'attelage constitué par une **Commission Bancaire** adossée sur la **Banque Centrale.**

La Commission Bancaire est un **collège de onze membres** ou leurs suppléants composé de deux catégories de membres, à savoir :

- Les membres de droit : le Gouverneur qui en est le président, assisté du Vice - Gouverneur, suppléant, les trois censeurs de la BEAC et leurs suppléants ; les 7 membres nommés par le Comité Ministériel de l'UMAC en raison de leur compétence en matière bancaire, financière et juridique, soit 1 par pays ;

- Les 3 représentants de la Commission Bancaire Française nommés par le Gouverneur de la Banque de France.

La Commission Bancaire dispose d'un Secrétariat Général qui procède aux contrôles est structuré autour du Département de l'Inspection bancaire et du Département du contrôle permanent. Le contrôle est effectué par le Secrétariat Général de la Commission Bancaire par le biais de contrôles sur pièces et sur place.

Mais quelles que soient sa célérité et son efficacité, le contrôle n'est pas une assurance contre la défaillance puisqu'il intervient toujours a posteriori. C'est pour cela qu'une coopération est souhaitable avec les auxiliaires de supervision que sont les commissaires aux comptes.

3° La lutte contre le blanchiment des capitaux

a) Description des opérations de blanchiment

C'est l'un ou plusieurs des agissements ci-après commis intentionnellement :

- la conversion ou le transfert de biens provenant d'un crime ou d'un délit dans le but de dissimuler ou de déguiser leur origine illicite ou d'aider toute personne impliquée dans leur commission à échapper aux conséquences juridiques de ses actes ;
- la dissimulation ou le déguisement de la nature, de l'origine, de l'emplacement, de la disposition, du mouvement ou de la propriété de biens provenant d'un crime ou d'un délit ;
- l'acquisition, la détention ou l'utilisation de biens provenant d'un crime ou d'un délit ;
- la participation à l'un des actes susvisés, l'association pour commettre ledit acte, les tentatives de le perpétrer, le fait d'aider, d'inciter ou de conseiller quelqu'un à le faire, ou le fait d'en faciliter l'exécution.

b) Obligations du banquier.

Obligation de connaissance de la clientèle.

Obligation de vigilance. Préalablement à l'ouverture d'un compte de dépôt, le banquier doit s'assurer de l'identité et de l'adresse du demandeur, sur présentation d'un document officiel original en cours de validité portant sa photographie, contenant dans la mesure du possible des informations relatives à sa filiation, ainsi que son adresse professionnelle ou domiciliataire. La personne physique commerçante est tenue de fournir, en outre, toute pièce attestant de son immatriculation au Registre du Commerce et du Crédit Mobilier.

L'identification d'une personne morale ou d'une succursale est effectuée par la production d'une part, de l'original, l'expédition ou la copie certifiée conforme de tout acte ou extrait du Registre du Commerce et du Crédit Mobilier, attestant notamment de sa forme juridique, de son siège social et, d'autre part, des pouvoirs des personnes agissant en son nom. Le banquier est tenu des mêmes diligences à l'égard de tout co-titulaire de compte collectif, personne physique ou morale. Le banquier doit informer les clients auxquels un chéquier est délivré des sanctions encourues en cas de défense de payer faite en violation de l'article 84 alinéa 3 du présent Règlement. Il est également tenu d'adresser à son client un relevé de compte au moins une fois par mois.

Tant le Règlement COBAC R-2005/01 que l'Instruction n°01/2007/RB relatifs à la lutte contre le blanchiment des capitaux relatif imposent cette vigilance aux banques et organismes financiers. Aussi sont-ils contraints avant d'ouvrir un compte de s'assurer de l'identité du titulaire du compte par la présentation d'un document officiel en cours de validité. En cas de représentation, notamment dans les cas de comptes de fiducie ou de mandataire, l'établissement de crédit doit se renseigner sur la véritable identité des personnes représentées. Il doit requérir l'identité et l'adresse des représentants ainsi que les documents originaux attestant de leur délégation de pouvoirs. Lorsque le client est une personne morale, l'établissement doit en outre exiger la présentation de l'original ou de la copie certifiée conforme de tout acte ou extrait de registre officiel constatant sa dénomination, sa forme juridique et son siège social, ainsi que les pouvoirs des personnes agissant en son nom, déterminer la provenance des fonds et identifier leurs bénéficiaires ainsi que les personnes qui contrôlent ces fonds. La contrainte est la même pour les sociétés dont le capital est constitué d'actions au porteur ou détenu par des mandataires.

S'agissant de la clientèle occasionnelle, son identification s'impose systématiquement dans l'un des cas suivants : incertitude sur la provenance licite des fonds et répétition d'opérations distinctes dans une période limitée et pour un montant individuel inférieur au seuil prévu.

Quant aux nouveaux clients, une procédure claire doit définir les règles qui président à leur acceptation par l'établissement de crédit. Cette définition doit contenir le portrait du client susceptible de représenter un risque supérieur à la moyenne. Doivent être pris en compte les éléments tels que les antécédents des clients, leur pays d'origine, les activités professionnelles, les liens entre les comptes, le caractère public ou en vue des personnages qui sollicitent une relation d'affaires.

Obligation de surveillance particulière de certaines opérations

Doit particulièrement être surveillée toute opération importante portant sur des sommes dont le montant unitaire ou total est supérieur au seuil fixé par le Comité Ministériel ou par des dispositions nationales qui se présente dans des conditions inhabituelles de complexité et semble sans justification économique et sans objet licite. Cela suppose de la part du banquier une bonne connaissance et une bonne compréhension des activités normales de sa clientèle.

Exemples fournis par l'Instruction de l'UEMOA :

- transactions anormales en soi et/ou par rapport à un client (exemple des comptes dormants subitement devenus actifs, chèques à endossement multiple, transferts d fonds vers des comptes numérotés, achat ou vente de grandes quantités de métaux précieux) ;
- opérations de crédit avec acceptation du client de taux anormalement élevé, proposition de garanties constituées d'avoirs d'origine inconnue ou incompatibles avec le niveau de vie apparent du client, proposition de remboursement anticipé avec des fonds d'origine inconnue ou peu plausible) ;
- opérations de commerce extérieur avec des prix des biens sous-jacents à l'opération sous-évalués ou surévalués par rapport au prix du marché, montages complexes intégrant de multiples structures sans justification économique ou technique, satisfaisante ;
- opération d'un montant sensiblement supérieur à celui des transactions habituelles du client ;
- opérations de bourse et de marché avec des dépôts à des taux anormalement élevés ou comportant des transactions sur titres à des cours décalés par rapport à ceux du marché ;
- opérations comportant de multiples allers-retours sur titres sans rentabilité apparente, suivie d'une sortie de fonds vers un autre organisme notamment localisé à l'étranger ;
- transactions effectuées avec des contreparties situées dans des pays, des territoires et/ou juridictions déclarés par le Groupe d'Action Financière (GAFI) comme non coopératifs et des personnes visées par des mesures de gel des avoirs pour leur lien présumé avec une entité criminelle organisée.

Déclaration de soupçon. Tout établissement assujetti est tenu de déclarer à l'Agence Nationale d'Investigation Financière :

- les sommes ou autres biens qu'il détient, susceptibles d'être liés à un crime ou un délit ou s'inscrire dans un processus de blanchiment des capitaux ;
- les opérations qui portent sur les éléments ci-dessus ;
- une opération dont l'identité du donneur d'ordre ou du bénéficiaire reste douteuse malgré les diligences accomplies en matière d'identification de la clientèle ;
- les opérations effectuées pour compte propre ou compte de tiers avec des personnes morales agissant sous forme ou pour le compte de fonds fiduciaires ou de tout autre instrument de gestion d'un patrimoine d'affectation dont l'identité des constituants ou des bénéficiaires n'est pas connue

Exemple d'application jurisprudentielle en France : Affaire : Banque Populaire Côte d'Azur (BPCA)[18]

Décision n°2 du 18 décembre 2009 de la Commission Bancaire faisant l'objet d'un pourvoi en cassation

Vu ...

La Commission Bancaire, composée de M. LANDAU, Président, MM. BOITREAUD, VACHIA, MARTIN-LAPRADE, PEYRAT,HOENN et VAURS, membres ;

Après avoir entendu, lors de la séance du 8 décembre 2009, les représentants de l'établissement ;

Après en avoir délibéré en la seule présence de ses membres ;

Considérant que les obligations relatives au dispositif de lutte contre le blanchiment de capitaux et de financement du terrorisme visée dans la notification de griefs ont été maintenues dans les nouvelles dispositions issues de l'ordonnance n°2009-104 du 30 janvier 2009 et des textes d'application, ainsi qu'il résulte de ce qui suit ; que l'exception de procédure soulevée par la BPCA quant aux effets de l'entrée en vigueur des nouveaux textes sur le capacité de la Commission Bancaire à sanctionner les manquements constatés doit être écartée ;

Sur l'obligation de déclaration de soupçon ;

Considérant qu'aux termes de l'article L.562-2 ancien du Code monétaire et financier les organismes financiers sont tenus de déclarer à TRACFIN les sommes inscrites dans leurs livres et les opérations portant sur des sommes qui pourraient provenir du trafic de stupéfiants, de la fraude aux intérêts financiers des Communautés européennes, de la corruption ou d'activités

[18] Décisions juridictionnelles de la Commission Bancaire 2009 p. 12

criminelles organisées ou qui pourraient participer au financement du terrorisme ; que les éléments constitutifs de cette obligation ont été maintenus dans l'article L. 561-1 I du Code Monétaire et financier issu de l'ordonnance n°2009-104 du 30 janvier 2009 ;

Considérant que pour les dossiers A, B, C, D, E et F, l'établissement explique le défaut de déclaration de soupçon par des dysfonctionnements internes résultant d'une mauvaise appréhension ou d'une interprétation erronée par certains membres de son personnel en charge des contrôles des textes applicables en matière de lutte contre le blanchiment et de leur méconnaissance de la jurisprudence ; que l'existence de ces dysfonctionnements, même involontaires, révèle des lacunes dans la mise en œuvre du dispositif de prévention de prévention du blanchiment et de financement du terrorisme de l'établissement de nature à nuire gravement à son efficacité ;

Considérant que le compte de la SARL (S1), dont Mr A. est gérant, a enregistré le 30 janvier 2007 un virement créditeur de 25000 euros suivi d'un retrait de même montant le même jour et que des mouvements similaires ont été observés le 8 février 2007 pour un montant identique ; que la SARL (S2), dont Mr A. est également gérant, a enregistré deux retraits de caisse de 25 000 euros le 30 janvier 2007 ; que l'agence de (la ville V1) a apporté le commentaire suivant sur ces retraits dans le dossier de la société (S2) : »dessous de table, opération exceptionnelle qui ne devrait pas se reproduire » ; que la SARL (S2) a effectué le 1er février 2007 un virement de 200 000 euros à destination de la SARL (S1) qui a procédé le même jour à un virement du même montant au Luxembourg ; que l'établissement admet que les procédures de contrôle de premier et de second niveau auraient dû le conduire à mieux se renseigner et documenter l'ensemble des flux ; que si l'établissement indique avoir procédé le 15 octobre 2008, soit postérieurement à la fin de la mission d'inspection, à une déclaration de soupçon, l'infraction n'en est pas moins établie au moment de l'enquête ;

Considérant que le compte ouvert en avril 2007 au nom de Mme B., cliente non résidente de nationalité N1, enregistrée dans la base informatique comme médecin et docteur en sociologie, a reçu, entre avril et juin 2007, 4 virements en provenance de son compte ouvert à la banque B1 en Suisse pour un montant global de 642 379 euros, sans indication du motif des opérations, suivis d'un virement de 300 000 dollars américains le 5 septembre 2007 en provenance du même compte ; que le compte de Mme B. a reçu en outre un virement de 200 000 dollars américains, émis par la société S3, d'un compte ouvert à la banque B2 à Dubaï ; que l'établissement admet avoir mal analysé ce dossier alors que rien ne permettait d'exclure l'origine illicite des sommes en cause ; que si l'établissement indique avoir procédé le 17 juin 2008, soit postérieurement à la fin de la mission d'inspection, à une déclaration de soupçon, l'infraction n'en est pas moins établie au moment de l'enquête ;

Considérant que les comptes professionnels de Mr C. qui dirige un groupe spécialisé dans (un secteur d'activité) ont enregistré le 9 juin 2006 un versement espèces de 110 000 euro ; qu'entre le 7 septembre et le 9 novembre 2007, les comptes des sociétés S4 et S5 ont reçu des versements espèces d'un montant global de 790 000 euros ; que le compte personnel de Mr C. a été crédité de 243 000 euros en 2006 puis de 383 000 euros en 2007, au moyen de plusieurs centaines de chèques de la (société S6) exploitant un casino (dans la ville V2) ; que Mr C. a retiré 75 000 euros en 2006 et 169 000 euros en 2007 sur son compte personnel par des retraits espèces auprès des guichets automatiques de banque ; que l'établissement explique les flux sur les comptes professionnels de Mr C. par le caractère habituel des recettes en espèces auprès dans (son secteur d'activité) ; que s'il admet que les contrôles de premier et de second niveau n'ont pas détecté les mouvements sur le compte personnel, en raison de leur montant unitaire, il indique que le comptable du casino a confirmé la répétition des gains de Mr C. qui aurait trouvé une solution permettant de gagner souvent aux machines à sous ; que toutefois, eu égard à l'ampleur des versements espèces sur les comptes professionnels ainsi qu'à l'importance et à la récurrence des gains au casino réalisés par ce client, l'établissement ne pouvait écarter le soupçon que les sommes en cause pourraient avoir une origine illicite ; que la déclaration de soupçon effectuée le 21 novembre 2007, pendant la mission d'inspection, n'est intervenue qu'à la fin de la deuxième année de fonctionnement anormal du compte ; que la déclaration de soupçon étant tardive, l'infraction est établie ;

Considérant que Mr D., ouvrier d'origine N2, a ouvert trois comptes à la BPCA en septembre 2006 ; que six chèques d'un montant global de 4 685 000 euros ont été déposés sur un des comptes entre le 3 octobre et le 26 décembre 2006 en six fois ; que selon le dossier d'alerte constitué le 18 janvier 2007 par l'établissement, le client a été identifié comme collecteur de fonds pour une association liée au ... ; que dans ces conditions, l'établissement ne pouvait écarter le soupçon que les sommes en cause pourraient avoir une origine illicite ; que s'il indique avoir procédé le 9 octobre 2008, soit postérieurement à la fin de la mission d'inspection ; à une déclaration de soupçon, l'infraction n'en est pas moins établie au moment de l'enquête ;

Considérant que Mr E., client non résident de nationalité N3 a effectué en 2007 six retraits en espèces, allant de 30 000 euros à 80 000 euros, pour un montant cumulé de 353 000 euros sur son compte ; que le client a indiqué que ces retraits étaient destinés à la construction de sa villa en Grèce ; qu'en l'absence de justificatifs, l'établissement ne pouvait écarter que les sommes en cause pourraient entrer dans le champ des activités illicites visées à l'article L.562-2, sans que l'invocation d'aspects fiscaux éventuels ne puisse justifier l'absence de déclaration de soupçon à l'époque ; que si l'établissement indique avoir procédé le 20 octobre 2008, soit postérieurement à la fin de la mission d'inspection, à une déclaration de soupçon, l'infraction n'en est pas moins établie au moment de l'enquête ;

Considérant que le compte ouvert en janvier 2006 par Mr F., ouvrier d'origine N4, a enregistré des remises de 32 chèques entre mars 2006 et février 2007 pour un montant global de 44 700 euros ; que le nom du bénéficiaire était falsifié sur certains de ces chèques libellés à l'origine à l'ordre de l'employeur de Mr F. ; que l'établissement indique que dès que ces faits ont été connus, son service de lutte entre blanchiment a demandé la clôture du compte qui est intervenue en juin 2007 ; que les caractéristiques de fonctionnement du compte et l'existence de chèques falsifiés justifiaient à l'époque le soupçon que les sommes en cause pourraient avoir une origine illicite ; que si l'établissement indique avoir procédé le 14 avril 2008, soit postérieurement à la fin de la mission d'inspection, à une déclaration de soupçon, l'infraction n'en est pas moins établie au moment de l'enquête ;

Considérant que le compte de Mr G., qui est capitaine de bateau, a fait l'objet de six retraits de caisse pour un montant total de 595 000 euros entre le 14 mars et le 14 juin en 2006, après la réception préalable de virements ; que le 23 mars 2007, le compte a été crédité d'un virement de 100 000 euros émis par la société S7 située à Gibraltar, suivi d'un retrait de caisse de même montant le 28 mars 2007 ; qu'un autre virement de 100 000 euros a été émis le 4 avril 2007 par le même donneur d'ordre et a été suivi d'un retrait de caisse de même montant le 11 avril ; que l'établissement fait valoir qu'il a interrogé à maintes reprises le client sur le fonctionnement de son compte et que celui-ci a expliqué ces mouvements par les dépenses afférentes à l'entretien d'un navire d'exploitation et par les usages de la navigation de plaisance de payer les différents frais en espèces ; qu'en l'absence de justificatifs, l'établissement ne pouvait écarter le soupçon que les sommes en cause pourraient entrer dans le champ des activités illicites visées par l'article L 562-2, eu égard à leur importance et à leurs caractéristiques ; que le fait d'avoir effectué en octobre 2002 une déclaration de soupçon, qui aurait été classée sans transmission au Parquet, n'était pas de nature à exonérer l'établissement de ses obligations déclaratives ultérieures, alors que les mouvements constatés sur 3 mois en 2006 étaient supérieurs à ceux observés sur plus de 2 ans ayant fait l'objet de déclaration de soupçon d'octobre 2002 ; que l'infraction est donc établie ;

Considérant que le compte de Mr H., qui avait l'objet de réquisitions judiciaires en ... en raison de soupçons de trafic de stupéfiants, a enregistré un virement de 99 400 euros le 19 janvier 2007 en provenance d'une banque américaine B3, suivi d'un virement de 98 000 euros émis le 24 janvier 2007 au bénéfice de Mr I. ; que l'établissement indique que l'enquête concernant Mr H. remonte à une période ancienne et aurait abouti à un non-lieu ; qu'il fait valoir que Mr H. a justifié le premier virement par un prêt de sa fille et le second virement par le remboursement d'un prêt à Mr I. ; qu'il précise que la fortune de Mr H. et de sa fille provient des indemnités conséquentes qu'ils ont reçues suite au décès accidentel de Mme H. ; que toutefois les justificatifs recueillis par l'établissement ne portent que sur le prêt à Mr I. ; qu'en outre, au vu du contrat, il s'agissait d'un remboursement anticipé intervenu très peu de temps après la mise en place du prêt ; que les explications de l'établissement ne permettent pas d'établir qu'il disposait d'éléments probants sur la licéité des opérations susvisées, de sorte qu'il ne pouvait écarter le soupçon que les sommes en cause pourraient entrer dans le champ des activités illicites visées à l'article 562-2 ; que l'infraction est donc établie ;

Considérant que le compte de Mme J., dont le nom aurait été associé à une tentative de vente d'une... qu'elle aurait dérobée, qui fonctionnait jusqu'alors avec des virements réguliers de l'ordre de 2 000 euros, a reçu le 24 novembre 2005 un virement de 151 000 euros de la société S8 suivi d'un virement de 100 000 euros à l'ordre de Mr K. ; que ces opérations n'ont fait l'objet d'une déclaration de soupçon que le 19 septembre 2006, soit 9 mois après la constatation des faits ; que l'établissement, qui indique que ces opérations ont immédiatement fait l'objet d'une alerte et d'une demande de renseignements auprès de la cliente, impute le délai écoulé entre l'alerte et la déclaration de soupçon aux difficultés rencontrées pour obtenir des réponses de la cliente à ses demandes ; que les explications de l'établissement ne permettent pas de justifier qu'il ait attendu 9 mois pour procéder à une déclaration portant sur ces opérations alors qu'il ne pouvait écarter le soupçon que les sommes en cause pourraient entrer dans le champ des activités illicites visées à l'article L 565-2 ; que la déclaration étant tardive, l'infraction est donc établie ;

Sur l'obligation de porter à la connaissance de TRACFIN toute information de nature à modifier l'appréciation portée lors de la déclaration de soupçon :

Considérant qu'en application des dispositions de l'article L 562-3 ancien du Code monétaire et financier, toute information de nature à modifier l'appréciation portée par l'organisme financier lors de la déclaration de soupçon doit être immédiatement portée à la connaissance de TRACFIN ; que les éléments constitutifs de cette obligation ont été maintenus dans l'article L 561-15-V issu de l'ordonnance n°2009-104 du 30 janvier 2009 ;

Considérant que le compte de Mme L., auditeur de banque de nationalité N5 et gérante de société, née le XX/XX/XX, a fait l'objet d'une déclaration de soupçon à TRACFIN en 2005 à la suite de virements au profit de tiers ; que son compte a reçu un virement SWIFT en septembre 2007 de 800 000 dollars américains au bénéfice de M d'ordre MN ;

Que compte tenu de l'insuffisance des renseignements que l'établissement invoque avoir recueillis pour justifier la provenance licite de ce virement dont le donneur d'ordre n'est pas clairement établi, l'établissement aurait dû procéder à une déclaration à TRACFIN en vue de compléter la déclaration de 2005 ; que l'infraction est donc établie ;

Sur l'obligation de vigilance constante :
Considérant que l'article 2 du règlement n°91-07 susvisé impose aux organismes financiers de faire preuve de vigilance constante ; que les éléments constitutifs de l'obligation de vigilance constante ont été maintenus et consacrés au niveau législatif dans l'article L 561-6 issu de l'ordonnance n°2009-104 du 30 janvier 2009 ;

Considérant qu'il ressort de l'instruction que la BPCA n'avait pas au moment de l'inspection d'informations suffisantes sur le mandataire social des associés de la société S9, Mr O., qui avait rn outre un compte personnel, notamment quant à l'origine des fonds ; que Mr O n'a pas souhaité donner suite aux demandes réitérées de rendez-vous faites par l'agence tenant son compte ; que pourtant ces comptes n'ont été placés sous surveillance que depuis septembre 2008 alors que l'acquisition immobilière faite par la société S9 remonte à juillet 2005, que dans ces conditions l'infraction à l'obligation de vigilance est établie, les informations apportées postérieurement à l'inspection permettant d'écarter les autres faits et qualifications notifiés sur cette affaire ;

Considérant que le compte de Mr P., artisan peintre d'origine N6, a enregistré des retraits d'espèces inexpliquées à hauteur de 72 870 euros entre juin 2006 et mars 2207 et de 48 000 euros entre juillet et novembre 2007 ; que la société S10 a enregistré entre le 10 octobre et le 11 novembre 2007 des remises de chèques de banque et des versements espèces inexpliqués à hauteur de 82 000 euros ; que le compte de Mme Q., domiciliée (dans la ville étrangère V3) et sans activité, a enregistré sur un an, sept versements espèces inexpliqués, sans justificatif ou avec des justificatifs incomplets, pour un montant cumulé de 70 000 euros ; que Mme R., sans profession déclarée, a remis sur son compte en 2006 pour 17 000 euros de chèques à l'encaissement sur deux mois consécutifs et qu'elle a effectué aussitôt des retraits en espèces pour des montants correspondants ; que d'autres opérations du même type ont été observées courant 2007 ; que le compte de Mr S. a enregistré le dépôt d'un chèque le 19 avril 2007, suivi d'un retrait d'espèces inexpliqué de 40 000 euros le lendemain, suivi le 23 avril2007 par un versement espèces et de trois retraits d'un même montant unitaire de 40 000 euros ; que le compte de Mme T. a reçu un virement SWIFT de 30 000 euros le 27 novembre 2006 ; que cette dernière, est une ancienne responsable de la division... de la banque étrangère B4, dont le nom aurait été associé à une affaire de blanchiment de capitaux affectant cet établissement à la fin des années 90 ; que la BPCA reconnaît un défaut de vigilance constante dans le cas de ces six dossiers et indique que les comptes ont été clôturés ou sont en voie de l'être ; que l'infraction est établie ;

Considérant que le compte de Mme U. a reçu de nombreux versements espèces à hauteur de 206 800 euros en 2007 ; que l'établissement tout en admettant la « faiblesse des procédures internes de contrôle de premier et de second niveau concernant l'origine des fonds » au moment de la mission d'inspection fait valoir qu'il dispose de feuilles d'imposition des années 2004, 2005 et 2006 de la cliente ; que néanmoins ces éléments collectés postérieurement à la mission d'enquête ne fournissent aucune certitude sur l'origine licite des versements espèces ; que l'infraction est donc établie ;

Considérant que le compte de Mr ou Mme V a enregistré un versement espèces de 40 000 euros (80 billets de 500 euros) ; que l'agence s'est contentée d'informations orales du client en ce qui concerne la vente de meubles, sans obtenir des justificatifs de l'opération en cause ; que ces faits non contestés suffisent à établir un défaut de vigilance ;

Considérant que le compte de Mr ou Mme W., (Mr W étant domicilié dans la ville étrangère V4) et vice-président de ... ainsi que celui de la société S11, spécialisée dans (un commerce) et de Mme X., employée de nationalité (N7) résidant (dans la ville étrangère de V5) ont enregistré des mouvements d'espèces inexpliqués, sans que l'établissement au moment des faits ait tenté d'obtenir des justificatifs suffisants, pour des montants unitaires ou cumulés compris entre 15 000 euros et 183 300 euros ; que si l'établissement invoque des explications de cohérence avec les autres opérations ou l'activité de ces clients, les pièces justificatives manquent (retrait de Mr W.) ou ont été recueillies postérieurement aux faits et à l'enquête (société S11) ou demeurent partiels (Mme X.) ; que l'infraction est donc établie pour ces trois cas ;

Considérant qu'il est reproché à l'établissement que sur 199 dossiers clients examinés par la mission d'inspection, la connaissance des clients est lacunaire dans 43 % des dossiers qui ne sont pas correctement documentés ; que si l'établissement fait valoir que ces dossiers ne représentent que 2,3 % des comptes actifs et fait état des progrès accomplis à compter de 2006, le taux de non-conformité des dossiers étant selon lui tombé depuis cette date de 48,8 % à 25 %, les progrès accomplis pour les dossiers à compter de 2006, ne dispensent pas l'établissement de mettre à jour l'ensemble des dossiers, y compris les plus anciens ; que compte tenu de l'échantillon retenu par l'inspection la proportion de non-conformité n'est pas admissible pour un établissement pour un établissement ayant une activité importante de tenue de comptes espèces de la clientèle et qu'il y a lieu de retenir que l'infraction est établie au moment de l'inspection ;

Sur l'obligation de se doter d'une organisation et de procédure propres à assurer le respect du dispositif de lutte contre le blanchiment des capitaux :

Considérant que l'article 2 du règlement n°91-07 susvisé impose aux organismes financiers de se doter d'une organisation et de procédures propres à assurer les obligations de vigilance en matière de lutte contre le blanchiment des capitaux ; que les éléments constitutifs de cette obligation ont été maintenus dans l'article R. 561-38 issu du décret n°2009-1087 et l'article 11-7 du règlement 97-02 modifié par l'arrêté du 29 octobre 2009 ;

Considérant qu'au moment de l'inspection les moyens et l'organisation de la vigilance de la BPCA étaient insuffisants dans plusieurs domaines ; que l'effectif du service LAB et fraudes de la Direction des Risques et de la Conformité, équivalent à 2 agents temps plein, ne permettait pas de procéder à l'analyse des nombreuses alertes produites par les outils de détection ainsi qu'à l'examen approfondi des opérations ; qu'en outre ces outils de détection présentaient des lacunes, l'historique des requêtes ne remontant pas au-delà d'un mois, l'outil de suivi des alertes ne permettant pas de les consolider pour un même client sur plusieurs années, les virements internationaux n'étant pas couverts ; qu'il n'existait pas d'outil de profilage des comptes ; que le responsable du service LAB et fraudes, qui se concentrait sur d'autres aspects de sa fonction, n'intervenait pas dans la lutte contre le blanchiment de capitaux et que les responsables d'agences étaient très peu impliqués dans la mise en œuvre du dispositif ; que la BPCA fait valoir que la réglementation n'impose pas un ratio défini entre l'effectif de contrôle et la taille de l'établissement ; qu'elle indique toutefois que, depuis la mission, les effectifs du service susvisé ont été portés à 5 personnes et de nouvelles procédures renforçant les diligences des responsables d'agences en matière de lutte anti-blanchiment ont été mises en place ; qu'elle annonce également avoir déployé un outil informatique de profilage des comptes ; que l'infraction est néanmoins établie au moment de l'enquête ;

Considérant qu'au moment de la mission d'inspection, en l'absence de vérification systématique avant l'ouverture d'un compte que le client ne figure pas sur une liste de personnes soumises au gel des avoirs en raison de la présomption de leur participation au financement d'activités terroristes, la BPCA n'était pas en mesure d'exercer la vigilance exigée pour assurer le respect des obligations en matière de prévention de financement du terrorisme ; qu'elle annonce avoir renforcé son dispositif de surveillance dans ce domaine depuis la mission d'inspection ; que l'infraction est néanmoins établie au moment de l'enquête ;

Sur les procédures internes :

Considérant qu'en application des dispositions du premier alinéa de l'article R 563-3 ancien du Code monétaire et financier les organismes financiers doivent adopter des procédures internes adaptés à leurs activités destinées à mettre en œuvre les obligations de lutte contre le blanchiment des capitaux et le financement du terrorisme ; que les éléments constitutifs de cette obligation ont éé maintenus dans l'article R 561-38 issu du décret n°2009-1087 ;

Considérant que la circulaire relative à la lutte anti-blanchiment de la BPCA était incomplète ; qu'en particulier elle ne mentionnait pas les activités qui pourraient participer au financement du terrorisme et ne faisait pas été des dispositions relatives à la corruption et à la fraude aux intérêts financiers des Communautés européennes ; qu'elle ne comprenait pas les dispositions du règlement (CE) n°1781/2006 relatif aux informations concernant le donneur d'ordre accompagnant les virements de fonds et ne faisait pas référence aux dispositions relatives aux modalités d'identification à distance de la clientèle du décret n°2006-736 du 26 juin 2006 ; que si la BPCA fait valoir que ses agents pouvaient accéder sous intranet aux procédures du groupe, elle admet que ses procédures internes n'avaient pas été mises à jours sur certains points au moment de la mission d'inspection ; qu'elle annonce avoir procédé depuis à leur révision ; que l'infraction est néanmoins établie ;

Sur l'obligation de faire preuve de vigilance en matière de chèques :

Considérant qu'en application des dispositions de l'article 4 et de l'article 11 alinéa 2 points a) et b) du règlement n°2002-01 du 18 avril 2002 modifié, les établissements établissent et exécutent un programme de contrôle des chèques qui tient compte de l'évolution des typologies de blanchiment et qui doit couvrir les chèques tirés par les clients ayant fait l'objet de la déclaration prévue à l'article L 562-2 ancien du Code monétaire et financier ainsi que les chèques dont l'examen paraît nécessaire pour compléter l'analyse du fonctionnement du compte lorsque, à l'occasion du suivi du compte de son client, l'établissement assujetti détecte, le cas échéant par des moyens informatiques, un fonctionnement inhabituel du compte ;

Considérant qu'il ressort de l'instruction que les contrôles effectivement réalisés par le service LAB étaient plus restreints que ceux prévus par le programme annuel de contrôle des chèques, certains états de contrôle n'étant pas exploités ; que le programme annuel de contrôle des chèques ne prenait pas en compte l'évolution des typologies de blanchiment ; que l'examen individuel des chèques tirés sur des clients ayant fait l'objet d'une déclaration de soupçon à TRACFIN n'était pas davantage assuré ; que si l'établissement fait valoir qu'il a modifié en profondeur son dispositif de contrôle des chèques, l'infraction n'en est pas moins établie au moment de l'enquête ;

Sur le questionnaire relatif au dispositif de prévention du blanchiment :

Considérant que l'instruction n°2000-09 susvisée oblige les établissements de crédit à remettre chaque année une réponse aux questionnaires annexés à l'instruction ; que les informations fournies doivent correspondre à la situation réelle de l'établissement au 31 décembre de l'année précédente ;

Considérant que l'arrêté du 31 décembre 2006 le questionnaire QLB 3 comprenait des réponses affirmatives aux lignes 114, 118, 121, 132, 139 et 173 qui ne correspondaient pas à la réalité ; que la BPCA n'apporte pas d'éléments pour contester le caractère inexact des réponses aux questions susmentionnées ; que l'obligation de remise du questionnaire dûment rempli posée par l'instruction est une obligation de transmission d'informations exactes ; qu'ainsi l'inexactitude des informations transmises suffit à caractériser une infraction ; que le caractère inexact des réponses apportées à ces questions, consistant à indiquer que l'établissement se conforma à une exigence réglementaire objet de la question, constitue un manquement distinct du manquement résultant de la non-conformité à l'exigence réglementaire ; que si l'établissement fait valoir que ces inexactitudes sont non réitérables, ses procédures ayant été modifiées depuis l'inspection, et qu'il redouble de vigilance lors de l'établissement des réponses au questionnaire, l'infraction n'en est pas moins établie au moment de l'enquête ;

Sur le contrôle interne :

Considérant qu'en application de l'article 6 a) du règlement n)97-02 susvisé, le contrôle permanent de la conformité, de la sécurité et de la validation des opérations réalisées et du respect des autres diligences liées à la surveillance des risques de toute nature associés aux opérations est assuré, avec un ensemble de moyens adéquats par certains agents, au niveau des services centraux et locaux, exclusivement dédiés à cette fonction et d'autres agents exerçant des activités opérationnelles

Considérant que la mission d'inspection a fait ressortir, lors de l'examen en agence d'un échantillon de 199 dossiers, que la plupart d'entre eux ne comportaient pas la fiche d'autocontrôle ; que les contrôles hiérarchiques de premier niveau exercés par les directeurs sont apparus inexistants ou non formalisés ; que seules 25 des 95 agences ont été contrôlées par la Direction des risques et de la conformité en 2007, faute de moyens suffisants ; que si la BPCA fait valoir pour sa défense que la procédure des fiches d'autocontrôle ne s'appliquait pas aux comptes ouverts avant sa mise en place en 2005 et que l'échantillon de dossiers examinés par l'Inspection comportait 75 % de comptes ouverts avant la mise en place e la procédure, l'absence de ficha a été constatée également dans certains comptes ouverts postérieurement ; que le rapport d'activité du service contrôle permanent peuvent fonder deux qualifications d'infractions ; que si la BPCA fait état de mesures correctrices, l'infraction n'en est pas moins établie au moment de l'enquête ;

Considérant qu'en application de l'article 9 du règlement n°97-02 susvisé, les entreprises assujetties doivent notamment disposer de moyens suffisants afin de mener un cycle complet d'investigations de l'ensemble des activités sur un nombre d'exercices aussi limité que possible ;

Considérant que les audits relatifs au traitement des flux d'espèce set aux moyens de paiement internationaux ne comportaient pas de volet relatif à la lutte anti-blanchiment ; que la durée moyenne des missions de contrôle périodique dans les agences, qui ne dépassait pas 3 jours sur place, et la méthodologie utilisée étaient insuffisantes pour apprécier la mise en œuvre du dispositif anti-blanchiment ; qu'en particulier aucune investigation n'était menée sur la surveillance des flux et la justification des opérations lors des contrôles dans les agences ; que si la BPCA fait valoir que l'approche par le contrôle périodique du domaine de la lutte anti-blanchiment a été complètement révisée depuis septembre 2008, l'infraction n'en est pas moins établie au moment de l'enquête ;

Considérant qu'en application de l'article L 519-2 du Code monétaire et financier un intermédiaire un intermédiaire en opérations de banque agit en vertu d'un mandat délivré par un établissement de crédit et qu'en application de l'article 5) du règlement n°97-02 le système de contrôle des opérations et des procédures internes a notamment pour l'objet de vérifier que les opérations réalisées par l'entreprise sont conformes aux dispositions en vigueur propres aux activités bancaires et financières ;

Considérant qu'il ressort de l'instruction que la BPCA avait recours à des prescripteurs externes de crédit immobilier relevant du statut d'intermédiaire en opérations de banque sans que soit établi le mandat prévu à l'article L 519-2 ; que si l'établissement fait valoir que de nouvelles conventions faisait référence aux dispositions législatives relatives aux intermédiaires en opérations de banque sont en cours de signature avec les prescripteurs externes, l'infraction n'en est pas moins établie au moment de l'enquête ;

Considérant qu'il résulte de tout ce qui précède, sans qu'il y ait lieu de retenir les autres éléments mentionnés dans la lettre de griefs, que la BPCA, faute d'avoir mobilisé des moyens humains et techniques adaptés à l'importance de ses activités de tenue comptes espèces et à sa zone de chalandise, s'est placée en situation d'infraction aux dispositions susvisées du fait principalement de carences dans ses procédures et dans l'organisation de son dispositif de lutte contre le blanchiment des capitaux et le financement du terrorisme ainsi que d'une vigilance insuffisante dans la mise en œuvre de ce dernier, alors qu'elle a développé à partir de 2004 une politique active de croissance externe qui nécessitait une mise à niveau préalable du dispositif ; qu'ainsi la BPCA a enfreint plusieurs dispositions essentielles des lois et règlements qui lui étaient applicables, en particulier l'obligation de déclaration de soupçon et l'obligation de vigilance dans les cas individuels susmentionnés ; qu'en dépit des mesures correctrices mises en œuvre depuis la mission d'inspection, il y a lieu de faire application de l'article L 613-21 du Code monétaire et financier en prononçant un blâme à l'encontre de la BPCA ; que, eu égard à la gravité et au nombre de ces manquements pour un établissement de cette importance, il convient de prononcer également une sanction pécuniaire d'un montant de six cent mille (600 000) euros à l'encontre de la BPCA ;

Considérant que la BPCA a demandé que la décision de la Commission bancaire ne fasse l'objet d'aucune mesure de publicité faisant apparaître le nom de l'établissement ; que compte tenu de la nature et de la gravité des infractions constatées, il y a lieu de rejeter cette demande ;

DECIDE :
Article 1er : Il est prononcé un blâme à l'encontre de la BANQUE POPULAIRE COTE D'AZUR ;
Article 2 : Il est également prononcé une sanction pécuniaire d'un montant de six cent mille (600 000) euros ;
Article 3 : La demande de la BANQUE POPULAIRE COTE D'AZUR tendant à ce que la présente décision ne fasse l'objet d'aucune mesure de publicité faisant apparaître le nom de l'établissement est rejetée.

Section II. Les méthodes de contrôle

I. Les enquêtes

Les missions des Commissions bancaires peuvent prendre plusieurs formes, à commencer par celles des enquêtes généralement reparties en trois catégories :

- Les enquêtes thématiques : elles visent des sujets sensibles comme le contrôle interne, le blanchiment etc...
- Les enquêtes sectorielles qui concernent une activité comme le financement des entreprises ou des ménages, l'activité internationale de la banque, etc....
- Les enquêtes périodiques grâce auxquelles l'autorité de contrôle passe au crible l'intégralité de l'activité d'un établissement de crédit.

Compte tenu de l'importance de cette masse de travail, la répartition des tâches est capitale entre le travail d'audit des commissaires aux comptes et le rôle de supervision de la Commission Bancaire.

II. Le contrôle permanent

Il s'exerce sous forme de contrôle sur pièces et contrôle sur place. Le premier repose sur l'analyse des documents, les contacts avec les commissaires aux comptes et toutes les autres autorités de contrôle. Le but, c'est la surveillance permanente des dossiers individuels et des groupes. Les données collectées par la banque centrale et les contacts avec les dirigeants constituent une source appréciable des renseignements de nature à faciliter la détection des facteurs de risques et à s'assurer de la conformité de la gestion aux règles prudentielles. En complément du premier, le second, le contrôle sur place est le métier des inspecteurs dont les missions peuvent être globales ou thématiques. Pour l'équilibre d'un suivi continu, leur analyse du contrôle interne est déterminante.

Les problèmes posés sont la qualité de l'outil d'analyse et les effectifs affectés au contrôle. Quelle est la fréquence des contacts entre la Commission Bancaire et la direction des banques ?

Exemple : Compte-rendu de la Commission Bancaire de l'Afrique centrale

« Depuis la mise en place du système CERBER en 1999, celui-ci n'a pas connu d'évolution significative. Pourtant, la réglementation comptable et prudentielle en vigueur a connu d'importantes mutations rendant inadaptés certains états périodiques produits par ce système. En outre, les besoins de renforcement des contrôles nécessitent l'affinement ou le détail de certaines informations nécessaires au calcul des normes prudentielles. De même, l'élaboration des statistiques monétaires par la Banque Centrale et l'information des autorités monétaires exigent la création de nouveaux états réglementaires.

Afin de mettre à jour le système CERBER, une équipe projet a été constituée au sein du Secrétariat Général de la COBAC. Celle-ci a été renforcée par un représentant de la Banque Centrale. Ses travaux ont démarré par deux ateliers tenus respectivement à Kribi (Cameroun) du 17 septembre au 06 octobre 2007 et à Yaoundé (Cameroun) du 08 au 12 octobre 2007. Il en est sorti un avant-projet de spécifications modifiées du système CERBER (Collecte, Exploitation et Restitution aux Banques et Etablissements Financiers des Etats Réglementaires).Ces modifications ont commencé à être présentées à la profession bancaire du Cameroun en décembre 2007. Le chronogramme arrêté prévoit la fin du processus de présentation dans les cinq autres pays en mai 2008 et l'adoption du nouveau système en juin 2008 pour une entrée en vigueur avec les remises à fin janvier 2009.

En ce qui concerne le projet ASTROLAB (Aide à la Surveillance, au Traitement et à l'Organisation de la Lutte Anti-Blanchiment)., l'unité informatique du Secrétariat l'unité informatique du Secrétariat Général de la COBAC a développé deux programmes informatiques destinés à renforcer

le contrôle des dispositifs mis en place par les établissements de crédit en matière de lutte contre le blanchiment des capitaux. Le premier programme est destiné aux établissements de crédit afin de renseigner les informations sollicitées en application de l'Instruction COBAC I-2006/01. Il a commencé à être installé dans les établissements de crédit du Cameroun et devrait l'être dans tous les autres pays au plus tard en mai 2008. La seconde application a été développée pour les besoins du contrôle permanent. Elle permet le traitement des déclarations semestrielles des établissements de crédit et fournit des outils d'analyse et de positionnement de ces établissements en rapport avec le respect de la réglementation anti-blanchiment. Un programme sera élaboré et mis à la disposition du contrôle sur place pour vérifier les informations transmises par les établissements.

A la suite des missions d'assistance technique menées sous la houlette de la Banque Mondiale et du Fonds Monétaire International en vue de l'amélioration du dispositif de contrôle permanent de la COBAC12, le Département du Contrôle Permanent a identifié huit domaines nécessitant des actions correctives. Il s'agit des moyens humains, des outils informatiques, de la communication avec les autres départements, de l'organisation et des méthodes du contrôle permanent, de la mise en oeuvre de Bâle II, des procédures et méthodologies des contrôles permanents, de la formation du personnel affecté au contrôle permanent.

Un chronogramme de mise en oeuvre des actions correctrices envisagées a été élaboré. Il s'étale sur la période 2007 à 2009. En 2007, les premières mesures prises ont permis le renforcement des effectifs du Département du Contrôle Permanent avec l'arrivée de trois nouveaux cadres, portant à sept le nombre de cadres supérieurs affectés à ce département. Deux cadres ont été envoyés en stage auprès de la Commission Bancaire française afin de s'imprégner des dispositifs, méthodes et outils mis en place par cette institution pour assurer le contrôle sur pièces des établissements de crédit.

Au cours de l'année 2007, le Secrétariat Général de la COBAC a effectué 8 vérifications de portée générale et 31 contrôles thématiques dans les établissements de crédit de la CEMAC. Les établissements financiers ont fait l'objet de 3 contrôles ponctuels dans l'année. »

	Nombre de banques	Nombre de guichets	Capital social en millions
Cameroun	12	128	65 651
Centrafrique	4	7	6 500
Congo	5	37	16 222
Gabon	7	39	110 520
Guinée Equatoriale	4	14	14 240
Tchad	7	20	17094
Total	39	245	229 727

	Vérifications de portée générale		Contrôles ponctuels	
	Banques	**Ets financiers**	**Banques**	**Ets financiers**
Cameroun	2	0	15	2
Centrafrique	0	0	3	0
Congo	0	0	0	0
Gabon	2	0	3	1
Guinée Equatoriale	2	0	2	0
TCHAD	2	0	8	0
TOTAL	8	0	31	3

Ces rapports montrent que les cycles d'inspection sont insuffisants et inciteraient peut-être à un recours à des auditeurs externes. Or, l'efficacité des analyses dépend de la précocité de la détection de l'anomalie et la performance de l'outil de travail. Par ailleurs, on pourrait se demander quel est le niveau de la coordination entre le contrôle sur pièces et le contrôle sur place, la vitesse de la prise de décision pour les banques en difficulté.

S/section 3. Le contrôle de crise

Le contrôle de crise est normalement celui qui suit la détection d'une difficulté sérieuse dans un établissement de crédit. La révélation d'une défaillance latente doit conduire la Commission Bancaire à élargir aussi bien son champ d'investigation que ses sources d'information et, en conséquence, à renforcer ses équipes de contrôle. Elle devrait être alimentée en informations tant par la CEMAC que par l'Etranger. Mais le devoir de confidentialité pour ne pas affoler les milieux bancaires ni perturber les masses contribue parfois à entretenir des situations déjà désastreuses pour les déposants.

Chapitre 2

L'inobservation des procédures d'alerte

Section 1. Les titulaires du devoir d'alerte

S/section I. Les commissaires aux comptes

Les missions dévolues aux commissaires aux comptes par le droit commun montrent leur rôle déterminant. Dans le cadre des banques, leur rôle est ciselé par des règlements spécifiques aux banques et établissements de crédit.

I. Contenu

A. Obligation traditionnelle du commissaire aux comptes : le contrôle et la certification des comptes

Le commissaire aux comptes :
- certifie que les états financiers de synthèse sont réguliers et sincères et donnent une image fidèle du résultat des opérations de l'exercice écoulé ainsi que de la situation financière et du patrimoine de la société à la fin de l'exercice ;
- dans son rapport à l'assemblée générale ordinaire, déclare soit certifier la régularité et la sincérité des états financiers de synthèse, soit l'assortir de réserves, soit la refuser en en précisant les motifs ;
- sans s'immiscer dans la gestion, vérifie les valeurs et les documents comptables de la société et contrôler la conformité de sa comptabilité aux règles en vigueur ;
- vérifie la sincérité et la concordance avec les états financiers de synthèse des informations données dans le rapport de gestion du conseil d'administration ou de l'administrateur général, et dans les documents de la situation financière et les états financiers de synthèse de la société adressés aux actionnaires ; fait état de ses observations dans son rapport ;
- s'assure que l'égalité entre les associés est respectée, notamment que les actions d'une même catégorie bénéficient des mêmes droits ;
- dresse un rapport dans lequel il informe le conseil d'administration ou l'administrateur général :

a) les contrôles, vérifications et sondages qu'il a effectués ainsi que de leurs résultats ;

b) les postes du bilan et des autres documents comptables auxquels des modifications paraissent nécessaires ;

c) les irrégularités et inexactitudes éventuelles ;

d) ses conclusions, observations et rectifications sur les résultats par rapport à ceux du dernier exercice.

- signale à la prochaine assemblée générale, les irrégularités et les inexactitudes relevées
- révèle au ministère public les faits délictueux dont il a eu connaissance, révélation sans conséquence pour sa responsabilité

Naturellement, à toute époque de l'année, il peut obtenir communication sur place de toutes pièces qu'il estime utiles à l'exercice de sa mission : contrats, livres, documents comptables et registres de procès-verbaux. Il peut même se faire assister par tout expert de son choix.

B. Diligence particulière : l'obligation d'information

Selon l'article 4 du Règlement n°04/03/CEMAC/UMAC/COBAC relatif aux diligences des commissaires aux comptes dans les établissements de crédit, les commissaires aux comptes sont tenus d'alerter, sans délai, le secrétariat général de la COBAC dès qu'ils constatent à l'occasion de l'exercice de leur mission :

- tout fait de nature à influencer de manière significative la situation de l'établissement de crédit sur le plan financier ou sous l'angle de son organisation administrative et comptable ou de son contrôle interne ;
- tout fait qui peut constituer une violation des lois et règlements de nature à mettre en cause gravement la responsabilité de l'établissement ou de se dirigeants ;
- tout fait de nature à compromette la continuité de l'exploitation de l'établissement de crédit.

Une fois que cela est affirmé, rien n'est résolu parce qu'on retombe dans le droit commun auquel la réglementation bancaire reconnaît son rôle. En effet, elle prescrit aux commissaires aux comptes d'informer le Secrétariat Général de la COBAC lorsqu'ils déclenchent une procédure d'alerte en vertu des articles 150 à 156 de l'Acte Uniforme OHADA relatif au droit des sociétés commerciales et du groupement économique.

Le commissaire aux comptes demande par lettre au porteur contre récépissé ou par lettre recommandée avec demande d'avis de réception des explications au président du conseil d'administration, au président directeur général ou à l'administrateur général selon le cas, sur tout fait de nature à compromettre la continuité de l'exploitation qu'il a relevé lors de l'examen des documents, qui lui sont communiqués ou dont il a connaissance à l'occasion de l'exercice da sa mission.

Dans le mois de la réception de cette demande d'explications, l'interpellé répond selon la même modalité en donnant une analyse précise de la situation et, le cas échéant, les mesures envisagées. A défaut de réponse ou si celle-ci n'est pas satisfaisante, dans les quinze jours de la réception de la réponse, le commissaire aux comptes invite l'intéressé par le même type de lettre à faire délibérer le conseil d'administration ou l'administrateur directeur général.

Dans les quinze jours de la réception de la lettre du commissaire aux comptes, le président du conseil d'administration ou l'administrateur directeur général convoque le conseil d'administration aux fins de droit dans le mois de la réception de cette lettre. Le commissaire aux comptes est convoqué à ladite séance. Un extrait du procès-verbal des délibérations est adressé au commissaire aux comptes dans le mois qui suit cette délibération.

En cas de violation de ces dispositions ou si le commissaire aux comptes constate que la continuité de l'exploitation demeure compromise, il dresse un rapport spécial qu'il adresse à la prochaine assemblée générale ou, en cas d'urgence, à une assemblée générale des actionnaires qu'il convoque lui-même pour soumettre ses conclusions après avoir vainement requis sa convocation du conseil d'administration ou de l'administrateur général. Dans cette convocation, il fixe l'ordre du jour et peut, pour des motifs déterminants, choisir un lieu de réunion autre que celui prévu par les statuts. Il expose les motifs de sa convocation dans un rapport lu à l'assemblée.

Selon la loi portant réglementation bancaire en Afrique de l'Ouest, à la requête de la Commission Bancaire, tout commissaire aux comptes d'une banque ou d'un établissement financier est tenu de lui communiquer tous rapports, documents et autres pièces ainsi que de lui fournir tous renseignements utiles à l'accomplissement de sa mission.

II. Sanctions

A. Responsabilité civile

La responsabilité civile du commissaire aux comptes peut être mise en cause par la banque et par les tiers pour les conséquences dommageables des fautes et des négligences commises dans l'exercice de ses fonctions tant par lui-même que par ses collaborateurs. Conformément au droit commun, le demandeur doit prouver la faute alléguée, le préjudice subi et le lien de causalité.

Exemple d'application jurisprudentielle

Résumé express[19]*:*

Pour la Cour de cassation, le commissaire aux comptes certifiant les comptes au nom de la société de commissaires aux comptes dont il est membre agit en qualité d'associé, d'actionnaire ou de dirigeant de cette société et non en qualité de salarié de celle-ci, peu important qu'il soit lié à la société de commissaires aux comptes par un contrat de travail. Dès lors, est justifiée la sanction pécuniaire prononcée par l'AMF à l'encontre du commissaire aux comptes en tant que personne physique, à partir du moment où il a délivré des informations inexactes lors de la publication et de la certification des comptes de la société cliente.

Sur le moyen unique, pris en sa première branche :
Vu les articles L621-14 et L621-15 du code monétaire et financier, ensemble les articles 1er et 3 du règlement n°98-07 de la Commission des opérations de bourse, alors applicable ;

Attendu qu'il résulte de la combinaison de ces textes qu'une sanction pécuniaire peut être prononcée à l'encontre de toute personne physique ayant porté atteinte à la bonne information du public par la communication d'une information inexacte, imprécise ou trompeuse ; qu'il importe peu à cet égard que puisse également être sanctionnée à ce titre la personne morale au nom et pour le compte de laquelle cette personne physique a agi ;

Attendu, selon l'arrêt attaqué, que la société Compagnie du développement durable (la société C2D) avait pour commissaire aux comptes la société Concorde européenne audit France (la société CEAF), comptant parmi ses associés M. X... ; que par décision du 18 novembre 2004, l'Autorité des marchés financiers a retenu que M. X... avait délivré des informations inexactes lors de la publication et de la certification des comptes de la société C2D pour l'exercice 2000 et a prononcé à son encontre une sanction pécuniaire ;

Attendu que pour annuler cette décision, l'arrêt retient qu'aucune sanction pécuniaire ne peut être, à titre personnel, prononcée contre M. X... puisque le sujet de droit de la réglementation boursière, susceptible d'être concerné,

---

[19] Net-Iris : le portail juridique de l'information – publication du 24/06/2006

ne peut être que le commissaire aux comptes titulaire du mandat, soit la société CEAF, dont il est le préposé, et ajoute qu'en effet, dans le cas où un mandat de commissaire aux comptes est confié à une société exerçant cette activité, chaque acte accompli par l'un des associés, actionnaires ou dirigeants, salariés ayant la qualité de commissaire aux comptes, l'est au nom et pour le compte de la société, seule titulaire du mandat, de sorte que les griefs articulés à l'encontre du requérant auraient dû l'être à l'égard de la société CEAF, en sa qualité de commissaire aux comptes de la société C2D ;

Attendu qu'en statuant ainsi, la cour d'appel a violé les textes susvisés ;

Et sur la quatrième branche du moyen :
Vu l'article L225-218 du code de commerce, devenu l'article L822-9 du même code ;

Attendu qu'aux termes de ce texte, dans les sociétés de commissaires aux comptes inscrites, les fonctions de commissaire aux comptes sont exercées, au nom de la société, par des commissaires aux comptes personnes physiques associés, actionnaires ou dirigeants de cette société ;
Attendu que pour décider qu'aucune sanction ne pouvait être prononcée, à titre personnel, à l'encontre de M. X..., l'arrêt retient que celui-ci était le préposé de la société CEAF et énonce que dans les cas où un mandat de commissaire aux comptes est confié à une société exerçant cette activité, chaque acte accompli par l'un des associés, actionnaires ou dirigeants, salariés ayant la qualité de commissaire aux comptes, l'est au nom et pour le compte de la société, seule titulaire du mandat, de sorte que les griefs articulés à l'encontre du requérant auraient dû l'être à l'égard de la société CEAF en sa qualité de commissaire aux comptes de la société C2D ;

Attendu qu'en statuant ainsi, alors que le commissaire aux comptes certifiant les comptes au nom de la société de commissaires aux comptes dont il est membre agit en qualité d'associé, d'actionnaire ou de dirigeant de cette société et non en qualité de salarié de celle-ci, peu important qu'il soit lié à la société de commissaires aux comptes par un contrat de travail, la cour d'appel a violé le texte susvisé ;

Par ces motifs et sans qu'il y ait lieu de statuer sur les autres griefs :
Casse et annule, mais seulement en ce qu'il a annulé la décision de l'Autorité des marchés financiers en ce qu'elle avait prononcé une sanction pécuniaire à l'encontre de M. X..., l'arrêt rendu le 28 juin 2005, entre les parties, par la cour d'appel de Paris ;

Remet, en conséquence, sur ce point, la cause et les parties dans l'état où elles se trouvaient avant ledit arrêt et, pour être fait droit, les renvoie devant la cour d'appel de Paris, autrement composée ;
M. Tricot, Président

B. Responsabilité pénale

Sera puni d'une amende de 2 à 20 millions de francs tout commissaire aux comptes qui aura contrevenu à l'obligation d'information susvisée.

C. Responsabilité professionnelle

Le commissaire aux comptes appartient à un ordre professionnel et toute faute ou négligence grave s'attachant à son exercice professionnel peut être constitutif d'une faute disciplinaire.

D. Prescription de l'action

L'action en responsabilité contre le commissaire aux comptes se prescrit par trois ans à compter de la date du fait dommageable ou, s'il a été dissimulé, à compter de sa révélation.

S /section 2. Les associés

Dans la forme anonyme imposée aux banques et établissements de crédit, tout actionnaire peut, deux fois par exercice, poser des questions au président du conseil d'administration ou l'administrateur directeur général sur tout fait de nature à compromettre la continuité de l'exploitation. La réponse est communiquée au commissaire aux comptes ;

L'interpellé répond par écrit, dans un délai d'un mois, aux questions posées et adresse copie de cette réponse au commissaire aux comptes.

S/section 3. Les Commissions Bancaires

Le devoir d'alerte des Commissions Bancaires de l'Afrique de l'Ouest et de l'Afrique centrale se traduit par les pouvoirs d'injonction et de mise en garde dès qu'elles détectent une anomalie et la possibilité de prononcer des sanctions disciplinaires.

La Commission Bancaire est habilitée à adresser des injonctions ou des mises en garde aux établissements assujettis lorsqu'elle constate la dégradation d'une situation financière. Ces ordres concernent généralement la prise de mesures urgentes de redressement pour endiguer une situation alarmante. Ils se révèlent finalement d'illusoires garrots non suivis d'opérations immédiates.

Extrait du Rapport Annuel de la Commission Bancaire de l'UMOA - 2007

Sur la base de ces dispositions, la Commission Bancaire a pris onze injonctions contre neuf en 2006.
Au Burkina, une (1) banque a reçu une injonction, en juin, à l'effet au plu tard le 31 décembre 2007 d'assurer notamment le respect intégral de la réglementation prudentielle, par le biais notamment d'un renforcement conséquent des fonds propres, de produire une attestation du commissaire aux comptes sur la conformité du système d'information et de la comptabilité aux exigences du Plan Comptable Bancaire de l'UEMOA (PCB), de veiller au respect des règles de déclassement et de provisionnement des engagements en souffrance et de mettre en place un dispositif de prévention et de lutte contre le blanchiment de capitaux.

En Côte d'Ivoire, cinq (5) banques ont reçu une injonction respectivement
- en septembre, pour l'une, à l'effet, plus tard le 31 mars 2008, de restaurer les fonds propres, en vue du respect intégral de la réglementation prudentielle, en procédant à une augmentation du capital social par apports en numéraire, rétablir l'équilibre de la structure financière, renforcer le système de contrôle interne et constituer l'ensemble des provisions requises ;
- en décembre, pour les quatre (4) autres, à l'effet :
- pour deux d'entre d'elles de fiabiliser le système d'information ainsi que la comptabilité et assurer leur totale conformité au PCB, respecter strictement l'ensemble de la réglementation prudentielle et mettre en œuvre une gestion rigoureuse des risques, en particulier réduire les concours accordés aux entités du groupe auquel appartiennent ces deux banques ;
- pour l'une, au plus tard le 31 mars 2008, de recomposer intégralement l'organe exécutif, y compris par le changement du Directeur Général en fonction, sa responsabilité personnelle étant directement engagée dans certains manquements graves à la réglementation bancaire, et pour le 30 juin 2008 au plus tard de clarifier la propriété du capital social et veiller au bon fonctionnement du gouvernement d'entreprise, procéder à la constitution de l'ensemble des provisions complémentaires et aux redressements comptables demandés, fiabiliser la comptabilité et assurer sa totale conformité au PCB, mettre en œuvre une gestion rigoureuse des risques et accélérer le recouvrement des créances compromises, renforcer conséquemment les fonds propres par le biais d'une augmentation de capital en numéraire, en vue du respect intégral de la réglementation prudentielle ;
- pour la dernière banque, au plus tard le 30 juin 2008, de fiabiliser le système d'information ainsi que la comptabilité et assurer sa totale

conformité avec le PCB, respecter l'ensemble de la réglementation prudentielle en particulier la norme de représentation du capital minimum, mettre en oeuvre une gestion rigoureuse des risques et assurer le recouvrement des créances compromises, restaurer l'équilibre de l'exploitation et veiller à la viabilité de la banque.
En Guinée-Bissau, une injonction a été donné à une (1) banque, à l'effet au plus tard le 30 juin 2008, de viabiliser son système d'information ainsi que la comptabilité et d'assurer leur totale conformité au PCB, de respecter l'ensemble de la réglementation prudentielle, de mettre en oeuvre une gestion rigoureuse des risques et un recouvrement diligent des créances compromises, de procéder à la correction des insuffisances relevées, notamment la création de comités de gestion et le comblement des postes vacants en vue de mettre fin à l'exercice des cumuls de fonctions incompatibles, enfin, de restaurer l'équilibre de l'exploitation et renforcer la viabilité de l'établissement.

Au Niger, une (1) banque a reçu une injonction, à l'effet, au plus tard le 30 juin 2008, de fiabiliser le système d'information ainsi que la comptabilité et d'assurer leur totale conformité avec le PCB, mettre en place un système de contrôle interne conforme aux prescriptions réglementaires, respecter strictement l'ensemble de la réglementation prudentielle et mettre en œuvre une gestion rigoureuse des risques, en particulier réduire les concours accordés aux principaux actionnaires, aux dirigeants et au personnel, à l'intérieur de la limite réglementaire.

Au Sénégal, une (1) injonction a été donnée à une (1) banque, au regard du non-respect, de manière récurrente des normes de couverture et de division des risques, à l'effet au plus tard le 30 septembre 2007, de procéder au renforcement substantiel des fonds propres à un niveau compatible avec l'activité, par le biais notamment d'une augmentation conséquente du capital social, de respecter l'intégralité de la réglementation prudentielle et d'assurer la totale conformité des systèmes d'information et comptable aux prescriptions du PCB, en procédant à la correction de toutes les insuffisances relevées par le Contrôle Interne.

Au Togo, deux (2) banques ont reçu une injonction à l'effet au plus tard le 30 juin 2008, de :
- pour l'une, fiabiliser le système d'information ainsi que la comptabilité et assurer leur totale conformité au PCB, mettre en place un système de contrôle interne conforme aux dispositions de la circulaire n°10-2000/CB du 23 juin 2000, respecter strictement l'ensemble de la réglementation prudentielle, procéder à la correction des autres insuffisances relevées par la dernière mission de vérification, mettre en place une gestion rigoureuse

des risques et, en particulier, réduire le montant des concours accordés aux entités du groupe auquel appartient la banque et assurer une meilleure maîtrise des charges d'exploitation ;
- pour l'autre, fiabiliser le système d'information ainsi que la comptabilité et faire attester par les commissaires aux comptes leur totale conformité avec le PCB, respecter l'ensemble de la réglementation prudentielle, en particulier la norme de représentation du capital minimum, procéder à la correction de toutes les insuffisances relevées par la dernière mission de vérification, notamment la création des comités de gestion et le comblement des postes vacants en vue de mettre fin à l'exercice des cumuls de fonctions incompatibles, restaurer l'équilibre de l'exploitation et assurer la viabilité de l'établissement.

Section 2. Les sanctions disciplinaires

Elles interviennent en cas d'infraction à la réglementation bancaire. Peut-être faudrait-il commencer par évoquer les préoccupations éthiques. En plus des règles énoncées par la réglementation, l'opacité des règles déontologiques est un facteur important des défaillances bancaires pouvant conduire à un retrait d'agrément. Souvent implicites, rarement codifiés, les concepts de déontologie et d'éthique partagent les auteurs. A la clarté du second s'oppose le flou du premier.

Selon Hirigoyen[20], *« l'éthique consiste essentiellement pour une entreprise à se préoccuper des conséquences de ses actes et donc de la qualité de ses relations futures avec autrui. Dès lors, l'éthique devient un facteur de cohésion, de motivation et de confiance ».*

Le Professeur Oppetit[21] définit la déontologie comme des *« normes de contenu évolutif tenant généralement à provoquer plus qu'à imposer une adhésion à un type de comportement souhaité par la persuasion morale, exprimant la nécessité d'observer dans les pratiques professionnelles les exigences de loyauté, de transparence et de respect des partenaires ».* Pour d'autres comme Mattout[22] qui hésite entre aveu et échec, la déontologie occupe la vacance du droit qu'elle accompagne comme un auxiliaire.

Qu'un problème surgisse malgré cet arsenal signifie que les organes n'ont pas rempli leurs fonctions ou qu'il y a eu confusion des rôles. Le

[20] Hirigoyen : « Quelques réflexions sur le lien entre l'éthique et la finance », Cahier spécial Banque Stratégie, « Ethique et finance », mai 1995.
[21] Oppetit : « Ethique et vie des affaires », Mélanges Colomer, Litec, 1995, p. 319
[22] Mattout : « La déontologie financière et bancaire en France ».

manquement aux règles de bonne conduite se traduit généralement par le constat des phénomènes traditionnels suivants :

- des conditions d'octroi de prêts, dont la rigueur entraîne généralement une faiblesse de la demande par rapport aux capacités de distribution du système bancaire ;
- la complaisance des prêts avec des garanties insignifiantes donc non réalisables ;
- des méthodes d'approche de clientèle (approche globale au lieu d'une approche par produit) sans adaptation des instruments de gestion et de contrôle ;
- le mauvais calcul des conditions de taux qui doivent normalement comprendre les coûts de la ressource, les coûts opératoires, la couverture normale du risque et la rémunération des fonds propres ;
- La défaillance des organes de contrôle.

La panoplie des sanctions disciplinaires comprend : l'avertissement, le blâme, l'interdiction d'effectuer certaines opérations ou toutes autres limitations dans l'exercice de ses activités, la révocation du ou des commissaires aux comptes, la suspension ou la démission d'office des dirigeants et le retrait d'agrément.

« Ces procédures disciplinaires ont abouti au prononcé de six (6) avertissements et de quatre (4) blâmes, eu égard aux situations des établissements concernés, caractérisées notamment par une infraction généralisée à la réglementation bancaire, notamment prudentielle. Par ailleurs, la Commission Bancaire a pris deux (2) mesures de démission d'office concernant des administrateurs et dirigeants exerçant en Côte d'Ivoire, en raison des manquements relevés à leur encontre, dont certains engagent leur responsabilité personnelle ».

S/section 1. I. Les failles de la procédure disciplinaire

I. L'arbitraire de la procédure disciplinaire

Il n'existe aucune disposition procédurale relative à la constatation des infractions. S'il est logique d'imaginer qu'elle intervient dans le cadre des contrôles, encore faut-il en définir les règles. Comment sont constatés les manquements à la règlementation ? Nulle part ne sont codifiés les règles d'enquête, les conditions d'exécution d'une mission de contrôle, les délais de réponse et encore moins les délais d'intervention de la décision de la Commission Bancaire. Les articles correspondant au contrôle évoquent simplement la communication par l'établissement de tous pièces et documents sollicités par la Banque centrale ou la Commission Bancaire, l'inopposabilité du secret professionnel à la Commission Bancaire et la circulation des conclusions. Naturellement, les sanctions sont détaillées. Cette situation provoque des retards dans la prise de décisions qui contribuent à aggraver les difficultés de l'établissement de crédit. Lorsque, enfin, intervient la décision de la Commission Bancaire, il y a de forts risques que la banque soit déjà exsangue.

L'insistance sur les sanctions sans inquiétude pour la procédure est symptomatique de la volonté répressive de la réglementation. Dans l'UMOA, il est simplement affirmé qu'aucune sanction disciplinaire ne peut être prononcée par la Commission Bancaire sans que l'intéressé n'ait été dûment convoqué ou invité à présenter ses observations par écrit à la Commission. Les décisions de la Commission Bancaire prises en matière disciplinaire, doivent comporter un libellé des motifs. Elles sont notifiées aux intéressés par lettre recommandée avec accusé de réception, par le Secrétaire Général de la Commission. Copie en est également adressée au Ministre des Finances et à la Banque Centrale.

Les Commissions Bancaires ont prévu une législation embryonnaire pour l'audition des dirigeants et commissaires aux comptes des établissements de crédit. Le dirigeant mis en cause est convoqué par lettre commandée avec avis de réception ou lettre ordinaire contre décharge du destinataire sur registre ou bordereau de transmission. Cette convocation qui contient l'exposé des faits à l'origine de la procédure doit lui être parvenue au moins huit jours dans l'UEMOA et quinze jours dans la Cemac avant la date de l'audition fixée par la Commission. Le dirigeant peut se faire assister par un représentant de l'Association professionnelle dont il est membre ou tout autre défenseur de son choix. Dans la Cemac, la possibilité du recours à un avocat a été supprimée par le règlement modificatif[23]. Cette disposition est une régression car elle porte atteinte aux droits de la défense tant il est clair que ces commissions sont des juridictions. La défense est un métier. Cette audition n'a rien d'une discussion entre soi sur des questions anodines mais présente toutes les caractéristiques d'un procès occulte, dont le jugement peut avoir des répercussions dramatiques sur l'économie nationale. Le dirigeant convoqué peut consulter son dossier au Secrétariat général de la COBAC mais ne peut pas en prendre copie. De combien de temps avant l'audience dispose-t-il pour cette consultation ?

Dans l'UMOA, il dispose d'un délai d'un mois pour former contredit. Dans la Cemac, il doit déférer personnellement à la convocation sauf

---

[23] Règlement COBAC R-93/14 modifiant les dispositions de l'article 3 du règlement COBAC R-92/01 du 22 décembre 1992 relatif à la procédure de convocation et d'audition des dirigeants d'établissement de crédit.

empêchement dûment motivé auquel cas il doit transmettre ses observations par écrit avant la date d'audition, faute de quoi, la COBAC pourra statuer par défaut. Réflexion faite, mieux vaut être absent. Car, présent, on n'est qu'entendu avec les aléas inhérents à une telle audition. Absent, on est tenu de présenter des observations écrites qui peuvent être autrement utiles en cas de recours, tout au moins, théoriquement. Toujours est-il que la Commission Bancaire a sous la main une panoplie de sanctions allant de l'avertissement à la radiation en passant par le blâme, l'interdiction d'effectuer certaines opérations ou toutes autres limitations dans l'exercice des activités, la révocation du ou des commissions aux comptes, la suspension ou la démission d'office des dirigeants, le retrait d'agrément.

II. L'inefficacité pratique des recours

1° Délais et modalités de recours.

Dans l'UMOA, la décision de retrait est notifiée par le Ministre des Finances à l'établissement intéressé dans le mois de sa communication par la Commission Bancaire. Ce délai est prorogé en cas de saisine du Conseil des Ministres de l'Union par le Ministre des Finances. La décision est exécutoire.

Le délai de recours est de deux mois à compter de la notification de la décision à l'intéressé sauf prorogation dans la circonstance susvisée. Le recours peut être exercé soit par l'intéressé soit par le Ministre des Finances. Ni le délai ni l'exercice du recours ne sont suspensifs, sauf le recours formé par le Ministre. Toutefois, **aucun recours ne peut être formé contre la décision de retrait d'agrément après sa notification par le Ministre des Finances** !!! Cette curieuse prescription ruine tout le dispositif car le Ministre des Finances étant l'organe de notification, on voit mal comment faire un recours avant d'en être notifié sauf violation du secret professionnel.

La même remarque est valable pour la Cemac qui ne rend le recours suspensif qu'en cas de saisine du Conseil d'administration de la BEAC **préalable** à la notification.

2°. Les juridictions de recours

Le conflit de compétences dans la CEMAC. En Afrique centrale, le Conseil d'administration de la BEAC et la Cour de Justice se disputent la compétence du recours formé contre la décision de la COBAC. Tandis que le conseil d'administration de la BEAC se proclame *seul juge et en dernier ressort* des recours formulés contre les sanctions prises par la Cobac en matière disciplinaire, l'article 4 alinéa 3 portant création de la Cour de Justice de la CEMAC le contredit en désignant cette dernière comme *juge en appel et en dernier ressort* des litiges opposant la COBAC aux établissements de crédit. C'est l'occasion de souligner que les décisions rendues par les commissions bancaires dans l'exercice de leur pouvoir disciplinaire sont des actes juridictionnels susceptibles d'être affectés des tares classiques inhérentes au genre. Comme tels, elles doivent faire l'objet d'un contrôle juridictionnel à un niveau hiérarchique supérieur pour s'assurer de la légalité de leur fondement et du respect des principes cardinaux de procédure de rigueur en garantie des droits du justiciable et de la légalité des décisions prises par la Commission Bancaire. Cette exigence est encore plus forte s'agissant d'un organe qui a tout simplement le droit de vie et de mort sur les établissements de crédit, non seulement en raison de l'extrême variété et de la densité des pouvoirs qu'il concentre mais également parce que les recours sont illusoires. En disposant que seul le recours devant le Conseil d'administration est suspensif, la convention portant création de la COBAC rend obsolète la procédure instituée par l'Acte additionnel N° 4/00/CEMAC-041-CCE-CJ-02 portant Règles de Procédure de la Chambre Judiciaire de la CEMAC, qui lui est pourtant postérieur, dont voici la teneur.

Acte additionnel N° 4/00/CEMAC-041-CCE-CJ-02 portant Règles de Procédure de la Chambre Judiciaire de la CEMAC
LA CONFÉRENCE DES CHEFS D'ETAT

Vu le Traité instituant la Communauté Economique et Monétaire de l'Afrique Centrale ;
Vu l'additif relatif au système Institutionnel et Juridique de la Communauté;
Vu les conventions régissant l'Union Economique et l'Union Monétaire de l'Afrique Centrale ;
Vu la Convention régissant la Cour de Justice de la CEMAC,
Vu le statut de la chambre judiciaire Consciente qu'il est essentiel que le Droit Communautaire découlant des traités et conventions soit appliqué dans les conditions propres à garantir la satisfaction des objectifs assignés à la Communauté ;
Sur proposition de la Cour.
ADOPTE
L'Acte Additionnel dont la teneur suit :

TITRE I
DES DISPOSITIONS RELATIVES A LA COUR DE JUSTICE
Chapitre I - des Définitions et des dispositions générales
Article 1: Dans le présent texte, il faut entendre par:

CEMAC : La Communauté Economique et Monétaire de l'Afrique Centrale
Communauté : La Communauté Economique et Monétaire de l'Afrique Centrale
UEAC: L'Union Economique de l'Afrique Centrale
UMAC: L'Union Monétaire de l'Afrique Centrale
Parlement: Le Parlement Communautaire
Cour: La Cour de Justice Communautaire
Conférence: La Conférence des Chefs d'Etat
Comité: Le Comité Ministériel de l'Union Monétaire de l'Afrique Centrale
Conseil: Le Conseil des Ministres de l'Union Economique de L'Afrique Centrale
Secrétariat Exécutif: Le Secrétariat Exécutif de la CEMAC
BEAC: La Banque des Etats de l'Afrique Centrale
COBAC: La Commission Bancaire de l'Afrique Centrale
ETAT: Tout Etat membre de la CEMAC
Premier Président: Le Président de la Cour de Justice
Président: Le Président de la Chambre Judiciaire
Chambre: La Chambre Judiciaire
Statut: Le statut de la chambre

Article 2- La langue officielle de travail de la Chambre est le français. Toutefois, la Conférence des Chefs d'Etat peut en ajouter d'autres.

Article 3- La compétence de la chambre est définie dans l'Additif au Traité, la Convention régissant la Cour et son Statut.

Article 4- La Chambre exerce ses attributions en Assemblée ordinaire, en Assemblée plénière, en Chambre du Conseil et en Assemblée Générale conformément aux règles édictées dans le Statut.

Article 5- Les dates et heures des audiences ordinaires et de vacation sont fixées au début de l'année judiciaire par ordonnance du Premier Président sur proposition de l'Assemblée Générale de la Chambre.

Article 6- En cas d'urgence, le Président peut convoquer la Chambre à tout moment.

TITRE II - DE LA PROCEDURE DEVANT LA CHAMBRE

Article 7- La procédure se déroule en deux (2) phases: l'une écrite, l'autre orale. Elle est contradictoire dans tous les cas. Il doit, en tout état de cause, garantir pleinement l'égalité des plaideurs et la libre discussion de leurs arguments respectifs.

Chapitre I : DE LA REPRESENTATION DES PARTIES

Article 8- Les Etats, les Institutions et Organes de la Communauté sont représentés devant la Chambre par un agent nommé pour chaque affaire. Ils peuvent constituer avocat soit pour assister l'agent soit pour les représenter. Les agents élisent domicile au siège de la Cour. Les autres parties sont représentées par un conseil.

Article 9- Est admise à exercer le ministère d'avocat devant la Chambre, toute personne justifiant de cette qualité devant une juridiction d'un Etat membre. Des dérogations peuvent être accordées par la Cour.
Il appartient à la personne intéressée de rapporter la preuve de sa qualité.
Article 10 - Les agents, conseils et avocats bénéficient devant la Chambre des droits, garanties et immunités nécessaires à l'exercice de leurs fonctions.
L'étendue de ces droits, garanties et immunités est précisée en cas de besoin dans le règlement intérieur de la Cour.
Chapitre II : DES DELAIS
Article 11- Les délais de procédure courent à compter du lendemain du jour où survient l'événement, la publication ou la notification de l'acte attaqué, et prennent fin au lendemain de la date de leur expiration.
Les jours fériés et les dimanches ne sont pas pris en compte dans la computation des délais.
Article 12 - Le délai de recours contre les actes est de deux (2) mois, sauf s'il en est décidé autrement par des textes communautaires spéciaux.
Chapitre III: DE LA SAISINE
Section I - De la requête introductive d'instance
Article 13- La Chambre est saisie, soit par requête d'un Etat membre, du Secrétaire Exécutif, d'une Institution, d'un Organe de la CEMAC et de toute personne physique ou morale justifiant d'un intérêt certain et légitime, soit par notification d'un compromis, soit par renvoi des juridictions nationales ou des organismes à fonction juridictionnelle. Les personnes physiques ou morales requérantes doivent en outre jouir de la capacité d'ester en justice.
Article 14 - La requête est rédigée, datée et signée du demandeur ou de son agent, conseil ou avocat.
Elle est adressée à la Cour ou déposée au Greffe en cinq (5) exemplaires et autant de copies qu'il y a des parties en cause.
Article 15 - La date du dépôt de la requête au Greffe ou celle du cachet de la poste fait foi au regard des délais de procédure.
Article 16 - La requête doit, à peine d'irrecevabilité, indiquer les noms, profession et adresse des parties, l'objet de la demande, contenir l'exposé sommaire du litige et les moyens invoqués à l'appui de la demande et être accompagnée de l'acte attaqué.
Article 17- A peine d'irrecevabilité, le mémoire ampliatif du demandeur doit être déposé au greffe dans les quarante cinq (45) jours suivant le dépôt ou l'envoi de la requête.
Article 18- Le compromis comporte outre l'expression de l'accord des parties, la définition de l'objet du litige et les questions posées aux juges.
Article 19 - Les parties font élection de domicile au siège de la Cour et indiquent, le cas échéant, les noms et adresse de la personne habilitée à recevoir les significations et notifications.
Section 2 - De la consignation au Greffe

Article 20 - Le requérant est tenu, à peine d'irrecevabilité, de consigner au Greffe avant toute instance, une somme de 100.000 F CFA pour garantir le paiement des frais de procédure.
Il complète cette provision en cours d'instance en cas de besoin.
Article 21- Si le besoin résulte d'une demande reconventionnelle du défendeur, le complément de consignation sera fourni par ce dernier.
Article 22- A défaut de provision suffisante, il ne sera donné aucune suite à l'instance.
Article 23- La procédure est gratuite en matière sociale, pour les Institutions et Organes de la CEMAC et en cas de renvoi.
Chapitre IV: DE LA MISE EN ETAT DES PROCEDURES
Article 24- Dès transmission du dossier, le Président désigne par ordonnance un Juge Rapporteur chargé d'instruire la procédure.
Article 25- Le dossier est remis au greffier qui l'inscrit au rôle général et envoi au défendeur par tout moyen approprié, laissant trace écrite, copies de l'ordonnance et de la requête introductive d'instance et le mémoire ampliatif; une copie de l'ordonnance est également envoyée au demandeur.
Article 26- La procédure écrite comprend: l'échange des mémoires, contre-mémoires, des répliques et des dupliques ainsi que de toutes les pièces ou documents à l'appui.
Article 27- La communication se fait par l'entremise du Greffe dans l'ordre et le délai déterminés par le juge rapporteur.
Toute pièce produite par une partie doit être communiquée à l'autre en copie certifiée conforme.
Article 28- Le juge rapporteur veille au déroulement loyal de la procédure, à la ponctualité de l'échange des mémoires, à la communication des pièces et au contrôle de l'exécution des mesures d'instruction ordonnées.
Il peut mettre les parties en demeure de lui fournir des explications écrites ou tout document dont la production lui paraît nécessaire à la solution du litige.
Il fait prendre toutes les mesures que comporte l'administration des preuves.
Article 29- Le juge rapporteur n'accomplit que des actes d'instruction, il rend l'ordonnance de clôture lorsque l'affaire est en état et présente son rapport à l'audience.
Chapitre V : DES MESURES D'INSTRUCTION
Article 30- Si d'après les conclusions et les pièces produites, certaines investigations s'avèrent nécessaires à la solution du litige, le juge rapporteur ou les parties peuvent provoquer un arrêt avant dire-droit prescrivant la mesure d'instruction adéquate. La Chambre peut, en tout état de cause, confier la mesure d'instruction écrite à toute personne, corps, bureau, commission ou organe de son choix.
Les parties supportent les frais des investigations ordonnées sous réserve des dispositions de l'article 23 ci-dessus.

Section I - De l'enquête.
Article 31- L'enquête est ordonnée soit d'office, soit à la demande des parties. La Chambre, par arrêt avant-dire-droit, indique les faits sur lesquels elle doit porter et fixe les jour, heure et lieu où les témoins seront entendus.
Elle précise en outre si l'enquête aura lieu en audience publique, en Chambre du Conseil, devant le Président ou le juge rapporteur ou par Commission Rogatoire.
Article 32- L'enquête est contradictoire.
Article 33- Le greffier notifie aux parties les délais fixés pour lui faire connaître la liste des témoins qu'elles veulent faire entendre. Les témoins sont convoqués par voie administrative.
Article 34- Préalablement à leurs dépositions, les témoins déclinent leurs noms, profession, âge, domicile et prêtent serment de "dire toute la vérité, rien que la vérité".
Ne peuvent être entendus comme témoin les mineurs de 15 ans, les parents ou alliés de l'une ou l'autre partie, les employés ou domestiques.
Article 35- Les témoins signent le procès-verbal de leurs dépositions avec le Juge et le Greffier.
Article 36- Les parties qui n'ont pas assisté à l'enquête peuvent prendre connaissance du procès-verbal au greffe.
Section 2 - De l'audition des parties.
Article 37- La Chambre peut prescrire l'audition des plaideurs ou de leurs mandataires.
Article 38- L'audition a lieu soit à l'audience, soit devant le juge rapporteur, soit par voie de Commission Rogatoire.
Dans ce dernier cas, l'audition est faite conformément à loi nationale de l'Etat sollicité.
Section 3 - De la descente sur les lieux
Article 39- La Chambre peut se transporter sur les lieux pour procéder à toutes constatations utiles.
Article 40- La visite s'effectue après convocation des parties. Il peut y être procédé à l'audition de toute personne utile.
Article 41- Le procès-verbal qui en est dressé est notifié aux parties.
Section 4 - De la vérification d'écritures
Article 42- La Chambre peut ordonner une vérification d'écritures et commettre pour y procéder un ou plusieurs Experts.
Article 43- La partie qui allègue la fausseté d'un acte public ou authentique doit rapporter la preuve de la fausseté alléguée. La preuve est rapportée conformément aux règles en vigueur dans l'Etat où l'acte a été établi.
Section 5 - De l'Expertise
Article 44- L'expertise peut être confiée à un ou plusieurs Experts désignés d'office par la Chambre.

Article 45- Avant de commencer leurs investigations, les experts prêtent serment soit par écrit, soit devant le juge « d'accomplir leur mission, de faire leur rapport et donner leur avis en honneur et conscience ».
Article 46- Les experts peuvent refuser la mission à eux confiée. Ceux désignés d'office peuvent être récusés.
Article 47- Le Président pourvoit au remplacement des experts défaillants d'office ou d'accord parties.
Article 48- L'arrêt ordonnant l'expertise indique les points sur lesquels elle doit porter ainsi que les délais impartis aux experts pour accomplir leur mission.
Article 49- Les experts dressent un seul rapport et formulent un seul avis à la majorité de voix. Le rapport signé d'eux est déposé au greffe dans le délai imparti, en autant d'exemplaires qu'il y a des parties.
Article 50- Les frais et honoraires des experts sont avancés par la partie qui a demandé l'expertise ou par les deux parties si elles se sont accordées pour la demander.
Lorsque l'expertise est ordonnée d'office, l'avance est faite par la partie demanderesse.
Article 51- L'Expert peut, s'il échoit, demander provision sur taxe. En cas de contestation, le Président décide.
Article 52- Le rapport d'expertise est notifié aux parties.
Article 53- Ce rapport ne lie pas la Chambre; elle demeure libre d'obtenir des Experts toutes explications complémentaires ou d'ordonner toutes autres mesures d'instruction.
Chapitre VI: DES PROCEDURES D'URGENCE
Section I - Des référés
Article 54- Dans les affaires dont elle est saisie, la Chambre peut prescrire les mesures provisoires ou conservatoires nécessaires.
- La demande sera portée à une audience tenue à cet effet aux jour et heure indiqués par le Président.
- Notification de la requête et de l'ordonnance de fixation de date est immédiatement faite au défendeur.
Article 55 - Les ordonnances de référé sont exécutoires par provision, sans caution sauf s'il en est décidé autrement.
Article 56 - En cas de nécessité, l'exécution sur minute de cette décision peut être ordonnée.

Section 2 - Du Sursis à Exécution
Article 57 - Les recours formés devant la Chambre n'ont pas d'effet suspensif. Toutefois la Chambre peut ordonner le sursis à exécution des actes contestés devant elle.

Article 58 - La requête aux fins de sursis à exécution indique l'objet du litige, les circonstances établissant l'urgence et justifiant l'octroi de la mesure sollicitée. Elle est accompagnée de l'acte contesté.

Copie de la requête est signifiée dans les quarante huit (48) heures de sa réception au défendeur avec fixation du délai de réponse et de la date de l'audience

Article 59 - L'acte attaqué ne doit intéresser ni la sécurité, ni la tranquillité publiques.

Chapitre VII: DE L'AUDIENCE

Section I - Du Déroulement de l'audience

Article 60 - Le Président arrête le rôle de l'audience et désigne par ordonnance pour chaque affaire les juges qui siégeront.

Article 59 - L'acte attaqué ne doit intéresser ni la sécurité, ni la tranquillité publiques.

Chapitre VII: DE L'AUDIENCE

Section I - Du Déroulement de l'audience

Article 60 - Le Président arrête le rôle de l'audience et désigne par ordonnance pour chaque affaire les juges qui siégeront.

Les expéditions de l'ordonnance ainsi rendue sont notifiées aux juges et aux parties trente (30) jours avant l'audience. Cette notification vaut convocation.

Article 61 - L'audience est publique, à moins que la Chambre n'en décide autrement

Dans tous les cas les arrêts sont prononcés publiquement.

Article 62 - Les agents, les mandataires et les avocats s'expriment librement en gardant en tout le respect dû à la Cour.

L'avocat dont le comportement devant la Chambre est incompatible avec la dignité de la Cour peut, après avoir été averti, être exclu de l'audience.

Article 63 - Les personnes qui assistent à l'audience doivent se tenir découvertes dans le respect et le silence.

Article 64 - Le Président dirige les débats et exerce la police d'audience. Le rapporteur lit son rapport et l'Avocat Général prend ses réquisitions.

Article 65 - Les juges peuvent être autorisés à poser directement leurs questions tandis que celles suscitées par les agents, mandataires ou avocats sont posées par le Président, s'il les juge pertinentes.

Article 66 - Les agents, mandataires et avocats sont autorisés à présenter des observations orales ou à développer leurs conclusions.

Le greffier consigne dans le plumitif les déclarations et observations faites à l'audience ainsi que les dispositifs des arrêts rendus.

La Chambre fait dresser s'il y a lieu procès-verbal des incidents survenus.

Article 67 - Lors des plaidoiries, le Président donne la parole d'abord à l'avocat du demandeur, puis à celui du défendeur. S'il y a intervention d'un

tiers comme partie principale au procès, la parole est donnée à l'avocat de l'intervenant. Eventuellement l'Avocat Général prend la parole en dernier.
Article 68 - Les débats sont clos à la fin des plaidoiries.
Toutefois, la Chambre peut ordonner la réouverture des débats s'il apparaît à la suite d'une note en délibéré, qu'un point doit être éclairci ou qu'une mesure d'instruction complémentaire est nécessaire.
Article 69 - Les délibérations sont et restent secrètes.
Paragraphe 1/ Des demandes incidentes
Article 70 - Les parties peuvent introduire, en cours de procès et par simples conclusions, des demandes incidentes, qu'elles soient additionnelles ou reconventionnelles.
Paragraphe 2/ De l'intervention
Article 71 - L'intervention d'un tiers est recevable en tout état de cause jusqu'à la clôture des débats.
Article 72 - L'intervention peut être spontanée ou provoquée par une des parties qui, en cours d'instance, décide de mettre un tiers en cause, de l'appeler en garantie ou en déclaration de jugement commun. La requête est notifiée selon le cas aux parties ou aux tiers. Elle comporte tous les éléments propres à justifier l'entrée du tiers dans le litige.
Paragraphe 3/ De l'acquiescement, du désistement et de la péremption
Article 73 - L'acquiescement éteint l'instance. Il est fait par déclaration à l'audience ou par acte déposé au Greffe.
Article 74 - Le désistement se fait sous la même forme que l'acquiescement ; il en est donné acte par décision rendue publiquement ; la partie qui se désiste supporte les dépens.
Article 75 - La discontinuation des poursuites pendant douze (12) mois révolus éteint l'action par péremption d'instance.
Paragraphe 4/ De l'interruption et de la reprise d'instance
Article 76 - L'instance est interrompue notamment par :
- le décès d'une partie dans le cas où l'action est transmissible ;
- la dissolution pour les personnes morales.
Article 77 – En aucun cas, l'instance n'est interrompue si l'événement survient, ou est notifié après l'ouverture des débats devant la Chambre.
Article 78 –L'instance peut être reprise par les ayants droit par simple requête adressée à la Cour ou déposée au greffe.
A défaut de reprise volontaire, elle peut l'être par notification à la diligence de la partie adverse.
Article 79 - L'instance reprend son cours en l'état où elle se trouvait au moment où elle a été interrompue.
Article 80 -L'interruption de l'instance ne dessaisie pas la Chambre.
Le Juge Rapporteur peut inviter les parties à lui faire part de leurs initiatives en vue de reprendre l'instance et radier l'affaire.

A défaut de diligence dans le délai par lui imparti, l'affaire est radiée du rôle.

Paragraphe 5/ De la récusation

Article 81- Le juge peut être récusé pour « crainte raisonnable de partialité » justifiée soit par l'expression d'opinions personnelles laissant percevoir des préjugés qu'il aurait sur la solution du litige, soit par l'existence d'un lien de parenté, d'alliance, d'amitié ou d'inimitié avec une partie.

Article 82- Le juge récusé doit s'abstenir de connaître de la procédure dès notification de la requête et fournir sa réponse aux moyens de la récusation dans les huit (8) jours de ladite notification.

Article 83- Il est statué sur la demande de récusation en Chambre du Conseil.

Article 84- Si la demande est rejetée, le requérant peut, en cas de mauvaise foi, être condamné au paiement d'une amende de 50.000 à 100.000 Francs CFA et éventuellement des dommages intérêts.

Article 85- Le Président peut à la demande d'un juge, décider si celui-ci doit s'abstenir de siéger ou non.

Chapitre VIII: DES ARRETS ET DES DEPENS

Section I - Des Arrêts

Article 86- La décision est prise à la majorité des voix. Elle est rendue au nom de la Communauté.

Article 87- L'arrêt contient: les noms, professions, domicile des parties, les prétentions et les moyens des parties, les motifs et le dispositif, la composition de la Chambre et la date de son prononcé.

Il indique en outre si les parties se sont présentées en personne ou par mandataire, ou s'il a été jugé sur mémoires.

Article 88- L'arrêt rendu a autorité de la chose jugée et force exécutoire dès son prononcé.

Article 89- Les arrêts sont rédigés en minute et signés par le Président de la formation, les juges et le greffier.

Section 2 - Des Dépens et de l'Exécution des arrêts

Article 90- Les dépens comprennent: les frais de correspondance et de notification les frais d'établissement des copies des mémoires et des pièces jointes les frais d'instruction et de greffe.

Article 91- La partie qui succombe est condamnée aux dépens sauf si la Chambre en décide autrement.

Article 92- Les arrêts reçoivent sur le territoire de chacun des Etats force exécutoire dans les conditions prévues à l'article 24 de l'Additif du Traité de la CEMAC.

Article 93- Une expédition de l'arrêt est notifiée à chaque partie par la Cour.

Chapitre IX : DES VOIES DE RECOURS

Article 94- Lorsqu'une partie s'abstient de faire valoir ses moyens, la Chambre peut statuer par défaut à son égard.

La partie défaillante peut former opposition contre la décision ainsi rendue.

L'opposition est faite par requête adressée à la Cour ou déposée au greffe dans un délai de 30 jours à compter du lendemain de la date de la notification de l'arrêt.

Article 95- Le tiers qui n'a été ni appelé ni représenté peut faire tierce opposition à l'arrêt qui lui fait grief.

La requête y relative est adressée à la Cour ou déposée au greffe ; elle contient les mêmes indications que l'acte introductif d'instance et précise les références de l'arrêt entrepris, les griefs invoqués et les raisons pour lesquelles le tiers opposant n'a pas pu participer au procès.

Article 96- Le recours en révision peut être exercé à l'encontre d'une décision contradictoire devenue définitive, lorsqu'il a été statué sur pièces reconnues ou déclarées fausses, ou lorsqu'une partie a succombé faute de représenter une pièce décisive retenue par l'adversaire.

Article 97- La révision est demandée par requête adressée à la Cour ou déposée au Greffe.

Article 98- En cas de contestation sur le sens ou la portée du dispositif d'un arrêt, toute partie peut en demander l'interprétation dans les trois (3) mois suivant sa notification.

La requête du demandeur indique le dispositif de l'arrêt dont l'interprétation est demandée ; une expédition dudit arrêt y est jointe.

Article 99- Toute partie peut demander la rectification d'erreur matérielle.

Le recours en rectification d'erreur matérielle est introduit par requête adressée à la Cour ou déposée au greffe dans le délai de trois mois suivant la notification de l'arrêt.

Chapitre X: DE L'ARBITRAGE

Article 100 – La procédure applicable en matière d'arbitrage est définie par un acte additionnel.

Chapitre XI: DES AVIS CONSULTATIFS

Article 101- La demande d'avis, accompagnée de toutes les pièces nécessaires à son examen, est adressée à la Cour ou déposée au greffe en cinq exemplaires.

Elle précise la question sur laquelle l'avis de la Chambre est demandé

Article 102 – Dès réception de la requête, le Président désigne un juge rapporteur chargé de la mise en état.

Article 103 – Le juge rapporteur peut, en cas de besoin, communiquer la requête aux Etats, Institutions, Organes et Organismes de la Communauté et leur fixer un délai pour leurs observations éventuelles

Article 104 – Lorsque le dossier est en état le juge rapporteur établi son rapport.

Article 105 – La Chambre émet son avis.
Article 106 – L'avis contient :

- *la date de son prononcé*
- *les noms des juges*
- *l'exposé sommaire des faits et de la procédure*
- *les motifs et l'indication du texte faisant foi*
- *la réponse à la question posée.*

Article 107 – L'avis est signé du Président de la formation, des juges et du greffier.
Article 108 – Une expédition de l'avis est adressée au demandeur et éventuellement aux Etats, Institutions, et Organes de la Communauté.
TITRE III - DES DISPOSITIONS FINALES
Article 109- Les modalités d'application du présent Acte Additionnel seront fixées, en cas de besoin, par le Règlement Intérieur de la Cour.
Article 110- Le présent Acte Additionnel entre en vigueur à compter de la date de sa signature et est publié au Bulletin Officiel de la Communauté et dans les Etats membres selon la procédure d'urgence./-
N'Djaména, le 14 Décembre 2000
LE PRESIDENT
(é) Idriss DEBY

L'établissement de crédit ou le dirigeant aura eu beau se pourvoir devant la Cour de Justice, la décision à venir n'aura aucun effet sur la gestion pratique faite par la COBAC sur le terrain comme la vente de la banque par exemple.

Exemple : Amity Bank Cameroon cédée au groupe Banque Atlantique tandis que son recours était encore pendant devant la Cour de Justice de la CEMAC. Cette dernière aurait rendu en date du 13 novembre 2009 un arrêt, déclarant nul et non avenu le protocole d'accord conclu entre la COBAC et le Groupe Banque Atlantique le 10 janvier 2008 pour vice de procédure, avec toutes les conséquences de droit. Les parties retournent donc au statu quo ante. Encore faudra-t-il le déterminer. La suite promettait d'être sportive. Nous y sommes.

« On est donc loin d'être sorti de ce feuilleton qui s'annonce riche en rebondissements et qui doit départager toutes les parties en présence à savoir la restauration du collectif des actionnaires de Amity Bank dans ses droits, le respect de la décision de la Cour de justice de la CEMAC, et le pouvoir de régulation de la COBAC et de l'autorité monétaire qu'est le ministère des Finances. Mais en attendant, le collectif des actionnaires est obligé d'œuvrer « dans le maquis » pour rentrer dans ses droits. Et s'il nous était donné d'appeler au patriotisme des décideurs comme ils en demandent

tant aux journalistes, ils prendraient toutes sortes de mesures pour protéger l'investissement local, injecter de l'argent comme ils l'ont fait avec la banque Atlantique, 9 milliards de Fcfa, et mettre sur pied des mécanismes pour éviter des dérapages de gestion. A moins peut-être que les mêmes personnes ne se cachent dans l'actionnariat de la banque Atlantique.

AMITY BANK: Le ministère des Finances interdit l'assemblée générale

L'Assemblée générale des actionnaires de Amity Bank qui devait se tenir samedi 30 janvier 2010 au siège du GICAM pour fixer les modalités d'application de l'arrêt de la Cour de justice de la CEMAC du 13 novembre 2009 a été annulée par le ministère des Finances. C'est un message porté du gouverneur de la région du Littoral et signé par délégation, par le Secrétaire général Abate Edi'i Jean, qui a été envoyé à la veille au président du GICAM pour le tenir informé de « l'illégalité » de la réunion que ses structures veulent abriter. « Sur instruction du ministre des Finances, interdiction de la tenue de l'assemblée générale de Amity Bank Cameroon convoquée le 30 janvier 2010 à 9h dans la salle des conférences du GICAM. Urgence et importance hautement signalées », telle est la teneur du message. Avant celui-ci, Victor Ndzana Nduga, « mandataire auprès de Amity Bank Cameroon Plc », a fait diffuser des communiqués dans certains quotidiens dénonçant l'illégalité de l'assemblée générale convoquée par le collectif des actionnaires de Amity Bank. Dans ce communiqué, il est rappelé au public que l'arrêt rendu par la Cour de justice de la CEMAC le 13 novembre 2009 et qui réhabilitait Amity Bank « n'est pas exécutoire et fait l'objet des recours appropriés ». Toujours d'après ce communiqué, le conseil d'administration de cette banque a été dessaisi par la Commission bancaire de l'Afrique centrale (COBAC). Et par conséquent, « la convocation de l'assemblée générale susvisée n'a pas respecté la législation OHADA applicable en la matière, et par conséquent, elle est illégale ». Ce communiqué se terminait par une mise en garde assortie de menace. Quiconque prendra part à ladite assemblée générale le fera à ses risques et périls et exposera sa responsabilité ».

Le portail du GICAM, lieu qui devait abriter cette assemblée générale de Amity Bank, est resté fermé, avec deux vigiles de faction. Alors qu'on croyait que les responsables du collectif des actionnaires cédaient au gouvernement, ils ont plutôt mis sur pied d'autres stratégies pour contourner la décision de Essimi Menye. Ils ont tenu une assemblée générale dans un hôtel. « Les résolutions prises ne sont pas dévoilées au public, question de ne pas fragiliser la stratégie mise sur pied pour faire fonctionner les organes sociaux de la banque que la décision de la Cour de justice de la CEMAC a réhabilités. Toutefois, ces résolutions seront envoyées à la COBAC et à l'autorité monétaire par voie de notaire », explique Jean Vincent Tchienehom, le responsable de la communication du groupe.

« Et pourtant, en date du 25 janvier dernier, le conseil de Amity Bank a saisi le secrétaire général de la COBAC pour lui expliquer le bien-fondé de la convocation de cette assemblée générale. Le collectif des actionnaires s'appuie pour cela sur l'Arrêt de la Cour de justice de N'djamena. Ce qui semble ne pas émouvoir Idriss Ahmed Idriss, le destinataire du courrier. « Je vous confirme d'une part, que la commission bancaire a été notifiée par le Greffe de la Cour de justice de la CEMAC de l'arrêt n°010/Cj/Cemac/Cj/09 du 13 novembre 2009 et, d'autre part, que conformément à l'article 16 de la convention régissant la Cour, l'Etat membre ou l'organe dont l'acte a été jugé non conforme au droit communautaire est tenu de prendre les mesures nécessaires à l'exécution de l'arrêt de la chambre judiciaire ». Mais, pour ce qui est de cette assemblée générale, il se veut clair. « J'aimerais vous rappeler à ce sujet que la décision COBAC D-2007/216 demeure en vigueur et qu'aux termes de celle-ci, la direction générale et le conseil d'administration ont été dessaisis au profit du Mandataire de la COBAC. En conséquence, tout courrier qui me serait adressé par le président du conseil d'administration et, de manière générale, tout acte posé par l'intéressé ne pourront nullement être pris en considération ». Il continue en leur donnant quelques pistes de sortie. « J'attire votre attention sur la nécessité de vous conformer à l'articlé 516 de l'acte uniforme Ohada relatif au droit des sociétés commerciales et du groupement d'intérêt économique (AUSCGIE) qui fixe les modalités de convocation de l'assemblée générale et sur le dernier alinéa de l'articlé 519 dudit acte qui indique le sort de toute assemblée générale irrégulièrement convoquée.

Le Cameroun opte pour l'illégalité

On est loin de comprendre les motivations réelles de la COBAC et du ministère des Finances à s'opposer à la tenue de l'assemblée générale de Amity Bank après la décision de la Cour de justice de la CEMAC qui est sans recours. La convention régissant la Cour de justice de la CEMAC que le Cameroun a ratifiée stipule en son article 4 que «Elle est juge en appel et en dernier ressort des litiges opposant la Commission bancaire d'Afrique centrale, COBAC, aux établissements de crédit assujettis ». En langage plus simple, les décisions rendues par la Cour sont sans recours. D'ailleurs, l'Acte additionnel n°04/00-Cemac 041-Cce-Cj-02 portant règles de procédures devant la Chambre judiciaire de la Cour de justice de la CEMAC en son article 88 mentionne que «L'Arrêt rendu a autorité de la chose jugée et force exécutoire dès son prononcé ». De son côté, le mandataire de la COBAC, qui engage de fait la COBAC, estime dans son communiqué que « L'arrêt de la Cour de justice de la EMAC rendu le 13 novembre 2009 n'est pas exécutoire et fait l'objet des recours appropriés».

Ces recours sont faits auprès de quelle institution, lorsqu'on sait que les décisions de la Cour de justice de la CEMAC sont sans recours ? A moins qu'il n'y ait d'autres intérêts à préserver, il serait ridicule pour le Cameroun de se lancer dans une bataille juridique perdue d'avance, à moins de renier son appartenance à la CEMAC. L'arrêt de la Cour du 13 novembre 2009 annule la décision COBAC n°D-2007/216 du 26 mai 2007 portant désignation d'un mandataire de la COBAC. Par conséquent, les organes sociaux de Amity Bank sont réhabilités, à l'exemple de l'Assemblée générale. Pourquoi s'obstiner à tout prix vouloir que la banque Atlantique conserve les acquis de Amity ?

Il est certes vrai que la banque, avant sa mise sous mandat de la COBAC., se portait très mal, et qu'il y a certainement beaucoup de choses à dire par rapport à sa gestion, d'autres actions peuvent être menées dans ce sens là pour traquer ceux qui se sont amusés avec l'épargne des Camerounais. Mais de là à pénaliser tous les actionnaires, qui ne sont pas forcément tous responsables de cette gestion catastrophique, il y a lieu de s'interroger. Et s'il nous était donné d'appeler au patriotisme des décideurs comme ils en demandent tant aux journalistes, ils prendraient toutes sortes de mesures pour protéger l'investissement local, injecter de l'argent comme ils l'ont fait avec la banque Atlantique, 9 milliards de Fcfa, et mettre sur pied des mécanismes pour éviter des dérapages de gestion. A moins peut-être que les mêmes personnes ne se cachent dans l'actionnariat de la banque Atlantique ».[24]

Tout cela pour conclure que la Cemac doit intégrer dans son fonctionnement et dans ses textes l'évolution de ses organes.

Dans l'UMOA. Le Conseil des Ministres de l'Union. C'est la juridiction de recours des décisions rendues par la Commission Bancaire. Sauf que ni la loi bancaire, ni le Traité instituant l'UEMOA n'ont légiféré sur cette procédure de contrôle censée être le seul salut de l'établissement de crédit ou du dirigeant en cause. Si le Conseil des Ministres infirme la sanction de la Commission, il n'y a pas lieu à dommages-intérêts. C'est donc la voie ouverte à l'impunité pour la Commission Bancaire.

[24] www.icicemac.com 21/7/2010

Les décisions rendues par le Conseil des Ministres peuvent faire l'objet d'un recours devant la Cour de Justice de l'UEMOA, dont règlement de procédure ci-après.

Règlement n° 1/96/CM portant Règlement des procédures de la Cour de Justice de l'UEMOA

Le Conseil des Ministres de l'Union Économique et Monétaire Ouest Africaine (UEMOA)

VU le Traité du 10 janvier 1994 créant l'Union Économique et Monétaire Ouest Africaine ;

VU le Protocole additionnel n° 1 relatif aux organes de contrôle de l'Union Économique et Monétaire Ouest Africaine (UEMOA) ;

VU l'Acte additionnel n° 1/95 du 27 janvier 1995 portant nomination des membres de la Cour de Justice;

VU l'Acte additionnel n°10/96 du 10 mai 1996 de la Conférence des Chefs d'État et de Gouvernement portant Statuts de la Cour de Justice de l'UEMOA;

Sur proposition de la Cour de Justice ;

TITRE I : DÉFINITIONS

Aux fins d'application du présent Règlement et sauf si le contraire ressort du contexte:

a)- Le terme "Traité" désigne le Traité du 10 janvier 1994 créant l'Union Économique et Monétaire Ouest Africaine ;

b) - Le terme "Protocole n° 1" désigne le Protocole additionnel n° 1 relatif aux organes de contrôle de l'Union Économique et Monétaire Ouest Africaine ;

c) - Le terme "États" désigne les États membres de l'Union Économique et Monétaire Ouest Africaine ;

d) - Le terme "Conseil" désigne le Conseil des Ministres, de l'Union Économique et Monétaire Ouest Africaine ;

e) - Le terme "Commission" désigne la Commission de l'Union Économique et Monétaire Ouest Africaine ;

f) - L'expression "Observations de la Commission" désigne les observations de la Commission prévues à l'article 7 du Protocole n° 1;

g) - Le terme "Cour" désigne la Cour de Justice de l'Union Économique et Monétaire Ouest Africaine.

TITRE II : DE L'ORGANISATION, DE LA COMPÉTENCE ET DU FONCTIONNEMENT DE LA COUR

CHAPITRE I : DE L'ORGANISATION DE LA COUR

SECTION I : DES MEMBRES DE LA COUR

Article premier: La Cour est composée de sept membres nommés pour un mandat de six ans renouvelable par la Conférence des Chefs d'État et de Gouvernement.
Le mandat des membres de la Cour de Justice court à partir de leur prestation de serment.

Article 2 : Avant d'entrer en fonction, les membres de la Cour doivent prêter serment en audience publique de la Cour dans les termes suivants: "Je jure solennellement d'exercer mes fonctions de membre de la Cour de Justice de l'Union Économique et Monétaire Ouest Africaine en toute indépendance et impartialité, de façon digne et loyale et de garder le secret des délibérations".
Il en est dressé procès-verbal.

Article 3 : Les membres de la Cour ne peuvent exercer aucune fonction politique ou administrative, ou juridictionnelle, ni se livrer à aucune autre occupation, incompatible avec l'indépendance et l'impartialité attachées à leurs fonctions.

Il peut y être dérogé par décision de la Cour, le membre concerné ne prenant pas part aux délibérations.
En cas de doute, la Cour statue sur requête d'un État membre ou d'un organe de l'Union.

Article 4 : Les membres de la Cour prennent rang entre eux après le Président suivant l'ancienneté dans les fonctions.

A ancienneté égale, l'âge détermine le rang.
Les membres sortants qui sont nommés de nouveau conservent leur rang antérieur.

Article 5 : En dehors des renouvellements réguliers, de relève et de décès, les fonctions de membre de la Cour prennent fin individuellement par démission.

En cas de démission d'un membre de la Cour, la lettre de démission est adressée au Président de la Cour pour être transmise au Président du Conseil ; cette dernière notification emporte vacance de siège ; toutefois le membre démissionnaire continue à siéger jusqu'à l'entrée en fonction de son successeur, si sa présence ne nuit pas au bon fonctionnement de la Cour.

Article 6 : Les membres de la Cour désignent en leur sein pour une durée de trois (3) ans le Président de la Cour.
Le Président continue d'exercer ses fonctions jusqu'à la désignation de son successeur.

Article 7 : Le Président dirige les travaux et l'administration de la Cour, il en préside les audiences.
Il désigne un juge rapporteur pour chaque affaire.

Article 8 : En cas d'absence ou d'empêchement du Président de la Cour, la suppléance est assurée par le juge le plus ancien selon l'ordre établi à l'article 4 du présent règlement.
En cas de vacance de la présidence, l'intérim est assuré jusqu'à l'élection d'un nouveau Président, par le juge désigné à l'alinéa précédent.
Article 9 : Les Avocats généraux sont chargés de présenter publiquement, en toute impartialité et en toute indépendance des conclusions motivées sur les affaires soumises à la Cour, en vue d'assister celle-ci dans l'accomplissement de sa mission.

L'Avocat général le plus ancien au sens de l'article 4 prend le titre de 1er Avocat Général. Il décide de l'attribution des affaires aux Avocats généraux et prend les dispositions nécessaires en cas d'absence ou d'empêchement d'un Avocat général.

SECTION II : DU GREFFE ET DU PERSONNEL DE LA COUR

Article 10 : La Cour nomme le greffier. Les candidatures sont accompagnées de tous renseignements sur l'âge, la nationalité, les titres universitaires, les occupations actuelles et antérieures, ainsi que sur l'expérience judiciaire des candidats.

Le greffier est nommé pour une période de six (6) ans renouvelable une fois.
Avant d'entrer en fonction, le greffier prête serment devant la Cour en ces termes:
"Je jure d'exercer mes fonctions en toute loyauté, discrétion et conscience, de ne rien divulguer des secrets dont j'ai eu connaissance dans l'exercice ou à l'occasion de l'exercice de mes fonctions".
Il en est dressé un procès-verbal.

Article 11 : Dans la limite des postes autorisés par le budget de l'Union, la Cour peut faire nommer un ou plusieurs greffiers adjoints chargés d'assister le greffier et placés sous son autorité hiérarchique.
Avant d'entrer en fonction, les greffiers adjoints prêtent serment dans les mêmes termes que le greffier.
Il en est dressé un procès-verbal.

Article 12 : Le Président met à la disposition du greffier le personnel et les moyens matériels nécessaires au fonctionnement normal de la Cour.

Article 13 : Sous l'autorité du Président, le greffier est chargé de la réception, de la transmission ainsi que de la signification et de la conservation de tous documents que comporte l'application du présent règlement.
Le greffier assiste la Cour, le Président et les juges dans tous les actes de leur ministère.
Le greffier a la garde des sceaux. Il a la responsabilité des archives et prend soin des publications de la Cour. Il annonce la date et l'heure fixées pour les audiences.

Des instructions générales préparées par le greffier et arrêtées par le Président règlent le fonctionnement du greffe.

CHAPITRE II: DE LA COMPÉTENCE DE LA COUR

Article 14 : La Cour de Justice assure le respect du droit relativement à l'interprétation et l'application du Traité.

Article 15 : La Cour est compétente pour connaître:
1) - Du recours en manquement
Le recours en manquement appartient à la Commission. Si elle estime qu'un État membre ne s'est pas conformé aux obligations communautaires, elle adresse à cet État un avis motivé à ce sujet, après avoir mis cet État en mesure de présenter ses observations.
Si l'État en cause ne se conforme pas à cet avis dans le délai imparti par la Commission, celle-ci peut saisir la Cour de Justice.
Cette procédure est également ouverte à chaque État membre, après saisine préalable de la Commission.

Celle-ci doit émettre un avis motivé, après avoir mis l'État concerné en mesure de présenter ses observations. Si la Commission n'a pas émis d'avis dans un délai de trois mois à compter de la demande, l'affaire peut être directement portée devant la Cour.

Si la Cour estime le recours fondé, elle constate le manquement. Tous les organes de l'État membre concerné ont l'obligation d'assurer, dans les domaines de leurs pouvoirs respectifs, l'exécution de l'arrêt.
En cas d'abstention de l'État membre dont le manquement a été constaté, la Commission a la faculté de saisir la Conférence des Chefs d'État et de Gouvernement afin qu'elle invite l'État membre défaillant à s'exécuter sans préjudice des sanctions prévues à l'article 74 du Traité de l'Union relatif à l'exercice de la surveillance multilatérale.

2) - Du recours en appréciation de légalité
Le recours en appréciation de la légalité est dirigé contre les actes communautaires obligatoires : les règlements, les directives ainsi que les décisions individuelles prises par le Conseil et la Commission.

Ce recours est ouvert à toute personne physique ou morale, contre tout acte d'un organe de l'Union lui faisant grief.

Les États membres, le Conseil et la Commission peuvent former un recours en appréciation de la légalité contre les règlements, directives et décisions.

Le recours en appréciation de la légalité doit être formé dans un délai de deux (02) mois, à compter de la publication de l'acte, de sa notification au requérant ou, à défaut, du jour ou celui-ci en a eu connaissance.

3 - Du plein contentieux de la concurrence
La Cour peut être amenée à se prononcer sur les décisions et sanctions que la Commission a pu prendre contre les entreprises qui n'ont pas respecté le

principe de la libre concurrence ou qui ont abusé de leur position dominante sur le marché de l'Union. Elle peut modifier ou annuler de telles décisions, réduire ou augmenter le montant des amendes et des astreintes, opérer des constatations, imposer aux entreprises des obligations.

4) - Du recours du personnel de l'Union
La Cour statue sur tout litige entre les organes de l'Union et leurs agents dans les conditions déterminées au statut du personnel.

5) - Du recours en responsabilité
La Cour de Justice est seule compétente pour déclarer engagée la responsabilité non contractuelle et condamner l'Union à la réparation du préjudice causé, soit par des agissements matériels, soit par des actes normatifs des organes de l'Union ou de ses agents dans l'exercice ou à l'occasion de l'exercice de leurs fonctions.
Les agents de l'Union ne peuvent engager la responsabilité de celle-ci que pour des dommages causés dans l'exercice ou à l'occasion de leurs fonctions. Toutefois, ces agents peuvent être tenus de réparer en totalité, ou en partie, les préjudices subis par l'Union en raison de faute personnelle commise dans l'exercice ou à l'occasion de l'exercice de leurs fonctions.

L'action en responsabilité contre l'Union ou celle de l'Union contre les tiers ou ses agents se prescrivent par trois (3) ans à compter de la réalisation des dommages. En cas de pluralité de fautes ou de mise en jeu de la responsabilité d'un tiers, les juridictions nationales peuvent être saisies. Dans ce cas, la Cour ne peut être saisie qu'après épuisement des voies de recours devant les juridictions nationales.

6) - Du recours préjudiciel
Lorsqu'un problème d'interprétation du Traité de l'Union, de la légalité et d'interprétation des actes pris par les organes de l'Union, de la légalité et d'interprétation des statuts des organismes créés par un acte du Conseil, se pose devant une juridiction nationale dont les décisions sont susceptibles de recours, cette juridiction peut, si elle l'estime nécessaire, poser des questions préjudicielles à la Cour.

Lorsqu'une question de même nature est soulevée devant une juridiction nationale statuant en dernier ressort, celle-ci est obligée de saisir la Cour.

7) - Des avis et des recommandations
La Cour peut émettre des avis et des recommandations sur tout projet de texte soumis par la Commission.

Le Conseil des Ministres, la Commission ou un État membre, peut recueillir l'avis de la Cour sur la compatibilité d'un accord international existant, ou en voie de négociation, avec les dispositions du Traité de l'UEMOA.

Lorsqu'elle est saisie par la Commission, le Conseil des Ministres, la Conférence des Chefs d'État et de Gouvernement, ou un État membre, la Cour peut émettre un avis, sur toute difficulté rencontrée dans l'application ou l'interprétation des actes relevant du droit communautaire.

La question sur laquelle l'avis consultatif est demandé, est exposée à la Cour par requête écrite qui précise le point sur lequel l'avis de la Cour est demandé. Il y est joint tout document pouvant servir à élucider la question.

8) - Des clauses d'arbitrage
La Cour remplit également des fonctions d'arbitre en vertu d'un compromis établi par les États membres à l'occasion de la survenance d'un litige relatif à l'interprétation ou à l'application du Traité.
Les États parties au compromis y précisent la procédure applicable à leur litige.

CHAPITRE III: DU FONCTIONNEMENT DE LA COUR

Article 16 : Le siège de la Cour est fixé à Ouagadougou. La Cour peut toutefois, en cas de nécessité, siéger et exercer ses fonctions en tout autre lieu du territoire abritant le siège ou de celui d'un des États membres de l'Union Économique et Monétaire Ouest
Article 17 : Le quorum de trois (3) juges est exigé pour la réunion d'une assemblée plénière ; à défaut, le Président ajourne la séance.

Article 18 : Les audiences sont publiques. Toutefois il peut en être décidé autrement par la Cour d'office ou sur la demande d'une des parties pour des motifs sérieux.

Article 19 : Les délibérations de la Cour sont et demeurent secrètes. Chaque membre de la Cour présent à la délibération exprime son opinion.

Article 20 : Les décisions de la Cour sont prises à la majorité des juges présents.

Les votes sont émis dans l'ordre inverse de celui établi à l'article 4 du présent règlement.

TITRE III : DE LA PROCÉDURE DEVANT LA COUR

CHAPITRE 1: DISPOSITIONS GÉNÉRALES

Article 21 : La langue officielle de travail de la Cour est le français. Toutefois, la Conférence des Chefs d'État peut y ajouter d'autres langues officielles.

Article 22 : Les États, ainsi que les organes de l'Union sont représentés devant la Cour par un agent nommé pour chaque affaire ; les États ou les organes de l'UEMOA peuvent constituer un Avocat inscrit à l'un des barreaux des États membres soit pour assister l'agent nommé soit pour le représenter.

Les autres parties doivent être représentées par un avocat inscrit à un barreau de l'un des États membres.

Article 23 : Les agents et avocats des parties jouissent devant la Cour des droits et garanties nécessaires à l'exercice indépendant de leurs fonctions, dans les conditions qui sont déterminées par le présent règlement.

Article 24 : La Cour dispose à l'égard des avocats qui se présentent devant elle des pouvoirs normalement reconnus en la matière aux Cours et tribunaux du pays du siège de la Cour.

Article 25 : Si, pour une communication, notification ou citation destinée à des personnes autres que les agents des États et des organes de l'Union, la Cour estime requis le concours de l'État membre sur le territoire duquel la communication, la notification ou la citation doit produire effet, elle peut s'adresser directement aux autorités judiciaires pour obtenir les facilité nécessaires.
Il en va de même lorsque la Cour désire procéder ou faire procéder sur place à des constations ou recueillir des éléments de preuve ou lorsqu'elle invite à comparaître des personnes résidant sur ce territoire ou appelées à le traverser.

CHAPITRE II: DE LA PROCÉDURE ÉCRITE

SECTION I : DE L'INTRODUCTION DE L'INSTANCE

Article 26 : La Cour est saisie selon les cas soit par une requête, soit par la notification du compromis adressée au Président.

La requête doit contenir l'indication des noms et prénoms et du domicile élu du requérant, le cas échéant, le nom et l'adresse de l'agent et de l'Avocat constitué, la qualité du signataire, l'indication de la partie défenderesse, l'objet du litige, les conclusions et un exposé sommaire des faits et moyens.

La requête est établie, outre l'original, en autant d'exemplaires certifiés conformes qu'il y a de parties en cause.

Elle doit être accompagnée s'il y a lieu de l'acte dont l'annulation est demandée.

Le greffier transmet au défendeur dans les meilleurs délais une copie certifiée conforme de la requête ; dès sa réception le défendeur fait connaître à la Cour les noms et prénoms de son agent ou de son avocat.
La partie requérante, à l'exception des États membres et des organes de l'UEMOA, est tenue de déposer au greffe de la Cour, contre récépissé un cautionnement dont le montant est fixé par délibération de la Cour. En cas de rejet de la requête, le cautionnement reste acquis à l'UEMOA.

Article 27 : Lorsqu'une instance est introduite devant la Cour par la notification d'un compromis conformément à l'article 17 du Protocole n° 1, cette notification peut être effectuée conjointement par les États membres ou par un ou plusieurs d'entre eux. Si la notification n'est pas faite conjointement, une copie certifiée conforme en est immédiatement transmise par le greffier à l'autre État.
La notification est toujours accompagnée de l'original ou d'une copie certifiée conforme du compromis. La notification indique en outre l'objet précis du différend ainsi que les parties, pour autant que cela ne résulte pas déjà clairement du compromis.
La partie qui procède à la notification d'un compromis indique les noms et prénoms de son agent et de son avocat.

Article 28 : Tous les actes accomplis au nom des États membres après l'introduction d'une instance le sont par des agents ou des avocats. Ceux-ci doivent avoir un domicile élu auquel sont adressées toutes les communications relatives à l'affaire.

SECTION 2 : DE LA CONDUITE DE L'INSTANCE

Article 29 : La requête est signifiée au domicile élu du défendeur par le greffier.
Dans le mois qui suit la signification de la requête, le défendeur présente un mémoire en défense. Ce mémoire contient les noms et prénoms et domicile du défendeur, les arguments de fait et de droit invoqués, les conclusions du défendeur et les preuves.
Ce délai peut être prorogé par ordonnance du Président à la demande motivée du défendeur.

Article 30 : La requête et le mémoire en défense peuvent être complétés par une réplique du requérant et par une duplique du défendeur. Le Président fixe les dates auxquelles ces actes de procédures sont produits.

Article 31 : Les parties peuvent encore faire des offres de preuve dans la réplique et la duplique à l'appui de leur argumentation. Elles motivent le retard apporté à la présentation de leurs preuves.
Si, au cours de la procédure, une partie soulève un moyen nouveau, le Président peut, après l'expiration des délais normaux de la procédure, sur rapport du juge rapporteur, l'avocat général entendu, impartir à l'autre partie un délai pour répondre à ce moyen.
La décision, sur la recevabilité du moyen reste réservée à l'arrêt définitif.
Article 32 : Après avoir entendu les parties et l'Avocat général, le Président peut à tout moment pour cause de connexité ordonner la jonction de plusieurs affaires portant sur le même objet opposant les mêmes parties. Il peut les disjoindre à nouveau en cas de nécessité.

Article 33 : Sans préjudice des dispositions particulières prévues par le présent règlement, et sauf dans les cas spécifiques où la Cour, sur rapport du juge rapporteur, l'avocat général entendu et avec l'accord exprès des parties, en décide autrement, la procédure devant la Cour comporte également une phase orale.

CHAPITRE III: DE LA PROCÉDURE ORALE

Article 34 : Sous réserve de la priorité des décisions prévues à l'alinéa 3 du présent article, la Cour connaît des affaires dont elle est saisie dans l'ordre selon lequel leur instruction est terminée.

Entre plusieurs affaires dont l'instruction est simultanément terminée, l'ordre est déterminé par la date d'inscription au registre des requêtes. Le Président peut, au vu des circonstances particulières, décider de faire juger une affaire par priorité.

Le Président peut, les parties et l'Avocat général entendus, au vu des circonstances particulières, soit d'office, soit à la demande d'une partie, décider de faire reporter une affaire à une date ultérieure.

Article 35 : Les débats sont ouverts et dirigés par le Président après présentation du rapport par le juge désigné. Il exerce la police de l'audience.
La décision de huis clos comporte défense de publication des débats.

Article 36 : Le Président peut, au cours des débats, poser des questions aux agents ou aux avocats des parties.
La même faculté appartient à chaque juge, à l'avocat général, aux parties et à leurs représentants.

Article 37 : Les parties ne peuvent plaider que par l'organe de leur agent ou avocat.
Article 38 : L'Avocat général présente ses conclusions avant la clôture de la procédure orale.
Après les conclusions de l'Avocat général, le Président prononce la clôture de la procédure orale.

Article 39 : La Cour peut, l'Avocat général entendu, ordonner à tout moment une mesure d'instruction. Elle peut donner mission au juge rapporteur d'exécuter cette mesure.

Article 40 : La Cour peut par arrêt avant dire droit demander aux parties de produire tous documents, de fournir tous renseignements qu'elle estime nécessaires. En cas de refus, elle en prend acte.

Article 41 : La Cour peut également demander aux États membres et aux institutions qui ne sont pas parties au procès tous renseignements quelle estime nécessaires aux fins du procès.

Article 42 : La Cour peut par ailleurs ordonner et confier une expertise à toute personne, corps, organe, commission ou bureau de son choix et ce, dans les conditions déterminées par le règlement de procédure.

Article 43 : Des témoins peuvent être entendus dans les conditions fixées par le règlement de procédure.

Article 46 : Le greffier établit un procès-verbal de chaque audience. Ce procès-verbal est signé par le Président et par le greffier. Il constitue un acte authentique.
Les parties peuvent prendre connaissance au greffe de tout procès-verbal et en obtenir copie à leurs frais.
Article 47 : La Cour ordonne la vérification de certains faits par témoins, soit d'office, soit à la demande des parties, l'avocat général entendu. Les témoins sont cités par la Cour, soit d'office, soit à la demande des parties ou de l'Avocat général.
La citation des témoins dont l'audition est reconnue nécessaire contient les noms, prénom qualité et adresse des témoins : l'indication des faits sur lesquels les témoins seront entendus éventuellement, la mention des dispositions prises par la Cour pour le remboursement des frais exposés par les témoins et des peines applicables aux témoins défaillants.

Article 48 : Après vérification de son identité et avant de déposer, tout témoin prête serment en ces termes:
"Je jure, sur l'honneur et en toute conscience, de dire la vérité, toute la vérité et rien que la vérité".
La Cour peut, les parties entendues, dispenser le témoin de prêter serment. Il est entendu alors à titre de simples renseignements.

Article 49 : La Cour peut ordonner une expertise. La décision qui nomme l'expert précise la mission de celui-ci et lui fixe un délai pour la présentation de son rapport.
L'expert est placé sous le contrôle du juge rapporteur qui peut assister aux opérations d'expertise et est tenu au courant du déroulement de la mission confiée à l'expert.
La Cour peut demander aux parties ou à l'une d'elles le dépôt d'une provision garantissant la couverture des frais de l'expertise.

Article 50 : Avant d'accomplir sa mission, l'expert prête serment, le cas échéant par écrit, en ces termes:
"Je déclare solennellement que je m'acquitterai de mes fonctions d'expert en tout honneur, en toute conscience et en toute impartialité".

Article 51 : Si une des parties récuse un témoin ou un expert pour incapacité, indignité ou toute autre cause ou si un témoin ou un expert refuse de déposer, de prêter serment ou de faire la déclaration solennelle en tenant lieu, la Cour statue.

Article 52 : Les témoins et les experts cités ou commis d'office par la Cour ont droit au remboursement de leur frais de déplacement et de séjour. Une avance peut leur être accordée sur ces frais par la caisse de la Cour.
Les experts ont droit à des honoraires pour leurs travaux. En cas de contestation, ces honoraires sont taxés par le Président saisi par requête.

Article 53 : La Cour peut, à la demande des parties ou d'office, délivrer des commissions rogatoires pour l'audition des témoins ou d'experts.

Article 54 : Les parties peuvent prendre connaissance au greffe et sans déplacement de tout procès-verbal ainsi que du rapport de l'expert et en obtenir copie à leurs frais.

CHAPITRE IV: DES ARRÊTS

Article 55 : L'arrêt contient l'indication qu'il est rendu par la Cour, la date du prononcé, les noms et prénoms du Président et des juges qui y ont pris part, de l'avocat général, du greffier, l'indication des parties, les noms et prénoms des agents ou avocats des parties, les conclusions des parties, la mention de la présentation du rapport, la mention que l'Avocat général a été entendu, l'exposé des faits, les motifs, le dispositif, y compris la décision relative aux dépens.
Article 56 : L'arrêt est rendu en audience publique, les parties dûment convoquées.

La minute de l'arrêt signée par le Président et le greffier est déposée au greffe ; copie certifiée conforme en est signifiée à chacune des parties. Il est fait mention par le greffier sur la minute de l'arrêt de la date à laquelle il a été rendu.

Article 57 : L'arrêt a force obligatoire à compter du jour de son prononcé.

Article 58 : Sans préjudice des dispositions relatives à l'interprétation des arrêts, les erreurs de plume ou de calcul ou des erreurs matérielles peuvent être rectifiées par la Cour, soit d'office, soit à la demande d'une partie.
La Cour décide en Chambre du Conseil, l'Avocat Général entendu.

Article 59 : Si la Cour a omis de statuer, soit sur un chef isolé des conclusions, soit sur les dépens, la partie qui entend s'en prévaloir saisit la Cour par voie de requête dans le mois de la signification de l'arrêt. La requête est signifiée à l'autre partie et le Président lui fixe un délai pour la présentation de ses observations écrites.

Après la présentation de ces observations, la Cour, l'Avocat général entendu, statue sur la recevabilité en même temps que sur le bien fondé de la demande.

CHAPITRE V : DES DÉPENS

Article 60 : Il est statué sur les dépens dans l'arrêt ou l'ordonnance qui met fin à l'instance.
Toute partie qui succombe est condamnée aux dépens.
Si plusieurs parties succombent, la Cour décide du partage des dépens.
La Cour peut répartir les dépens ou décider que chaque partie supporte ses propres dépens si les parties succombent respectivement sur un ou plusieurs chefs, ou pour des motifs exceptionnels.
La Cour peut condamner une partie, même gagnante, à rembourser à l'autre partie les frais qu'elle lui a fait exposer et que la Cour reconnaît comme frustratoires ou vexatoires.
Les États membres et les organes qui sont intervenus au litige supportent leurs propres dépens.
La Cour peut décider qu'une partie intervenante autre que celle mentionnée à l'alinéa précédent supportera ses propres dépens.
La partie qui se désiste est condamnée aux dépens, s'il est conclu en ce sens par l'autre partie. Toutefois, à la demande de la partie qui se désiste, les dépens sont supportés par l'autre partie, si cela apparaît justifié en vertu de l'attitude de cette dernière.
En cas d'accord des parties sur les dépens, il est statué selon l'accord.
A défaut de conclusions sur les dépens, chaque partie supporte ses propres dépens.
En cas de non-lieu à statuer, la Cour règle les dépens.

Article 61 : Dans les litiges entre l'Union et ses agents, les frais exposés par les organes de l'Union restent à la charge de ceux-ci, sans préjudice des dispositions de l'article 60 alinéa 5, du présent règlement.

Article 62 : Les frais qu'une partie a dû exposer aux fins d'exécution forcée sont remboursés par l'autre partie suivant le tarif en vigueur dans l'État où l'exécution forcée à lieu.

Article 63 : La procédure devant la Cour est gratuite, sous réserve des dispositions suivantes:
a) - si la Cour a exposé des frais qui auraient pu être évités, elle peut, l'avocat général entendu, condamner la partie qui les a provoqués au remboursement.

b) - les frais de tout travail de copie et de traduction effectué à la demande d'une partie sont remboursés par cette partie.

Article 64 : Sans préjudice des dispositions de l'article précédent, sont considérés comme dépens récupérables:
a) - les sommes dues aux témoins et aux experts en vertu de l'article 53 du présent règlement ;
b) - les frais indispensables exposés par les parties aux fins de la procédure, notamment les frais de déplacement et de séjour et la rémunération d'un agent ou d'un avocat.
En cas de non paiement des dites sommes, les dépens sont taxés par le Président saisi sur requête.

CHAPITRE VI: DE L'ASSISTANCE JUDICIAIRE

Article 65 : Si une partie se trouve dans l'impossibilité de faire face en totalité ou en partie aux frais de l'instance, elle peut à tout moment demander à la Cour le bénéfice de l'assistance judiciaire.
La demande est accompagnée de tous renseignements établissant que le demandeur est dans l'impérieux besoin, notamment un certificat de l'autorité compétente justifiant son indigence.
Si la demande est présentée antérieurement au recours que le demandeur se propose d'intenter, elle expose sommairement l'objet de ce recours.
La demande est dispensée du ministère d'avocat.
Le Président désigne un rapporteur. La Cour, en Assemblée Générale décide.

La Cour peut à tout moment, soit d'office, soit sur demande, retirer le bénéfice de l'assistance judiciaire si les conditions qui l'ont fait admettre se modifient en cours d'instance.

En cas d'admission au bénéfice de l'assistance judiciaire, la caisse de la Cour avance les frais.
La décision qui statue sur les dépens peut prononcer la distraction au profit de la caisse de la Cour des sommes versées au titre de l'assistance judiciaire.

Ces sommes sont récupérées par les soins du greffier contre la partie qui a été condamnée à les payer.

CHAPITRE VII: DU RÈGLEMENT AMIABLE ET DU DÉSISTEMENT

Article 66 : Si, avant que la Cour ait statué, les parties s'accordent sur la solution à donner au litige si elles informent la Cour qu'elles renoncent à toute prétention, le Président ordonne la radiation de l'affaire du registre et statue sans préjudice des dommages-intérêts éventuels conformément aux dispositions de l'article 60, le cas échéant au vu des propositions faites en ce sens par les parties.

Article 67 : Si le requérant fait connaître par écrit à la Cour qu'il entend renoncer à l'instance, le Président ordonne la radiation de l'affaire du registre et statue sur les dépens.

CHAPITRE VIII: DES SIGNIFICATIONS

Article 68 : Les significations prévues au présent règlement sont faites par les soins du greffier au domicile élu du destinataire, soit par envoi postal recommandé, avec accusé de réception, d'une copie de l'acte à signifier, soit par remise de cette copie contre reçu.
Les copies de l'original à signifier sont dressées et certifiées conformes par le greffier.

CHAPITRE XI: DES DÉLAIS

Article 69 : Les délais de procédure prévus par le Traité de l'Union Économique et Monétaire Ouest Africaine, les Protocoles additionnels, les statuts de la Cour et le présent règlement sont calculés de la façon suivante:

a) - si un délai exprimé en jours, en semaines, en mois ou en années est à compter à partir du moment où survient un événement ou s'effectue un acte, le jour au cours duquel survient cet événement ou se situe cet acte n'est pas compté dans le délai.
b) - un délai exprimé en semaines, en mois ou en années prend fin à l'expiration du jour qui, dans la dernière semaine, dans le dernier mois ou dans la dernière année, porte la même dénomination ou le même chiffre que le jour au cours duquel est survenu l'événement ou a été effectué l'acte à partir desquels le délai est compté. Si dans un délai exprimé en mois ou en années le jour déterminé pour son expiration fait défaut dans le dernier mois, le délai prend fin à l'expiration du dernier jour de ce mois.
c) -lorsqu'un délai est exprimé en mois et en jours, il est d'abord tenu compte des mois entiers, puis des jours ;
d) - les délais comprennent les jours fériés légaux, les dimanches et les samedis ;

e) - les délais ne sont pas suspendus pendant les vacances judiciaires.
Si le délai prend fin un samedi, un dimanche ou un jour férié légal, l'expiration en est reportée à la fin du jour ouvrable suivant.
Les délais de procédure, en raison de la distance, sont établis par une décision de la Cour publiée au bulletin officiel de l'Union.

Article 70 : Les délais fixés en vertu du présent règlement peuvent être prorogés par l'autorité qui les a arrêtés.
Le Président peut donner délégation de signature au greffier pour fixer certains délais qu'il lui appartient d'arrêter en vertu du présent règlement ou pour accorder la prorogation.

CHAPITRE X : DE LA SUSPENSION DES PROCÉDURES

Article 71 : En cas de circonstance exceptionnelle, la procédure peut être suspendue par arrêt de la Cour, l'Avocat Général entendu.
La reprise de la procédure peut être ordonnée selon les mêmes modalités.
Les arrêts visés au présent paragraphe sont notifiés aux parties.
Pendant la période de suspension, aucun délai de procédure expire à l'égard des parties.
Lorsque l'arrêt de suspension n'en a pas fixé le terme, la suspension prend lin à la date indiquée dans l'arrêt de reprise de procédure ou, à défaut d'une telle indication, à la date de cet arrêt.
A compter de la date de reprise, les délais de procédure recommencent à courir dès le début.

TITRE IV : DES PROCÉDURES SPÉCIALES

CHAPITRE I : DU SURSIS ET DES AUTRES MESURES PROVISOIRES

Article 72 : Toute demande de sursis à l'exécution d'un acte d'une institution n'est recevable que si le demandeur a attaqué cet acte dans un recours devant la Cour.
La demande visée au paragraphe précédent spécifie l'objet du litige, les circonstances établissant l'urgence, ainsi que les moyens de fait et de droit justifiant à première vue l'octroi de la mesure provisoire à laquelle elle conclut.
La demande est signifiée à l'autre partie, à laquelle le Président fixe un délai pour la présentation de ses observations écrites ou orales. La signification de la requête visée par le Président, suspend l'exécution, même entamée, de l'acte incriminé.

Le Président peut faire droit à la demande avant même que l'autre partie ait présenté ses observations.
Cette mesure peut être ultérieurement modifiée ou rapportée, même d'office.

Article 73 : Le Président statue sur la demande par voie d'ordonnance motivée et non susceptible de recours. Cette ordonnance assortie d'une caution dont le montant est fixé par le Président, est immédiatement signifiée aux parties.
L'ordonnance qui ne prescrit que des mesures à caractère provisoire ne préjudicie pas au fond de l'affaire.

Article 74 : A la demande d'une partie, l'ordonnance peut à tout moment être modifiée ou rapportée par suite d'un changement de circonstances.

Article 75 : Le rejet de la demande relative à une mesure provisoire n'empêche pas la partie qui l'avait introduite de présenter une autre demande fondée sur des faits nouveaux.

Article 76 : La demande tendant à surseoir à l'exécution forcée d'une décision de la Cour rendue par défaut ou faisant l'objet d'une tierce opposition ou d'un acte d'un autre organe de l'Union est régie par les dispositions du présent chapitre.

CHAPITRE II: DES INCIDENTS DE PROCÉDURE

Article 77 : Si une partie demande que la Cour statue sur une exception ou un incident sans engager le débat au fond, elle présente sa demande par acte séparé.
La demande contient l'exposé des moyens de fait et de droit sur lesquels elle est fondée, les conclusions et, en annexe, les pièces invoquées à l'appui.
Dès la présentation de l'acte introduisant la demande, le Président fixe un délai à l'autre partie pour présenter par écrit ses moyens et conclusions.
Sauf décision contraire de la Cour, la suite de la procédure sur la demande est orale.
La Cour, l'Avocat général entendu, statue sur la demande ou la joint au fond.
Si la Cour rejette la demande ou la joint au fond, le Président fixe de nouveaux délais pour la poursuite de l'instance.

Article 78 : Lorsque la Cour est manifestement incompétente pour connaître d'une requête ou lorsque celle-ci est manifestement irrecevable, la Cour, l'avocat général entendu, peut statuer sans autre forme de procédure.

La Cour doit examiner d'office les fins de non recevoir d'ordre public ; elle statue dans les conditions prévues à l'article 76 du présent règlement.

CHAPITRE III: DE L'INTERVENTION

Article 79 : La demande d'intervention est présentée au plus tard avant la clôture de la procédure écrite.
La demande d'intervention contient l'indication de l'affaire, l'indication des parties principales au litige, les nom et prénoms et domicile de l'intervenant, l'élection de domicile de l'intervenant au lieu où la Cour a son siège, les conclusions au soutien desquelles il demande d'intervenir, dans le cas de demandes d'interventions autres que celles des Etats membres ou des organes, l'exposé des raisons justifiant l'intérêt de l'intervenant à la solution du litige.
La demande d'intervention est signifiée aux parties.
Le Président invite les parties à présenter leurs observations écrites ou orales avant de statuer sur la demande d'intervention.
Si le Président admet l'intervention, l'intervenant reçoit communication de tous les actes de procédure signifiés aux parties.
L'intervenant accepte le litige dans l'état où il se trouve lors de son intervention.
Le Président fixe le délai dans lequel l'intervenant peut présenter un mémoire en intervention.
Le mémoire en intervention contient les conclusions de l'intervenant tendant au soutien ou au rejet, total ou partiel, des conclusions d'une des parties, les moyens et arguments invoqués et les offres de preuves s'il y a lieu.
Après le dépôt du mémoire en intervention, le Président fixe, le cas échéant, un délai dans lequel les parties peuvent répondre.

CHAPITRE IV: DES ARRÊTS DE DÉFAUT ET DE L'OPPOSITION

Article 80 : Si le défendeur, régulièrement mis en cause, ne répond pas à la requête dans les formes et délais prescrits, le requérant peut demander à la Cour de de lui adjuger ses conclusions.
Cette demande est signifiée au défendeur. Le Président fixe la date d'ouverture de la procédure orale.
Avant de rendre l'arrêt par défaut, la Cour, l'Avocat général entendu, examine la recevabilité de la requête et vérifie si les formalités ont été régulièrement accomplies et si les conclusions du requérant paraissent fondées. Elle peut ordonner des mesures d'instruction.
L'arrêt rendu par défaut est exécutoire. Toutefois la Cour peut en suspendre l'exécution jusqu'à ce qu'elle ait statué sur l'opposition ou bien en subordonner l'exécution à la constitution d'une caution dont le montant et

les modalités sont fixés compte tenu des circonstances ; cette caution est libérée à défaut d'opposition ou en cas de rejet.
L'arrêt rendu par défaut est susceptible d'opposition.
L'opposition est formée dans le délai d'un mois à compter de la signification de l'arrêt.

Après la signification de l'opposition, le Président fixe à l'autre partie un délai pour la présentation de ses observations écrites.
La Cour statue par voie d'arrêt non susceptible d'opposition.
La minute de cet arrêt est annexée à la minute de l'arrêt de défaut. Mention de l'arrêt rendu par l'opposition est faite en marge de la minute de l'arrêt par défaut.

CHAPITRE V : DES VOIES DE RECOURS EXTRAORDINAIRES

SECTION I : DE LA TIERCE OPPOSITION

Article 81 : Les dispositions des articles 26 et 27 du présent règlement sont applicables à la demande en tierce opposition ; celle-ci doit en outre:
a) - spécifier l'arrêt attaqué ;
b) - indiquer les griefs faits à l'arrêt par le tiers opposant ;
c) - indiquer les raisons pour lesquelles le tiers opposant n'a pu participer au litige principal.
La demande est formée contre toutes les parties au litige principal.
Si l'arrêt a été publié au bulletin officiel de l'Union, la demande est présentée dans les deux (2) mois qui suivent la publication.
Le sursis à l'exécution de l'arrêt attaqué peut être ordonné à la demande du tiers opposant.
L'arrêt entrepris est modifié dans la mesure où il est fait droit à la tierce opposition.
La minute de l'arrêt rendu sur tierce opposition est annexée à la minute de l'arrêt attaqué. Mention de l'arrêt rendu sur tierce opposition est faite en marge de la minute de l'arrêt incriminé.

SECTION 2 : DE LA RÉVISION

Article 82 : La révision est demandée au plus tard dans un délai de trois (3) mois à compter du jour où le demandeur a eu connaissance du fait sur lequel la demande en révision est fondée.

Article 83 : Les dispositions des articles 26 et 27 du présent règlement sont applicables à la demande en révision ; celle-ci doit en outre spécifier l'arrêt entrepris, indiquer les points sur lesquels l'arrêt est incriminé, articuler les

faits sur lesquels la demande est fondée et indiquer les moyens de preuve tendant à démontrer qu'il existe des faits justifiant la révision et à établir que le délai prévu à l'article précédent a été observé.
La demande en révision est formée contre toutes les parties à l'arrêt dont la révision est demandée.

Article 84 : Sans préjudicier le fond, la Cour statue, l'Avocat général entendu, au vu des observations écrites des parties, par voie d'arrêt rendu en chambre du conseil sur la recevabilité de la demande.
Si la Cour déclare la demande recevable, elle poursuit l'examen au fond et statue par voie d'arrêt, conformément aux dispositions du présent règlement.
La minute de l'arrêt portant révision est annexée à la minute de l'arrêt révisé. Mention de l'arrêt de révision est faite en marge de l'arrêt révisé.

CHAPITRE. VI: DE L'INTERPRÉTATION DES ARRÊTS

Article 85 : La demande en interprétation est présentée conformément aux dispositions des articles 26 et 27 du présent règlement. Elle spécifie en outre:
a) - l'arrêt visé ;
b) - les points de l'arrêt dont l'interprétation est demandée.
Elle est formée contre toutes les parties en cause à cet arrêt.
La Cour statue par voie d'arrêt après avoir mis les parties en mesure de présenter leurs observations, l'Avocat général entendu.
La minute de l'arrêt interprétatif est annexée à la minute de l'arrêt interprété. Mention de l'arrêt interprétatif est faite en marge de l'arrêt interprété.

CHAPITRE VII: DES RENVOIS PRÉJUDICIELS ET DES AUTRES PROCÉDURES EN MATIÈRE D'INTERPRÉTATION

Article 86 : Les dispositions du présent règlement s'appliquent aux renvois préjudiciels sous réserve des adaptations imposées par leur nature.
Les décisions des juridictions nationales sont communiquées aux États membres dans la version originale.
En ce qui concerne la représentation et la comparution des parties au principal, dans les procédures préjudicielles, la Cour tient compte des règles de procédure applicables devant les juridictions nationales qui l'ont saisie.
Lorsqu'une question posée à titre préjudiciel est manifestement identique à une question sur laquelle la Cour a déjà statué, elle peut, après avoir informé la juridiction de renvoi et après avoir entendu les intéressés en leurs observations éventuelles ainsi que l'Avocat général, statuer par voie d'ordonnance motivée comportant référence à l'arrêt précédent.

Sans préjudice des dispositions du paragraphe précédent, la procédure devant la Cour en cas de renvoi préjudiciel, comporte également une phase orale. Toutefois, la Cour peut, sur rapport du juge rapporteur, après avoir informé les intéressés qu'ils ont le droit de déposer des mémoires ou observations, et si chacun d'entre eux n'a demandé à être entendu en ses observations orales, l'Avocat général entendu, en décider autrement.
Il appartient à la juridiction nationale de statuer sur les dépens de la procédure préjudicielle.

TITRE V : DISPOSITIONS FINALES

Article 87: Le présent Règlement est publié au Bulletin Officiel de l'Union Économique et Monétaire Ouest Africaine et entre en vigueur dès sa publication.

Fait à Ouagadougou, le 5 juillet 1996.
Pour le Conseil des Ministres;
Le Président

S/section 2. Le retrait d'agrément

C'est la sanction disciplinaire suprême. L'exclusion de la profession bancaire équivaut à la liquidation judiciaire de l'établissement de crédit avec les frottements dus à la législation bancaire.

Le retrait d'agrément est constaté par la radiation de la liste des banques et des établissements financiers. Il entraîne ipso facto la liquidation de la banque. La seule certitude procédurale consiste dans la nomination d'un liquidateur qui peut être faite dans l'UEMOA par le Ministre des Finances sur proposition de la Commission Bancaire. Après, mystère.

Dans la Cemac, la liquidation consécutive au retrait d'agrément est prononcée d'office par les instances judiciaires compétentes sur saisine soit de l'autorité monétaire, soit du liquidateur nommé par la COBAC. Pendant la durée de cette liquidation, l'entreprise demeure soumise au contrôle de la Commission Bancaire et ne peut effectuer que des opérations strictement nécessaires à l'apurement de sa situation. Elle ne peut faire état de sa qualité d'établissement de crédit qu'en précisant qu'elle est en liquidation. Le liquidateur désigné par la COBAC est responsable de la liquidation du fonds de commerce de la banque. Les syndics ou liquidateurs judiciaires assurent la liquidation des autres éléments du patrimoine de la personne morale.

Les vides de cette réglementation malgré la spécificité de l'établissement de crédit impliquent un recours supplétif aux règles de droit commun des procédures collectives selon l'OHADA. Le résultat est une mauvaise articulation des deux normes qui ne rend pas facile la liquidation d'un établissement de crédit. Nos exemples concerneront quelques points déterminants de leur incompatibilité.

I. Mésintelligence entre les exigences bancaires et l'OHADA

Article 53 de l'Acte Uniforme sur les procédures collectives :

« La décision qui prononce la liquidation des biens d'une personne morale emporte, de plein droit, à partir de sa date, dissolution de celle-ci, et jusqu'à la clôture de la procédure, dessaisissement pour le débiteur de l'administration et de la disposition de ses biens présents et de ceux qu'il peut acquérir à quelque titre que ce soit, sous peine d'inopposabilité de tels actes, sauf s'il s'agit d'actes conservatoires.
Les actes, droits et actions du débiteur concernant son patrimoine sont accomplis ou exercés, pendant la durée de la liquidation des biens, par le syndic agissant seul en représentation du débiteur.
Si le syndic refuse d'accomplir un acte ou d'exercer un droit ou une action concernant le patrimoine du débiteur, celui-ci ou les dirigeants de la personne morale ou les contrôleurs s'iL en a été nommé, peuvent l'y contraindre par décision du Juge-commissaire obtenue dans les conditions prévues par les articles 40 et 43 ci-dessus ».

Ceci signifie que le premier effet du jugement de liquidation est d'intégrer un personnel nouveau dont les missions se heurtent à celles du liquidateur bancaire désigné par la COBAC.

Le dessaisissement du débiteur. Ce dessaisissement frappe non seulement l'administration du patrimoine mais également les droits et actions qui s'y rapportent. Ce qui rend irrecevable le recours des anciens dirigeants doublement dessaisis par la liquidation bancaire et la liquidation judiciaire.

Régulation des pouvoirs entre le liquidateur bancaire et le personnel judiciaire. Les organes judiciaires de la liquidation des biens sont :

Le Juge-commissaire : placé sous l'autorité de la juridiction compétente, il veille au déroulement rapide de la procédure et aux intérêts en présence. Il est doté de tous les pouvoirs d'investigation et de communication auprès de tous les organismes pour obtenir une information exacte sur la situation économique et financière de l'entreprise. Il fait son rapport à la juridiction compétente de toutes les contestations nées de la procédure collective.

Le syndic : il est chargé de la représentation des créanciers mis en état d'union et rend compte de sa mission au juge-commissaire. C'est à lui que revient la procédure de production et de vérification des créances.

Le ministère public : son représentant est informé du déroulement de la procédure par le Juge-commissaire

Les contrôleurs : ils assistent le Juge-commissaire dans sa mission de surveillance du déroulement de la procédure collective et veillent aux intérêts des créanciers. Ils ont le droit de vérifier la comptabilité et l'état de la situation présentée par le débiteur, de demander compte de l'état de la procédure, des actes accomplis par le syndic ainsi que des recettes faites et des versements effectués.

Dire que le liquidateur bancaire est chargé de la liquidation du fonds de commerce de la banque et le syndic de celui des autres éléments du patrimoine de la personne morale, c'est faire une distinction entre l'activité bancaire et la personne morale. Cela aurait un sens si les activités annexes pouvaient survivre à la disparition de l'activité bancaire ou comme une activité de holding par exemple. Mais dès lors que l'établissement de crédit est une personne morale dissoute par la liquidation, cette distinction devient absurde et ne règle en rien le concours des attributions bancaires et judiciaires, à part le fait que la banque reste sous surveillance de la justice.

Ce conflit n'existe pas en UEMOA où les fonctions du liquidateur bancaire prennent fin dès la nomination d'un syndic ou d'un administrateur judiciaire mais le problème de l'inadaptabilité du droit commun des procédures collectives aux établissements de crédit demeure.

L'obligation de production des créances

Article 78 de l'acte uniforme sur les procédures collectives

« A partir de la décision d'ouverture et jusqu'à l'expiration d'un délai de trente jours suivant la deuxième insertion dans un journal d'annonces légales...ou suivant celle faite au journal officiel..., lorsque celle-ci est obligatoire, tous les créanciers chirographaires ou munis de sûretés composant la masse doivent, sous peine de forclusion, produire leurs créances auprès du syndic. Ce délai est de soixante jours pour les créanciers domiciliés hors du territoire national où la procédure collective est ouverte.

La même obligation est faite au créancier qui, muni d'un titre de créance, a introduit, avant la décision d'ouverture une procédure de condamnation en vertu d'un titre, ou d'un défaut de titre, pour faire reconnaître son droit.

Les titulaires d'un droit de revendication doivent également produire en précisant s'ils entendent exercer leur droit de revendication. A défaut de cette précision, ils sont considérés comme créanciers chirographaires.
La production interrompt la prescription extinctive de la créance».

Cette formalité, qui n'est déjà pas simple pour les commerçants, est une vraie plaie pour les déposants. Par ailleurs, leur grand nombre alourdit infiniment la procédure de vérification. Comme la créance est perdue si la formalité n'est pas faite, cette punition est manifestement injuste dans la mesure où les dépôts ne sont pas garantis. Le législateur doit intervenir pour changer la donne. Déposer de l'argent est d'une simplicité confondante mais dès lors qu'il s'agit de le retirer, il faut justifier le dépôt dans un formalisme sévère qui n'est pas à la portée de tout le monde.

II. Particularité de la cession des actifs d'un établissement de crédit

En droit commun, tout ou partie de l'actif mobilier ou immobilier comprenant, éventuellement des unités de production peut faire l'objet d'une cession globale. A cet effet, le syndic suscite des offres d'acquisition et fixe le délai de réception. Ces offres écrites à déposer au greffe de la juridiction compétente doivent préciser le prix, les modalités de paiement et la date de réalisation de la cession.

En droit bancaire, l'essentiel des actifs d'un établissement de crédit comprend un portefeuille immobilier, un portefeuille d'entreprises et de participations, un portefeuille de créances. Ces éléments justifient quelques exceptions. Les formules ont été décrites par C. Léguevaques

La technique des enveloppes[25] : compte tenu de la spécificité et de la sensibilité de l'établissement de crédit, le Juge-commissaire d'une liquidation peut faire une application judicieuse des procédures de vente de gré à gré ou par voie d'adjudication amiable par la technique des enveloppes destinée à optimiser les offres d'acquisition. Sous le contrôle du parquet, l'offre la mieux-disante l'emporte sous réserve de la validation d'un prix estimé suffisant par le juge-commissaire. Le but de cette technique est d'éviter les ententes auxquelles peuvent aboutir des enchères publiques.

[25] Caen, Conférence EFE 31 mars 1999

Les contributions volontaires »[26] : la liquidation est une procédure collective de paiement. Dans tous les cas, la vente de tous les actifs, même d'excellente qualité, ne suffit généralement pas à satisfaire tous les créanciers. D'où la menace d'une action en comblement de passif des dirigeants pour leur responsabilité en cas de faute de gestion ou de toute autre action. Pour éviter les aléas et les lenteurs d'une procédure judiciaire, l'idée a germé de susciter des contributions « volontaires ».

L'aléa réside dans le fait que les principaux actionnaires des banques sont des holdings financiers ou établissements de crédit contre lesquels il ne sera pas aisé pour les petits créanciers de faire exécuter des décisions de justice. En Afrique centrale précisément, 29 banques sur 37 sont dans ce cas et représentent 69,2% des établissements de crédit. 20 % des banques soit 8 banques ont pour actionnaires majoritaires des particuliers et des sociétés non financières. Les particuliers et les sociétés non financières sont actionnaires majoritaires de 8 banques en 2007 (20 % du total des banques) contre 6 banques en 2008 (17 % en 2006). Quant aux pouvoirs publics, ils ont une part majoritaire dans 4 banques soit 13 % du total des banques[27]. Cette pratique encourage une meilleure indemnisation des déposants.

Un consensus se forme autour de cet usage qui permet soit, au titre de l'actionnaire de référence, soit à celui de l'action en comblement de passif, de proposer un paiement en numéraire contre un abandon de créances et/ou d'obligations au profit de la liquidation judiciaire. L'homologation de l'offre par la juridiction compétente met un terme aux poursuites.

La cession simplifiée de créances en bloc : la procédure de droit commun de production et de vérification des créances est fastidieuse et éprouvante dans le cadre d'un établissement de crédit. Il est évident que les créances sont une partie essentielle des actifs des banques en difficulté. Il serait profitable pour elles et leurs clients d'imaginer une formule de cession des créances facilement réalisable et qui viendrait en complément des autres modes légaux. C'est par exemple ce qu'a fait la France en permettant une cession de créances en bloc et sans accord du débiteur en l'article 511 -18 du code monétaire et financier :

« ...Outre la faculté de recourir aux autres modes légaux de cession et d'opposabilité aux tiers, la cession de créances résultant des opérations de

[26] Dossiers BCCI, PALLAS –STERN, AOM-AIR LIBERTE
[27] Rapport COBAC 2007

crédit[28] *...peut être rendue opposable aux tiers par accord écrit du débiteur ou par décision de la commission bancaire ;*

- Les plans et comptes d'épargne logement, les livrets d'épargne d'entreprise, les plans et livrets d'épargne populaire, les plans d'épargne en actions, ainsi que les engagements par signature peuvent être transférés, sans préjudice des droits des titulaires ou bénéficiaires, à un ou plusieurs autres établissements de crédit ;

- Les instruments financiers inscrits en compte auprès de l'établissement peuvent être transférés chez un autre prestataire de services d'investissement ou chez l'émetteur...

[28] Telles que définies par l'article 3 du Règlement COBAC – 2009/02/portant fixation des catégories des établissements de crédit et de leur forme juridique et des activités connexes

Chapitre 3

Les limites des mesures d'assainissement

Les mesures d'assainissement sont caractérisées par une dangereuse imprécision. Reléguer les difficultés des établissements de crédit aux dispositions diverses est bien la preuve l'intérêt mineur porté à la sécurité des déposants.

Section I. L'invitation au devoir d'actionnaire

Elle est formulée par les articles 40 de la Convention portant harmonisation de la réglementation bancaire en Afrique centrale et 64 de la loi bancaire de l'UEMOA.

Article 40 alinéa 1er *: « Lorsque la situation de l'établissement de crédit le justifie, le Président de la Commission Bancaire invite les actionnaires ou sociétaires à rechercher les solutions que la situation celui-ci commande ».*

Article 64 alinéa 1er : « Le Président de la Commission Bancaire peut, en cas de besoin, inviter les actionnaires, associés ou sociétaires d'une banque ou d'un établissement financier en difficulté à apporter leur concours à son redressement ».

Quelle est la portée d'un choix aussi précis de termes vagues ? Nulle, d'où la nécessité d'une analyse sémantique.

La **situation** ou la **difficulté** se rapportent certainement à la violation des normes prudentielles et comptables qui compromet la gestion saine de l'établissement intéressé et à l'inobservation de la ligne de conduite. Compte tenu de cette imprécision, tous les ratios sont concernés : solvabilité, liquidité, division des risques, bref, il s'agit d'analyser tous les postes du bilan et les engagements hors bilan.

L'**invitation**, certaine ou éventuelle, elle est une simple exhortation n'emportant ni coercition ni sanction. Le défaut de réponse à cette invitation ne porte donc pas à conséquence. On comprend donc aisément la confidentialité de cette procédure.

Conscients de l'impuissance de cette manière d'appel d'offres, certains auteurs[29] ne voient dans ces articles (équivalents de l'article 52 de la loi bancaire française) qu'un devoir moral des actionnaires à obérer leurs obligations financières. Reste qu'un devoir moral n'est pas une obligation juridique, à plus forte raison lorsque la société anonyme est imposée aux banques et établissements de crédit, qui limite la responsabilité financière de l'actionnaire à sa participation dans le capital. Comme les engagements supplémentaires requièrent leur accord, les actionnaires n'ont aucun souci à se faire sur ce point.

Pour reprendre la Commission des Finances du Sénat en France[30], ce texte inutile et dangereux aboutit à **« entretenir la surcapacité du système bancaire français en protégeant des établissements de crédit non viables. »**

En clair, la capacité des établissements de crédit est purement fantasmatique. Pour remédier à cette regrettable situation, une solution, nous semble-t-il, pourrait tenir en trois exigences législatives :

- Définir la notion d'actionnaire de référence ;
- Lui exiger une garantie à première demande égale au montant des fonds propres dans le dossier d'agrément, en l'absence d'un fonds de garantie ;
- En cas d'appartenance à un groupe, s'assurer que la structure du groupe permet une surveillance efficace de l'établissement à venir.

Prenons le cas du Cameroun en pleine tempête.

Sur 12 banques, 8 ont pour actionnaire majoritaire une banque étrangère. Sont dans la tourmente celles dont les structures de propriété relèvent des coopératives artisanales ou de structures familiales. Ce qui signifie qu'une banque n'est pas une épicerie et que la détention par des individus d'une fraction du capital ne suffit pas. Cette constatation devrait conduire à une exigence plus technique de l'actionnariat dans les conditions d'obtention de l'agrément.

[29] JO, Déb. Sénat, 5/11/1983, p.2631, col.2
[30] Lambert, Banque : votre santé nous intéresse, Rapport du Sénat 1996, p.105

Banques	**Sigle**	***Capital Social ou dotation (en millions)***	***Répartition du capital (en pourcentage)***	***péripéties***
Afriland First Bank	First Bank	7 500	SBF and Co 37,12 FMO 19,33 Kouesseu J.B. 10,08 Jully S.A. 8,07 Kammogne Fokam P. 8,03 Autres 16,87	
Amity Bank Cameroon PLC	Amity	7 400	Sielienou Christophe 51,30 CPA (Assurances) 6,25 STAM Sarl 5,50 SCIA Sarl 4,00 Autres 32,95	Administration provisoire Rachat par la Banque Atlantique Annulation du protocole de cession
Banque Internationale du Cameroun pour l'Epargne et le Crédit	Bicec	3 000	Société d'Investissement Groupe Banques Populaires (SIBP) 52,47 Etat camerounais 17,50 Proparco 7,25 SFI 7,25 Autres 15,53	
Commercial Bank of Cameroon	CBC Bank	7 000	DEG 15,00 Fotso Yves Michel 14,51 Fotso Victor 10,61 Dawney Ltd 9,67 AGF Tiard (ex-Snac Tiard) 8,89 Abassi Daouda 7,14 Autres 34,18	Sous Administration provisoire

Ecobank Cameroun	Ecobank	5 000	Ecobank Transnational Inc. 79,60 Fotso André 5,00 Axa Assurances 2,00 La Citoyenne Assurances 2,00 Autres 11,40	
CA SCB Cameroun	CLC	6 000	IUB Holding 65,00 Etat camerounais 35,00	
Société Générale de Banques au Cameroun	SGBC	6 250	Société Générale 58,08 Etat camerounais 25,60 AGF Cameroun (ex-Snac) 16,32	
Standard Chartered Bank Cameroon	SCBC	7 000	Standard Chartered Holding (Africa) B.V 99,99 Autres 0,01	
Union Bank of Cameroon PLC	UBC Plc	5 000	Cameroon Cooperative Credit Union League (Camccul) 39,41 Azire Credit Union 12,30 Dutch Dvpt Foundation 7,13 Bamenda Police Credit Union 5,74 Autres 35,42	Administration provisoire et rachat par Oceanik Bank désormais détenteur de 58% du capital porté à 20.000
National Financial Credit Bank	NFC Bank	3 317	Awanga Zacharia Anyangwo 35,49 Itchangweng Amandong 8,63	

			Itambi Anyeneba 8,34 Ashime M. Ekwaya 8,34 Anyene Frida 8,33 Autres privés camerounais 30,87	
UBA	UBA	2000	UBA Plc 100	**1**
Citibank N.A. Cameroon	Citibank	5 684	Citibank NA New York 100	2

Section 2. La solidarité de place

En leur deuxième alinéa, chacune des dispositions précédentes prescrit une éventuelle requête auprès de l'Association Professionnelle des Banques et Etablissements Financiers ou de Crédit afin d'examiner les conditions dans lesquelles les adhérents pourraient apporter leur concours au redressement de la banque en difficulté.

Cette requête trouve sa justification dans la notion de place qui n'a pas de définition légale, laissant plusieurs auteurs essayer d'exprimer les obligations auxquelles elle renvoie. Ainsi, Peltier[31] la décrit comme un *« Leviathan, incarnation d'un pouvoir suprême qui est le fruit d'un consensus entre les professionnels et les pouvoirs politiques sur l'organisation des marchés financiers »*, tandis que pour Bonneau[32], *« la place n'est ni un monstre ni l'incarnation d'un pouvoir suprême : c'est seulement une communauté dont la reconnaissance législative est liée à celle de son pouvoir dans le but d'assurer la prévalence des normes qui lui sont dues sur les normes publiques dont l'Etat est l'auteur »*.

Dans le sens de la seconde conception, le but de cette éventualité est d'éviter l'intervention des pouvoirs publics dans l'espoir d'une autorégulation des banques et établissements de crédit. C'est ce qui explique la définition des trois conditions cumulatives qu'étaient la protection des intérêts des déposants et des tiers, le bon fonctionnement du système bancaire et la préservation du renom de la place au temps du défunt alinéa 2

[31] Peltier, Marchés financiers et droit commun, Banque éditeur, 1997, n°78

[32] Bonneau, De la notion de place dans les textes législatifs contemporains, Mélanges AEDBF-France II, 1998, p.83 et s.

de l'article 52 susvisé. Résultat de cette légèreté, l'arbitraire. Des exemples à la source ?

On a dénoncé une intervention diplomatique dans le dossier El Saudi Bank[33] à Paris qui a bénéficié de cette solidarité sans que ne soit rempli aucun des critères justificatifs. L'affaire BCCI a conduit au comportement inverse alors qu'elle réunissait toutes les conditions. Quant au dossier Findus, la solidarité de place a voulu sauver la réputation de la place de Paris. Résultat des courses, cette imprécision a eu raison de cet article qui a été abrogé. Plus utile aurait certainement été la détermination de la nature de l'aide des confrères. La formulation de cette disposition est une faiblesse de plus, un mirage s'agissant d'une faculté à la discrétion du Président de la Commission bancaire et non pas d'un droit pour les déposants.

Section 3. L'administration provisoire

L'administration provisoire est une authentique aventure.

S/Section 1. Causes et procédures de nomination

Dans l'UMOA, la nomination d'un administrateur provisoire peut intervenir lorsque la gestion de la banque ou de l'établissement financier met en péril les fonds reçus en dépôt ou rend illiquides les créances de la Banque centrale. Concrètement, la Commission Bancaire peut suggérer cette nomination au Ministre des Finances :

- soit à la demande des dirigeants lorsqu'ils estiment ne plus être en mesure d'exercer normalement leurs fonctions ;
- soit lorsqu'elle constate que la gestion ne peut plus être assurée dans des conditions normales ;
- soit lorsqu'elle a prononcé la suspension ou la démission d'office des dirigeants responsables d'une infraction à la réglementation bancaire

Dans la Cemac, c'est la Commission Bancaire elle-même qui désigne un administrateur provisoire lorsque, en dehors du cas de sanction disciplinaire, d'une manière générale, il y a carence dans l'administration, la gérance ou la direction de l'établissement. En cas d'urgence, le Président de la COBAC procède lui-même à la désignation d'un administrateur provisoire sous réserve de ratification par la Commission lors de la prochaine séance. Si, l'on peut imaginer que ces difficultés renvoient à l'inobservation des normes de gestion, plus compliquée est la définition de l'urgence.

[33] Banque 1988 1172

Le secours nous vient du Conseil d'Etat français[34] qui a considéré que *« compte tenu de l'impossibilité pour une banque de rembourser les concours accordés par un autre établissement de crédit à leur date d'exigibilité et de l'absence de mesure prise par les dirigeants susceptible de remédier à la situation, la Commission Bancaire a pu légalement estimer que des circonstances particulières justifiaient que la désignation de l'administrateur provisoire pour une durée de six mois renouvelable soit prise sans respecter le principe du contradictoire »*.

Deux éléments sont donc à retenir ici pour caractériser l'urgence :

- l'incapacité de remboursement de l'emprunt effectué auprès d'un confrère
- l'absence de solution à cette situation

Compte-tenu de la variété des situations de crise, on suppose qu'il s'agit d'un exemple.

Du point de vue procédural, la particularité de la procédure d'urgence est l'absence de contradiction. La thématique de l'urgence est intéressante car le problème de la désignation de l'administrateur provisoire réside moins dans le principe que dans le moment où elle intervient.

Illustrations

N°1 -Procédure disciplinaire à l'encontre des anciens dirigeants et des commissaires aux comptes de la CBT du 18 mars 2010

1/ Des griefs

a) La mise en garde adressée à la CBT en 2003

Elle procédait de la découverte de schémas d'écritures complexes utilisant des comptes opaques par nature comme les comptes de contrevaleur de position de change, des comptes de provisions pour crédits documentaires, des comptes de liaison interservices, des comptes de provisions à régulariser. Cette situation avait justifié la délivrance d'une injonction à la CBT en 2003 aux fins de transmission au Secrétariat Général de la COBAC d'un état exhaustif des opérations de ce type réalisées au cours des 3 exercices précédents. En outre, il avait été demandé à la banque de se doter d'un système de contrôle interne réglementaire.

---

[34] Affaire Vuillième, (BCP), JCP(E) , 1997, pan. n°12, P.103

b) Les griefs à l'origine de la présente procédure disciplinaire

- Non-mise en œuvre des recommandations de la mission de vérification de 2006 ;
- Prise inconsidérée de risques sur le groupe F. et réalisation d'opérations fictives ;
- Non-observation des dispositions relatives au traitement des créances douteuses, au contrôle interne, aux engagements sur les apparentés ainsi qu'à la lutte contre le blanchiment des capitaux et le financement du terrorisme ;
- Transgression des normes prudentielles ;
- Publication d'états financiers ne présentant pas une image fidèle de la situation de la banque ;
- L'entrave à l'administration provisoire ordonnée par la Commission Bancaire

Reproche était également fait aux commissaires aux comptes de ne pas avoir observé les diligences prescrites par le droit commun et la réglementation bancaire

N°2 - Procédure disciplinaire à l'encontre des anciens dirigeants et des commissaires aux comptes de la CBC du 18 mars 2009

1/ Griefs

a) Les précédentes procédures disciplinaires

La procédure disciplinaire de 2002

Elle intervenait à la suite du constat en 2001 que les engagements de la CBC sur la CAMEROON AIRLINES s'étaient accrus depuis que Mr X assumait simultanément les fonctions de Vice-Président du Conseil d'Administration de la Banque et de Directeur Général de la compagnie. Cette situation avait donné lieu à l'administration :

- d'une injonction à la CBC pour régulariser au plus tard le 31 décembre 2001 la situation de la banque au regard des normes prudentielles ;
- d'une mise en garde au conseil d'administration pour avoir failli dans sa mission d'orientation et de contrôle
- d'une mise en garde aux dirigeants pour absence ou non-respect des mesures internes de limitation des risques et pour violation délibérée des normes prudentielles.

b) La procédure disciplinaire de 2006

Conclusions des missions :

- Utilisation d'artifices comptables, participation à des transactions financières malencontreuses ayant un impact négatif sur la situation financière de la banque

- Engagement d'importantes dépenses pour le compte des dirigeants de la CBC dans le cadre de la réalisation des projets d'extension des entités bancaires du groupe dans la CEMAC et à Sao Tome y Principe
- Dissimulation de crédits accordés sous de fausses signatures etc…

Sanction : un avertissement à la CBC outre ;
- Une injonction de transmettre à la COBAC dans un délai de 3 mois un plan de redressement comptable et prudentiel avec reconstitution des fonds propres dans un délai de 6 mois et rétablissement du ratio de solvabilité dans un délai de 12 mois ;
- La suspension à titre conservatoire de toutes les transactions avec SFA

c)Les griefs à l'origine de la nouvelle procédure disciplinaire
- Prise inconsidérée de risques ayant accru les créances douteuses sur une courte période
- Violation des dispositions du règlement relatif au contrôle interne ;
- Transgression des normes prudentielles ;
- Non-respect de la suspension des transactions avec SFA
- Présentation d'états financiers ne présentant pas une image fidèle de la situation de la banque ;
- Participation à des opérations ayant dégradé la situation financière des autres entités du groupe
- Défaillance des commissaires aux comptes

2. Imputabilité des faits et éclaircissements à solliciter

a) Imputabilité des faits
- Responsabilité des anciens dirigeants
- Responsabilité des commissaires aux comptes

b) Eclaircissements à solliciter
- Questions destinées à l'ex-Directeur Général et au Directeur Général Adjoint suspendu
- Questions destinées aux commissaires aux comptes

3. Des sanctions applicables

a) Sanctions applicables aux dirigeants
b) Sanctions applicables aux commissaires aux comptes

Mise sous administration provisoire en novembre 2009.
1°- Décision COBAC D-2009/204/portant mise sous administration provisoire de Commercial bank-Cameroun

Vu le traité instituant la communauté économique et monétaire de l'Afrique centrale (Cemac) ;

Vu la convention de coopération monétaire du 22 novembre 1972 ;

Vu la convention du 16 octobre 1990 portant création d'une commission bancaire de l'Afrique centrale (Cobac) ;

Vu la convention du 17 janvier 1992 portant harmonisation de la réglementation bancaire dans les Etats de l'Afrique centrale ;

Vu l'acte uniforme Ohada sur le droit des sociétés commerciales et le regroupement d'intérêt économique ;

Vu la décision Cobac D-2009/041 du 1er avril 2009 portant injonction à l'encontre de la Commercial bank-Cameroun (Cbc) ;

Vu l'habilitation donnée par la Cobac à son président au cours de sa session ordinaire du 30 juin 2009 ;

Vu les délibérations du Conseil d'administration de la Cbc des 09 juin et 15 septembre 2009 ;

Vu les autres éléments du dossier ;

Après en avoir dûment délibéré ;

Considérant que l'activité bancaire appartient à un secteur de l'économie dont l'accès mais surtout l'exercice sont strictement administrés par les pouvoirs publics ;

Considérant qu'en vertu de l'article 9 de l'annexe à la convention du 16 octobre 1990 et de l'article 32 de l'annexe à la convention du 17 janvier 1992, la Cobac est

habilitée à fixer les règles destinées à assurer et à contrôler la liquidité et la solvabilité des établissements de crédit à l'égard des tiers, et plus généralement l'équilibre de leur structure financière ;

Considérant les différents règlements Cobac en vigueur ;

Considérant qu'en application de l'article 1 de l'annexe à la convention du 16 octobre 1990 et de l'article 32 de l'annexe à la convention du 17 janvier 1992, les établissements de crédit doivent respecter les normes de gestion édictées par la Cobac ;

Considérant qu'en application des articles 1, 10, 14 et 15 de l'annexe à la convention du 16 octobre 1990, la Cobac a pour mission de veiller à la qualité de la situation financière des établissements de crédit et pour ce faire a été pourvue à la fois du pouvoir de contrôle du respect de ces conditions d'exploitation et de sanction des manquements constatés par la prise de mesure circonstanciées ;

Considérant que la mission bancaire réunie en session ordinaire à Bata le, 1er avril 2009, avait pris acte des conclusions de la vérification effectuée par le secrétariat général de la Cobac auprès de la Cbc courant 2008 ;

Qu'il ressort de ces conclusions que la Cbc n'a pas déferré à l'injonction relative à la suspension des transactions financières avec la société financière africaine (Sfa) prononcée dans les décisions Cobac D-2007/204 et Cobac D-2007/205 car des crédits ont continué à être octroyés à la Sfa en les dissimulant sous de fausses signatures ;

Que la situation financière de la Cbc au 31 mais 2008 se caractérise par un portefeuille de crédits abritant des engagements en forte croissance par rapport à la précédente vérification réalisée par le secrétariat général de la Cobac en 2006 ;

Que cette évolution du portefeuille de crédits résulte de concours consentis dans des conditions sujettes à caution tant du point de vue de la réglementation bancaire que du droit des sociétés commerciales ;

Que ces nouveaux concours ont été octroyés essentiellement à des entités qui font partie du groupe G, principal actionnaire de la Cbc, ou à des bénéficiaires considérés comme sensibles, voire douteux ;

Que compte tenu de l'importance des provisions à constituer, des participations dans d'autres établissements de crédit et des engagements nets sur les actionnaires, administrateurs, dirigeants et personnels, les fonds propres nets corrigés s'établissaient à Fcfa -11.874 millions au 31 mai 2008 ;

Considérant qu'il s'en suit que les conditions d'exploitation de la banque n'étant pas conformes à la réglementation bancaire en vigueur, la gestion de la banque se déroule en marge des normes de gestion imposées par l'autorité de supervision bancaire ;

Considérant que la Commission bancaire avait enjoint à la Cbc d'élaborer au plus tard le 15 mai 2009, un plan de restructuration crédible à transmettre au secrétariat général de la Cobac et d'autre part, à compter de la notification de cette décision et jusqu'à nouvel ordre :

- de soumettre à l'autorisation préalable du secrétariat général de la Cobac toute opération de crédit excédant 100 millions de Fcfa par semaine et par contrepartie ;

- de communiquer au secrétariat général de la Cobac, au début de chaque semaine, la balance des comptes intégrant les opérations de la semaine écoulée ;

Qu'elle avait habilité son président, après appréciation, du plan de restructuration présenté, à en autoriser la mise en oeuvre ou à constater l'impossibilité de rétablir les conditions normales d'exploitation et de procéder, en conséquence, à la désignation d'un administrateur provisoire en application de l'article 16 de l'annexe à la convention du 16 octobre 1990 ;

Qu'en sus, elle avait confirmé la suspension de toutes les transactions financières réalisées par les entités bancaires du groupe G avec la Sfa, prononcée dans les décisions Cobac D-2007/204 et Cobac D-2007/205 et l'avait étendu à toutes les transactions financières effectuées avec les filiales de la Sfa, notamment Sfa ingénierie et la société financière africaine Gabon ;

Considérant que, réunie en session ordinaire le 30 juin 2009 à Douala, la Commission bancaire de l'Afrique Centrale avait examiné le plan de restructuration présenté par la Cbc ;

Considérant que selon l'évaluation faite par la banque, ses fonds propres nets corrigés au 31 décembre 2008 s'établissait à -13.023 millions ;

Que l'objectif du plan de restructuration adopté par la banque était de porter les fonds propres nets à Fcfa 25.578 millions au 31 décembre 2011 avec des ressources provenant de :

- La prise potentielle de provisions à concurrence de Fcfa 13.862 millions ;

- La rentabilité au cours de trois exercices consécutifs qui permettraient de renforcer les capitaux propres à concurrence de 3.500 millions par an, soit un total de Fcfa 10.500 millions ;

- L'intégration dans les fonds propres des comptes courants associés bloqués à concurrence de Fcfa 4.000 millions ;

Que la Cobac avait jugé ce plan de restructuration insuffisant mais perfectible selon les recommandations suivantes :

- interdiction d'octroi de nouveaux concours aux sociétés apparentées et à des sociétés écrans ;

- engagement formel des organes délibérant à veiller au respect de cette interdiction ;

- mise à l'écart de monsieur X dans les organes sociaux ;

- révision des prévisions de reconstitution des fonds propres en évitant le double emploi des reprises de provisions ;

- adoption de mesures additionnelles, en compensation de la neutralisation du double emploi des reprises de provisions, pour atteindre l'objectif des fonds propres fixé à l'horizon 2011 ;

- inscription parmi les mesures additionnelles susmentionnées d'une augmentation, immédiate du capital d'au moins 4.000 M, notamment par intégration des comptes courants associés bloqués existants.

Que de ce fait, la Cobac avait habilité son Président, après appréciation du plan de restructuration amendé et présenté par la Cbc au plus tard le 31 juillet 2009, à en autoriser la mise en œuvre ou à constater l'impossibilité de rétablir les conditions normales d'exploitation et de procéder, en conséquence, à la désignation d'un administrateur provisoire, en application de l'article 16 de l'annexe à la convention du 16 octobre 1990 ;

Considérant qu'au cours de sa session ordinaire du 23 septembre 2009 à Yaoundé, la Commission bancaire a pris acte de l'état de mise en oeuvre par la Commercial bank Cameroun (Cbc) des actions engagées en vue de déferrer à l'injonction qui lui a été adressée lors de la session ordinaire du 30 juin 2009 à Douala et du report au 30 septembre 2009 de l'échéance de présentation du plan de restructuration amendé ;

Qu'elle a confirmé les termes de l'habilitation donnée à son président au cours de la session ordinaire du 30 juin 2009 ;

Considérant l'analyse du plan de restructuration corrigé de la Cbc, adopté par le Conseil d'administration de la banque lors de sa session du 15 septembre 2009 et transmis au président de la Cobac par lettre n° 108/Dg/If du 30 septembre 2009 ;

Qu'après prise en compte partielle des observateurs d'une mission qui a séjourné dans l'établissement du 07 au 14 septembre 2009, les fonds propres nets corrigés évalués par la Cbc et retenus comme base d'élaboration du plan de restructuration corrigé sont passés de Fcfa - 13.023 millions au 31 décembre 2008 à – 21.104 millions au 31 août 2009 ;

Que l'objectif du plan restructuration corrigé est de porter les fonds propres nets à Fcfa 24.958 millions au 31 décembre 2011 avec des ressources provenant :

- de l'intégration dans les fonds propres des comptes courants associés bloqués à concurrence de Fcfa 4.000 millions ;

- des reprises de provisions à concurrence de Fcfa 13.332 millions dont 6.275 millions consécutivement au recouvrement envisagé d'une créance sur Commercial Bank Guinea Ecuatorial et 7.057 millions de provisions constituées sur recommandation de la Cobac mais dont la Cbc considère que les engagements en cause ne présentent pas de risque de recouvrement ;

- de la rentabilité de l'exploitation pour les exercices 2009, 2010 et 2011 qui permettraient de renforcer les capitaux propres à concurrence de Fcfa 23.435 millions, les bénéfices attendus devant être notamment

générés par des reprises additionnelles de provisions de 8.300 millions concernant les placements dans les produits financiers commercialisés par la Sfa et de 5.875 millions se rapportant à divers dossiers de la clientèle ;

Considérant qu'au regard des états intermédiaires au 30 juin 2009, la réalisation de l'objectif d'un résultat net de Fcfa 5.785 millions pour l'exercice 2009 apparaît d'ores et déjà compromis ;

Que la Cbc n'a pas produit des documents probants de nature à fournir les apaisements suffisant quant à la probabilité de réalisation des faits générateurs des reprises de provisions envisagées ;

Qu'au contraire, s'agissant par exemple des produits commercialisés par la Sfa, il ressort plutôt des travaux réalisés par l'Administrateur provisoire de cet établissement un besoin complémentaire de provisions ;

Considérant que dans l'éventualité de la non-réalisation des mesures principales figurant dans le plan de restructuration amendé, le Conseil d'administration de la Cbc envisage, d'une part, une augmentation de capital, ouvert à des tiers publics ou privés, à concurrence de F cfa 10 milliards et, d'autre part, le recours à un emprunt subordonné de Fcfa 18 milliards auprès de bailleurs de fonds institutionnels ;

Considérant toutefois qu'aucun engagement d'un quelconque investisseur à participer à l'augmentation de capital ou à souscrire à l'emprunt subordonné n'a été produit ;

Considérant que le plan de restructuration amendé continue ainsi à s'appuyer essentiellement sur une rentabilité reposant sur des perspectives optimistes de reprises de provisions et sur des interventions de nouveaux investisseurs publics ou privés ou de bailleurs de fonds institutionnels qui apparaissent illusoires ;

Que cette analyse aboutit à la conclusion de l'absence de crédibilité du plan de restructuration de la Cbc amendé ;

Considérant l'inaptitude avérée des dirigeants en place à restaurer l'équilibre financier de la Cbc malgré des promesses faites ;

Considérant qu'il s'en suit que les conditions d'exploitation de la banque n'étant pas, conformes à la réglementation bancaire en vigueur, la gestion de la banque se déroule en marge des normes de gestion imposées par l'autorité de supervision bancaire;

Considérant la difficulté manifeste de l'actionnaire majoritaire à réunir les sommes nécessaires au renflouement des fonds propres de la banque et son implication étroite dans la dégradation de la qualité du portefeuille de la banque à travers l'augmentation des engagements sur ses comptes personnels et ceux des sociétés placées sous son contrôle ;

Considérant l'incapacité des actionnaires à mettre en œuvre les mesures de nature à assurer le rétablissement de la situation ;

Considérant que les dirigeants sociaux ont pu transmettre leurs observations au cours de plusieurs auditions et à travers de nombreux écrits sans pour autant apporter des réponses satisfaisantes ;

Considérant que l'état de la situation financière menace gravement les intérêts de l'entreprise, des déposants et du système bancaire camerounais ;

Considérant que dans un tel contexte une mesure de sauvetage de la banque s'impose afin :

- d'éviter abutant que faire ce peut, la liquidation de la banque car le coût social d'une faillite bancaire est exorbitant en l'absence d'un fonds de garantis actif ;

- de prévenir le risque systémique car la défaillance d'un établissement de crédit peut mettre en péril les autres banques par des effets de contagion ;

- d'éviter que le maintien du statu quo participe à la survie artificielle d'une entreprise non compétitive et permette le jeu d'une concurrence déloyale vis-à-vis des autres établissements de la place soumis à la réglementation bancaire sans restriction ;

- d'éviter que l'absence de prise de décision ferme de la Cobac soit assimilée à un soutien abusif de l'autorité de supervision à un établissement de crédit contrevenant ;

- d'ouvrir le capital de la Cbc à des actionnaires dotés des moyens financiers adéquats pour le rétablissement des équilibres financiers ;

Considérant qu'aux termes de l'article 16 de l'annexe à la convention portant création d'une Commission bancaire de l'Afrique Centrale, celle-ci est habilitée à désigner un administrateur provisoire doté de toutes attributions nécessaires à l'administration et à la direction de l'établissement ;

Que cette nomination peut intervenir notamment si la gestion ne peut plus être assurée dans des conditions normales ;

Considérant qu'il résulte de tout ce qui précède, et sans qu'il y ait lieu d'écarter le non respect des diverses injonctions mais aussi des engagements des dirigeants, que manifestement la gestion de la Cbc ne peut être assurée dans des conditions normales et qu'il y a donc nécessité à placer l'établissement de crédit sous administration provisoire ;

Considérant le bien fondé des motifs invoqués,

Décide

Article 1 : Monsieur Njanga Njoh Martin Luther est nommé en qualité d'administrateur provisoire de la Commercial bank-Cameroun (Cbc).

Article 2 : La mission de l'administrateur provisoire consiste à :

- poursuivre la gestion courante de la banque en collaboration avec le personnel actuel ;

- élaborer un plan de restructuration crédible visant à rétablir l'équilibre de la situation financière de la Cbc ;

- le cas échéant, après approbation du plan de restructuration par la Cobac, rechercher, si nécessaire, toutes personnes intéressées par l'entrée dans le capital de la Cbc.

Article 3 : L'administrateur provisoire dispose de tous les pouvoirs d'administration, de direction et de représentation de la Cbc.

Cette désignation opère dessaisissement des organes sociaux suivants, Conseil d'administration et direction générale.

Article 4 : L'administrateur provisoire est investi des pouvoirs les plus étendus pour agir en toutes circonstances au nom de la société et dans le cadre du mandat confié par la Cobac.

Il exerce ce pouvoir dans la limite de l'objet social et sous réserve de ceux que la loi attribue expressément aux assemblées d'actionnaires.

Article 5 : Le mandat de l'administrateur provisoire est de six mois.

Il peut y être mis fin à tout moment par la Cobac ou par son président par délégation de pouvoirs.

Article 6 : L'administrateur provisoire bénéficie d'un traitement mensuel fixé par le président de la Cobac sur proposition du secrétaire général, en fonction des pratiques en vigueur dans ce secteur d'activité mais aussi de la nature et du volume d'activité de la banque ainsi que de sa situation financière.

Ses prestations sont payées en francs Cfa

Article 7 : L'administrateur provisoire rend compte de l'exercice de son mandat tous les mois à compter de sa prise de fonction par rapport transmis au Secrétaire général de la Cobac.

Article 8 : Le Secrétaire général de la commission bancaire est chargé de la communication de la présente décision à l'autorité monétaire de la République du Cameroun et de sa notification au siège de la Commercial bank Cameroun (Cbc) avec ampliation à la direction nationale de la banque des Etats de l'Afrique centrale.

Ainsi fait et décidé à Yaoundé, le 2 novembre 2009

Pour la Commission Bancaire de l'Afrique Centrale,

Le Président suppléant

Rigobert Andely

Le Président

Philibert Andzembe

S/section 2. Attributions de l'administrateur provisoire

I. Contenu

A. Pouvoirs de direction générale de la banque

Les pouvoirs d'administration, de direction et de représentation de la banque sous administration provisoire reviennent à l'administrateur provisoire. L'expérience est riche de conflits entre l'ancienne direction et l'administration provisoire à l'instar de la CBT.

B. Elaboration du plan de restructuration

Certes, il y a la gestion courante qui peut donner lieu à quelques observations. Mais dans les décisions de la COBAC, en dehors de l'attribution des pouvoirs les plus étendus, la mesure principale est l'élaboration d'un plan de restructuration crédible visant à rétablir l'équilibre de la situation financière.

1° La reconstitution des fonds propres

Elle est impérative tant du point de vue du droit bancaire que du droit commun.

L'exigence des fonds propres procède des règles prudentielles traduites par le respect des normes de solvabilité. En matière bancaire, cette solvabilité se traduit par :

- la condition de subordination du risque à une dotation suffisante des associés, c'est-à-, dire le capital social minimum légal qui est de 10 milliards de francs CFA depuis 2009.

Compte-tenu de l'obligation graduelle de mise en conformité consentie par la COBAC, ce capital social minimum est de 5 milliards depuis fin juin 2010, les banques devant faire un effort pour le porter à 7,5 milliards à fin juin 2012 pour atteindre le seuil légal de 10 milliards à fin juin 2014.

- Le ratio de solvabilité

Selon, l'article 664 de l'Acte Uniforme sur les sociétés :

« Si du fait de pertes constatées dans les états financiers de synthèse, les capitaux propres de la société deviennent inférieurs à la moitié du capital social, le conseil d'administration ou l'administrateur général, selon le cas,

est tenu dans les quatre mois qui suivent l'approbation des comptes ayant fait apparaître cette perte, de convoquer l'assemblée générale extraordinaire à l'effet de décider si la dissolution anticipée a lieu ».

Si les associés refusent la dissolution anticipée, « *la société est tenue, au plus tard à la clôture du deuxième exercice suivant celui au cours duquel la constatation des pertes est intervenue, de réduire son capital d'un montant au moins égal à celui des pertes qui n'ont pu être imputées sur les réserves si, dans ce délai, les capitaux propres n'ont pas été reconstitués à concurrence d'une valeur au moins égale à la moitié du capital social* »

Le but ici est clairement de relever le niveau des capitaux propres au moins à la moitié du capital social. Les leviers de calculs sont connus. Le premier actionne le numérateur par une augmentation de capital, le second le dénominateur en réduisant le capital. Si le résultat du rapport, capitaux propres/capital social n'est pas au moins égal à ½, tout intéressé peut demander en justice la dissolution de la société.

667 : « *A défaut de réunion de l'assemblée générale, comme dans le cas où cette assemblée n'a pas pu délibérer valablement sur dernière convocation, tout intéressé peut demander en justice la dissolution de la société.*
Il en est de même si les dispositions de l'article 665 du présent Acte Uniforme n'ont pas été appliquées ».

Reste à définir la qualité d' « intéressé » pour la recevabilité de la demande : est-ce un épargnant, un créancier ou un concurrent ?
En outre, les dirigeants qui enfreignent les règles de dissolution des sociétés s'exposent à une sanction pénale. Laquelle ?

Appliquées telles quelles, ces dispositions feraient fermer des banques tous les jours. L'intervention législative tend à faire de la COBAC un acteur du redressement de la banque dans le cadre d'un plan mûri avec cette dernière et accepté par elle. Les garanties d'exécution permettraient de ne pas obliger la banque au-delà des engagements librement souscrits au cours de la préparation dudit plan et d'évaluer sa pertinence.

2° Le changement de contrôle

Il intervient généralement en cas d'augmentation de capital réservée à de nouveaux actionnaires avec suppression du droit préférentiel de souscription des anciens. Cette prise de pouvoir ne doit pas être confondue avec une cession d'actifs. Contrairement au cessionnaire, la nouvelle majorité doit assumer l'intégralité du passif de la banque.

Comment l'administration provisoire prend-elle fin ?
- soit par la réussite de la restructuration constatée par une décision de la COBAC
- soit par le prononcé de la cessation des paiements.

3° Le prononcé de la cessation des paiements

Il relève de la compétence de l'administrateur provisoire selon la réglementation bancaire. Mais bien audacieux serait l'administration provisoire qui s'y risquerait en raison de la nature spécifique de l'activité bancaire. Que recouvre cette notion ?

En droit commun, l'état de cessation des paiements pour un débiteur correspond à l'impossibilité de faire face au passif exigible avec l'actif disponible. Soit trois éléments importants :
- le passif exigible : une dette certaine, liquide et exigible
- l'actif disponible : il représente les fonds immédiatement mobilisables comme les avoirs en caisse, les soldes créditeurs des comptes-courants, les effets de commerce à vue, etc…
- l'inadéquation de l'actif au passif qui est une constatation arithmétique

Cette définition ne peut être en l'état transcrite aux établissements de crédit du fait de la structure de leur bilan. En effet, en matière de banque, toute défaillance ne traduit pas nécessairement une cessation des paiements, car son activité consiste à emprunter pour prêter. Ce qui revient à gérer un passif court pour un actif long[35]. Tant que le marché interbancaire lui fait crédit, l'établissement n'est pas à proprement parler en cessation des paiements.

En France, la définition adaptée à l'activité bancaire a été trouvée : *« sont en état de cessation des paiements les établissements de crédit qui ne sont pas en mesure d'assurer leurs paiements, immédiatement ou à terme rapproché »*.Le paiement immédiat rapproché évoque les dépôts à vue et le terme rapproché le remboursement de l'épargne à court terme.

[35] Marini : Oui à la sécurité des déposants, non à l'infaillibilité bancaire

a) Fixation de la date de cessation des paiements

Elle est importante pour la détermination le point de départ de la période suspecte qui permet l'appréciation de certains actes juridiques en vue de la reconstitution de l'actif. Susceptible de report, la date de cessation des paiements ne peut pas être antérieure de plus de dix-huit mois au prononcé de la décision d'ouverture.

Dans le cas des établissements de crédit, le niveau des ratios prudentiels est déterminant pour la fixation de cette date et le report de ladite date peut se révéler un excellent moyen de pression.

b) Choix de la procédure collective

En droit commun, la déclaration de cessation des paiements emporte ouverture d'une procédure collective, soit de redressement judiciaire, soit de liquidation des biens. Comme en matière bancaire, la déclaration des paiements est faite ou suscitée par l'administration provisoire, il est permis de penser qu'elle intervient à la suite du constat de l'impossibilité d'une restructuration. Ceci entraîne comme conséquence de mettre de côté la législation du redressement judiciaire pour adapter et affiner celle du traitement des établissements de crédit. La suite d'une déclaration de cessation des paiements serait donc logiquement la liquidation judiciaire de l'établissement de crédit.

c) Le sort des contrats en cours

Article 107 :

« Hormis pour les contrats conclus en considération de la personne débiteur et ceux prévus par la loi de chaque Etat-partie, la cessation des paiements déclarée par décision de justice n'est pas une cause de résolution et toute clause de résolution pour un tel motif est réputée non écrite ».

Sauf qu'en matière bancaire, tous les contrats sont conclus en considération de la personne du débiteur. Chaque déposant a une raison personnelle quant au choix de l'établissement auquel il confie ses économies : sa couverture nationale et internationale, sa réputation, sa notation ou la confiance qu'elle inspire dans le marché interbancaire, etc…

Contrats bancaires

Le contrat de dépôt de fonds. Les auteurs ne se sont jamais accordés sur la définition du contrat de dépôt qui est pourtant une opération courante dans les banques. En droit civil, la caractéristique du dépôt est la garde, une notion qui n'est pas compatible avec le droit bancaire en raison de l'utilisation du déposant au moyen d'ordres donnés à la banque : chèques, virement, etc... En outre, la réglementation bancaire autorise les établissements de crédit à utiliser pour leur propre compte les fonds reçus du public. En droit commercial, on parle de contrat innommé original, un débat sans grande utilité pour le déposant. Alors préférant le décrire, le Règlement CRBF 95-01 du 21 juillet 1995 le définit en son article 5 comme :

« Tout solde créditeur résultant de fonds laissés en compte ou de situations transitoires provenant d'opérations bancaires normales que l'établissement de crédit doit restituer conformément aux conditions légales et contractuelles applicables en matière de compensation ».

La nature de l'opération de réception du fonds du public et la fongibilité des fonds déposés transforment le déposant en simple titulaire d'une créance chirographaire envers la banque. Ce qui n'a rien de rassurant dans un système où n'existent pas de garanties de dépôts.

Les opérations de paiement et de transfert de fonds

Le bénéfice des moyens de paiement, l'obtention de crédits ou même la sûreté du placement font partie des préoccupations du déposant. Les instruments de paiement sont des ordres de payer, la relation entre l'établissement de crédit et son client s'analysant en un mandat. L'émission d'un chèque transmet donc à son bénéficiaire la créance du tireur et le virement est parfait au moment de son inscription au crédit du compte du bénéficiaire. Comme l'ouverture de la procédure collective suspend les procédures individuelles de paiement, la réaction à l'ouverture d'une procédure collective est le refus de payer. Dans ce cas, le banquier refusera d'exécuter l'ordre reçu. Si une banque encaisse l'argent d'un client et se voit retirer son agrément le lendemain comme date d'effet, le client rejoindra le cortège des autres créanciers sans pouvoir récupérer son argent. Cette situation est absolument abusive parce que la suspension des poursuites individuelles n'est pas une interdiction de paiement. Mais comme à défaut de paiement, on ne peut plus être poursuivi, autant prendre les devants. Une solution peut pourtant être trouvée dans les relations interbancaires qui elles non plus ne sont pas complètement sereines.

Les opérations de crédit

Les opérations de crédit revêtent plusieurs formes comme l'ouverture de crédit qui n'est qu'une promesse et le prêt qui est une mise à disposition immédiate de fonds. Naturellement, toutes ces opérations ont un régime juridique spécifique.

Question : un prêt est-il une opération en cours pour un établissement de crédit ?
Réponse de la Cour de Cassation : non, si les fonds prêtés ont été intégralement remis avant le jugement d'ouverture[36].

Les opérations de crédit sont d'autant plus délicates qu'elles constituent le terrain par excellence de la recherche de la responsabilité de l'établissement de crédit, soit pour soutien abusif, soit pour rupture brutale. Là où les problèmes demeurent pour les déposants face à la fatale insuffisance d'actifs, c'est que l'action en responsabilité devra nécessairement être introduite avant le jugement d'ouverture qui la suspendra, contraignant les créanciers à une éventuelle production de créances en dommages-intérêts.

Crédit interbancaire

Le marché interbancaire est le lieu de refinancement de l'établissement de crédit. Il suffit que la banque y perde son crédit pour se retrouver en faillite. Les techniques de mobilisation des créances et des titres sont nombreuses :

Les opérations de financement. Comment réconcilier la législation de droit commun avec le contrat de pool dans le cadre d'une syndication ? Une partie de la solution vient de la place de l'établissement de crédit dans le pool.

Cas de défaillance de d'établissement, chef de file. Si c'est lui qui reçoit le flux de remboursements pour le distribuer au participant, sa défaillance sera catastrophique car à leur tour, les participants se retrouveront dans la situation des déposants réduits à la simple déclaration des créances en raison du principe de la fongibilité des fonds. Lorsqu'on ajoute à cela la concurrence de l'administrateur bancaire et des organes de la procédure collective, les difficultés se multiplient de manière exponentielle.

---

[36] Com. 2 mars 1993, Bull. Civ. IV n°89

Cas de l'établissement, membre du pool. Seule la qualité de sa signature déterminera pour l'administrateur bancaire ou les organes de la procédure collective pour honorer ses engagements ou non.

Contrats financiers : exemple des titres publics et de la pension livrée

Dans la CEMAC, les titres publics à souscription libre sont les Bons du Trésor Assimilables et les Obligations du Trésor Assimilables.

Article 35 du Règlement n°03/08/CEMAC/UMAC/CM relatif aux Titres publics à souscription libre émis par les Etats membres de la CEMAC :

Les Bons du Trésor Assimilables (BTA) sont des instruments financiers émis lors d'un emprunt public et représentatifs d'une créance à court terme sur l'Etat, susceptibles d'une émission de tranches complémentaires de l'emprunt initial, l'émission à venir étant assimilée à l'émission existant. Les intérêts sont précomptés à la souscription.

Les Obligations du Trésor Assimilables (OTA) sont des titres négociables émis lors d'un emprunt public représentant une créance à moyen ou long terme su l'Etat susceptibles d'une émission par tranches complémentaires de l'emprunt initial, l'émission à venir étant assimilée à l'émission existante. Les intérêts sont payables annuellement.

Le Spécialiste en Valeurs du Trésor est un établissement de crédit agréé par l'Etat émetteur pour suivre et animer le marché des titres public à souscription libre, notamment en participant aux adjudications y relatives organisées par la BEAC.

L'intérêt de ces instruments financiers est de bénéficier d'une législation dérogatoire du droit commun[37].

Article 33 : « *Lorsque le cédant d'une opération de pension livrée fait l'objet d'une procédure collective d'apurement du passif, la BEAC peut prononcer la révocation de plein droit des opérations de pension en cours* ».

Article 35 : « En cas d'ouverture d'une procédure collective d'apurement du passif, le syndic informe sans délai le CRCT, qui désigne un autre Spécialiste en Valeurs du Trésor auquel les titres de clientèle sont transférés.

---

[37] Règlement 03/08/CEMAC/UMAC/CM relatif aux Titres Publics à souscription libre émis par les Etats membres de la CEMAC ;

Les propriétaires des titres peuvent ensuite les transférer au Spécialiste en Valeurs du Trésor de leur choix..... »

Article 36 : *« Lorsqu'un Spécialiste en Valeurs du Trésor fait l'objet d'un retrait d'agrément ou de suspension par la CRCT, les titres inscrits en compte doivent être automatiquement virés à un compte tenu par un autre Spécialiste de Valeurs du Trésor, teneur de compte.*

Les propriétaires de titres peuvent ensuite les transférer au Spécialiste en Valeurs du Trésor, teneur de compte de leur choix..... »

Toutes ces dispositions dérogatoires du droit commun tendant à offrir une certaine autonomie au droit bancaire sont bien la preuve que ce dernier est une matière particulière. Pourquoi ne pas légiférer sur l'ensemble de la matière au lieu de faire des digressions homéopathiques parfois injustes ? Qu'est-ce qui justifie qu'un déposant de titres bénéficie d'une meilleure garantie qu'un déposant de fonds ?

La seule garantie du déposant de fonds, si tant est que cela en soit une, c'est l'hypothèque légale des immeubles appartenant à l'établissement de crédit, une mesure dérisoire, si on la rapporte à la valeur des immeubles à la multitude des déposants et surtout au montant de leurs avoirs. C'est une sécurité complètement illusoire.

Ce qui est frappant dans la réglementation africaine, c'est qu'elle se soit arrêtée aux portes de la faillite alors que la preuve existe sur le terrain de la mise sous perfusion d'établissements notoirement insolvables dont la fermeture relèverait du salut public. La vraie question pour les déposants aujourd'hui est celle de la responsabilité de toute une chaîne d'intervenants malgré une législation rigoureusement préventive et de plus en plus répressive. Et les moins importants de ces intervenants ne sont pas les Commissions Bancaires. En effet, l'énormité de ses pouvoirs offre de nombreuses occasions de les prendre en défaut et de relever des fautes caractérisées, non seulement dans leur mission de surveillance et de contrôle, mais également dans l'efficacité des mesures qu'elles ordonnent. Soumettre la Commission à sanction permettrait de consolider le contrôle et d'assumer les conséquences issues de ses pouvoirs. Pour l'heure, leur irresponsabilité absolue est inexplicable surtout en l'absence d'un fonds de garantie des dépôts, des titres et des cautions.

Opérations interbancaires

Un exemple célèbre de tracas en cette matière est l'affaire du virement « perdu » de la BCCI[38]

Débitrice envers une compagnie de travaux publics de la somme de 100 millions de francs français, la banque X ordonne à une banque japonaise de virer ladite somme sur le compte de la créancière à la BCCI à Abidjan. Le compte de la banque X est débité sur les livres de la banque japonaise le 2 juillet 1991, qui procède au virement. La banque japonaise et BCCI-Abidjan n'ayant aucune relation, le virement transite par plusieurs établissements (virement Swift). En date du 5 juillet, la banque japonaise sollicite une banque française pour transmettre les fonds à BCCI-Paris, succursale de BCCI-Caymans de personnalité morale différente de BCCI-Abidjan. BCCI-Paris n'étant pas adhérente au même système de compensation, la banque française requiert le relais d'une banque anglaise où BCCI-Paris est titulaire d'un compte. Les sommes dont enfin portées au crédit de BCCI-Paris dans les livres de la banque anglaise le 5 juillet vers 15h30. Simplement la veille, BCCI-Paris avait été placée sous administration provisoire par la Commission Bancaire et le lendemain, 5 juillet donc, l'administrateur judiciaire ferme les guichets de la banque. Malgré cela, BCCI-Paris crédite le compte de BCCI-Abidjan dans ses livres. Mais les 16 et 31 juillet, BCCI-Abidjan indique à Paris que faute d'identification correcte du bénéficiaire, elle ne peut effectuer le virement. Résultat, la banque X a réglé la compagnie des travaux, l'administrateur provisoire a confisqué les fonds perçus avant la fermeture des guichets et BCCI a été placé en redressement judiciaire le 23 juillet par le Tribunal de Commerce de Paris. La banque X a déclaré sa créance et réclamé son argent au juge-commissaire qui a refusé. Les juridictions saisies l'ont conforté dans cette attitude en considérant que la restitution avait pour objet le paiement d'une somme antérieure au jugement de redressement judiciaire en France, ce qui es effectivement interdit mais dans ce cas, sévère. Cette décision a contribué à l'évolution des réglementations européenne et française. D'où l'importance du rôle des chambres et des mécanismes de compensation.

[38] Péricard, « la faillite de la BCCI », Banque & Droit, hors série, avril 1996

REGLEMENT N° 15/2002/CM/UEMOA RELATIF AUX SYSTEMES DE PAIEMENT DANS LES ETATS MEMBRES DE L'UNION ECONOMIQUE ET MONETAIRE OUEST AFRICAINE (UEMOA)

Article 6 : « Nonobstant toute disposition contraire, les ordres de transfert introduits dans un système de paiements interbancaires conformément aux règles de fonctionnement dudit système, sont opposables aux tiers et à la masse et ne peuvent être annulés jusqu'à l'expiration du jour où est rendu le jugement d'ouverture d'une procédure de redressement judiciaire ou de liquidation des biens à l'encontre d'un participant, même au motif qu'est intervenu ce jugement.

Ces dispositions sont également applicables aux ordres de transfert devenus irrévocables. Le moment auquel un ordre de transfert devient irrévocable dans le système est défini par les règles de fonctionnement dudit système ».

Article 7 : « Nonobstant toute disposition contraire, la compensation effectuée en chambre de compensation ou à un Point d'Accès à la Compensation dans le respect des règles de fonctionnement du système de paiement interbancaire concerné, est opposable aux tiers et à la masse et ne peut être annulée au seul motif que serait rendu un jugement d'ouverture d'une procédure de redressement judiciaire ou de liquidation des biens à l'encontre d'un participant au dit système ».

Ce sont des dispositions encourageantes, encore faut-il que les banques appartiennent à des systèmes soumis à ce droit, en l'occurrence, celui de l'UEMOA.

Il est clair que les règles de compensation bilatérale ne suffisent à asseoir une garantie de réussite et de fluidité aux opérations de transfert de fonds. Seule une compensation multilatérale créant des liens forts entre les nombreux systèmes de paiement peut y parvenir en mettant en place et en renforçant le « global netting ».

Toutes ces dispositions dérogatoires du droit commun tendant à offrir une certaine autonomie au droit bancaire sont bien la preuve que ce dernier est une matière particulière. Pourquoi ne pas légiférer sur l'ensemble de la matière au lieu de faire des digressions homéopathiques parfois injustes ? Qu'est-ce qui justifie qu'un déposant de titres bénéficie d'une meilleure garantie qu'un déposant de fonds ?

La seule garantie du déposant de fonds, si tant est que cela en soit une, c'est l'hypothèque légale des immeubles appartenant à l'établissement de crédit, une mesure dérisoire, si on la rapporte à la valeur des immeubles à la multitude des déposants et surtout au montant de leurs avoirs. C'est une sécurité complètement illusoire.

Ce qui est frappant dans la réglementation africaine, c'est qu'elle se soit arrêtée aux portes de la faillite alors que la preuve existe sur le terrain de la mise sous perfusion d'établissements notoirement insolvables dont la fermeture relèverait du salut public. La vraie question pour les déposants aujourd'hui est celle de la responsabilité de toute une chaîne d'intervenants malgré une législation rigoureusement préventive et de plus en plus répressive. Et les moins importants de ces intervenants ne sont pas les Commissions Bancaires. En effet, l'énormité de ses pouvoirs offre de nombreuses occasions de les prendre en défaut et de relever des fautes caractérisées, non seulement dans leur mission de surveillance et de contrôle, mais également dans l'efficacité des mesures qu'elles ordonnent. Soumettre la Commission à sanction permettrait de consolider le contrôle et d'assumer les conséquences issues de ses pouvoirs. Pour l'heure, leur irresponsabilité absolue est inexplicable surtout en l'absence d'un fonds de garantie des dépôts, des titres et des cautions.

Car le problème n'est pas tant la décision prise que le temps pris pour la prendre. Pourquoi faut-il attendre deux ans entre une injonction et une mise sous administration provisoire dans le faux espoir d'un redressement alors qu'il est établi que la gestion sanctionnée n'en connaît pas le chemin et que l'intervalle ne sert qu'à creuser les pertes déjà colossales de l'établissement de crédit ? Si la lenteur administrative n'est pas la cause de la catastrophe, elle contribue incontestablement à l'aggraver avec en prime une incertitude absolue sur le sort des dépôts.

II. L'évaluation de l'administration provisoire

L'évaluation de l'administration provisoire est une question sensible car l'institution elle-même n'obéit à aucune règle et suscite un certain nombre d'observations.

- Au niveau du recrutement

Alors que la direction d'un établissement de crédit est subordonnée à la délivrance d'un agrément, la logique voudrait que l'administration provisoire qui hérite de cette fonction soit soumise à la même formalité donc aux mêmes critères d'admission.

- Au niveau de la fin de l'administration provisoire

Le manque de rigueur législative sur la sortie de l'administration provisoire laisse le champ à un espace qui peut se révéler redoutable pour le repreneur en cas de réussite de la restructuration, laquelle ne doit généralement pas grand-chose à l'administrateur provisoire. Entre le moment où intervient l'avis conforme de la COBAC et la délivrance effective de l'agrément de la nouvelle équipe par le Ministère des Finances, il s'écoule un temps qui ne lustre pas les comptes de l'établissement malade. Car, la performance économique de l'administration provisoire reste toujours à démontrer, qui consiste généralement en la continuation d'une exploitation déficitaire. Cette prolongation perdurant jusqu'à l'installation de la nouvelle équipe que l'administrateur provisoire n'est pas pressé de rencontrer, on comprend l'urgence de l'intervention législative sur cette question.

Exemple :
DECISION COBAC D-2010/127 PORTANT PROROGATION DU MANDAT DE MADAME IDA DJODJU ENCHEI EN QUALITE DE MANDATAIRE DE LA COBAC A FIRST TRUST SAVING S AND LOAN AU SENS DE L'ARTICLE 63 DU REGLEMENT N°01/02/CEMAC/COBAC RELATIF AUX CONDITIONS D'EXERCICE ET DE CONTROLE DE L'ACTIVITE DE MICROFINANCE DANS LA CEMAC

La Commission Bancaire de l'Afrique Centrale ;

Vu le Traité instituant la Communauté Economique et Monétaire de l'Afrique Centrale (CEMAC) et les autres Traités et textes communautaires pertinents, dont la Convention régissant l'Union Monétaire de l'Afrique Centrale (UMAC) ;

Vu la Convention de coopération monétaire du 22 novembre 1972 ;

Vu la Convention du 16 octobre 1990 portant dréation de lma Commission Bancaire de l'Afrique Centrale ;

Vu la Convention du 17 janvier 1992 portant Harmonisation de la Réglementation Bancaire dans les Etats de l'Afrique Centrale ;

Vu le Règlement N°01/02/CEMAC/COBAC relatif aux conditions d'exercice et de contrôle de l'activité de microfinance dans la Communauté Economique et Monétaire de l'Afrique Centrale ;

Vu la décision COBAC D-2008/03 du 27 mars 2008 portant nomination de Madame Ida DJODJU ENCHEI en qualité de mandataire de la COBAC à First Trust Savings and Loan au sens de l'article 63 du Règlement N°01/02/CEMAC/COBAC relatif aux conditions d'exercice et de contrôle de l'activité de microfinance dans la CEMAC ainsi que les décisions de prorogation subséquentes ;

Vu les autres pièces du dossier ;

Considérant que la désignation de Madame Ida DJODJU ENCHEI en qualité de mandataire de la la COBAC à First Trust Savings and Loan au sens de l'article 63 du Règlement N°01/02/CEMAC/COBAC opère suspension des organes sociaux en l'occurrence, le Conseil d'Administration et la Direction générale ;

Considérant que la Commission Bancaire, réunie en sa session ordinaire le 15 avril 2010 à Ndjaména, prenant acte de la libération du quart du montant du capital souscrit dans le cadre de la recapitalisation de FTSL a autorisé son passage de la 1ère à la 2ème catégorie ;

Considérant que l'achèvement de la restructuration de First Trust Savings and Loan est tributaire des agréments des nouveaux dirigeants par l'Autorité Monétaire Nationale et de la mise en place des organes sociaux ;

Que l'administrateur provisoire a transmis à l'Autorité Monétaire Nationale le 5 mai 2010 les dossiers de demande d'agrément des nouveaux dirigeants de l'établissement et que ces dossiers sont en cours d'instruction à la COBAC pour la délivrance de l'avis conforme ;

Que les diligences résiduelles sus mentionnées n'étant pas réalisées, Madame Ida DJODJU ENCHEI a poursuivi l'exécution de son mandat dans les termes de ladite décision COBAC D-2008/03 du 27 mars 2008 afin de conduire ladite restructuration à son terme ;

Considérant que pour régulariser la situation juridique et achever les diligences résiduelles sus mentionnées, il y a lieu de confirmer le maintien de l'établissement sous le régime de l'article 63 du Règlement N°01/02/CEMAC/COBAC relatif aux conditions d'exercice et de contrôle de l'activité de microfinance dans la CEMAC ;

Qu'en conséquence, il y a lieu de proroger la durée de la mission du mandataire de la COBAC jusqu'à la date de délivrance de l'avis conforme de la COBAC à la demande d'agrément des nouveaux dirigeants de FTSL ;

Considérant le bien fondé des motifs invoqués

DECIDE

Article 1 : Le mandat de Madame Ida DJODJU ENCHEI en qualité de Mandataire de la COBAC auprès de l'établissement de microfinance First Trust Savings and Loan (FTSL) au sens de l'article 63 du Règlement N°01/02/CEMAC/COBAC est prorogé jusqu'à la date de délivrance de l'avis conforme de la COBAC à la demande d'agrément des nouveaux dirigeants de FTSL ;

Article 2 : La mission du mandataire consiste notamment à poursuivre la gestion courante jusqu'à la mise en place des nouveaux organes sociaux de FTSL ;

Article 3 : Le Secrétaire Général d la Commission Bancaire est chargé de la notification de la présente décision à Madame Ida DJODHU ENCHEI au siège de First Trust Savings and Loan et à l'Autorité Monétaire du Cameroun avec ampliation à la Direction Nationale de la Banque des Etats de l'Afrique Centrale ;

Ainsi fait et décidé à Yaoundé le 20 juillet 2010. Etant présents :

Monsieur Lucas ABACHA NCHAMA, Président ; MM. Stéphane REZETTE ; Francis-Mathieu NGANAWARA, Jean-Paul CAILLOT, Jean-Baptiste NOLO ALLINI, Maurice BLADE, Louis ALEKA-RYBERT, Herminio ABESO NCARA, Salomon MEKE, Jean-Claude NGAMBOU et Madame Agnès MANDENG, membres.

Pour la Commission Bancaire

Le Président

Lucas ABACHA NCHAMA

Titre 2

Pistes de réflexion

Il est recommandé pour la santé, la crédibilité et l'efficacité du système bancaire en Afrique francophone que soient prises les mesures suivantes :

- la mise en place d'un corporate governance ;
- l'instauration d'une réglementation spécifique des établissements de crédit en difficulté ;
- la réforme des Commissions Bancaires en leur conférant une autonomie et une responsabilité qui correspondant à la réalité de leurs pouvoirs ;
- la création d'un Fonds de garantie des dépôts, des titres et des cautions pour assurer une protection minimale aux avoirs des déposants.

Chapitre 1

L'impératif de bonne gouvernance

Toutes ces considérations rappellent donc la nécessité de l'instauration d'une gouvernance d'entreprise qui en matière de banque *« se réfère à la manière dont le conseil d'administration et la direction générale conduisent les opérations et les autres activités, elle se reflète ainsi dans la façon dont ils :*

- *fixent les objectifs de la banque ;*
- *mènent au quotidien l'activité de la banque*
- *s'acquittent de leur obligation de rendre compte aux actionnaires et prennent en considération les intérêts des autres parties prenantes ;*
- *répondent aux attentes, dans leurs activités et leur comportement, en opérant de manière sûre et saine dans le respect des lois et règlements applicables ;*
- *protègent les intérêts des déposants »*[39].

Concrètement, comment cela devrait-il se traduire ?

1. **Par la définition par le conseil d'administration de la stratégie de la banque, la communication à toute l'organisation bancaire des objectifs de l'entreprise et de ses valeurs de référence.**

La ligne de conduite professionnelle et les valeurs de la banque doit être communiquée à tout l'établissement pour instaurer une culture d'entreprise. Les normes déontologiques gagneraient à être codifiées et respectées par le conseil d'administration et la direction eux-mêmes dans l'intérêt de la banque. Ces normes doivent affronter les problèmes délicats tels que la corruption, les transactions personnelles ou tout comportement douteux. Il s'agit donc d'une politique de promotion de l'intégrité.

2. Par la répartition et le respect des attributions des responsabilités à chaque échelle de l'organisation

Une définition nette sépare les attributions du conseil d'administration et les responsabilités de la direction générale pour éviter les ambiguïtés

[11] Comité de Bâle sur le contrôle bancaire : Renforcement de la gouvernance d'entreprise dans les établissements bancaires, février 2006, P.4

génératrices de confusion et de retards. Normalement, la direction générale travaille sous la vigilance du conseil d'administration qui veille à la conformité des politiques convenues. La délégation des tâches par la direction générale facilite l'exercice des responsabilités et n'en empêche pas le contrôle.

Ce principe est également valable dans le cadre d'un groupe

3. Par le contrôle de la qualification des membres du conseil d'administration et la présence d'administrateurs indépendants

Les administrateurs remplissent une fonction de surveillance qui requiert une aptitude particulière à un jugement efficient sur les activités de la banque. En effet, l'approbation ou la sanction de la politique de crédit ou celle de gestion des risques requièrent une expertise idoine. Aussi faut-il comprendre le cadre réglementaire, s'assurer de la qualité des relations entre la banque et les autorités de tutelle et de contrôle. Il est recommandé de parfaire cette expertise par des sessions de formation spécifique.

Dans sa composition, la présence d'administrateurs indépendants est un gage de vigilance contre les actes déviants ou l'influence d'un actionnaire important, néfastes pour les intérêts de la banque.

4. Par la transparence

La transparence est un élément déterminant de la pertinence de la bonne gouvernance en ce qu'elle permet d'apprécier effectivement la responsabilité du conseil d'administration et de la direction générale. Pour ce faire, il est souhaitable que le conseil d'administration s'astreigne à formaliser ses travaux. Cela éviterait la perplexité des actionnaires et du public généralement peu convaincus de la qualité du déroulement et fonctionnement du conseil d'administration. Il est vrai que la découverte de scandales financiers renforce cette défiance.

L'un des piliers de ce devoir de transparence est le respect des procédures par les dirigeants, notamment par ceux qui cumulent les fonctions de direction générale et de président du conseil d'administration. Pour cela, il faut séparer les fonctions exécutives et les fonctions de contrôle.

La transparence de l'information comptable consolidée est également une nécessité qui incombe au commissaire aux comptes. Cette information est vitale en raison, notamment, de leur activité de collecte de dépôts de détail et de leur appartenance des banques aux systèmes de paiement.

Pour donner des assurances sur leur sécurité et leur solidité, les établissements de crédit devraient communiquer sur :

- la structure de l'actionnariat avec la définition du rôle de l'Etat dans la gouvernance en cas de participation publique au capital
- la structure du conseil
- la composition de la direction générale
- l'organigramme
- les principes déontologiques
- les incitations financières
- Possibilité de consultation des états financiers
- la politique de la banque en cas de conflit d'intérêts
- la vérification de la surveillance de la direction générale et de la qualité des fonctions d'audit.

Un exemple de défaillance d'un comité d'audit nous est offert par les détournements de fonds annoncés au Bureau Extérieur Parisien de la BEAC. 15 milliards de francs CFA volatilisés durant la période 2000-2008 sous la forme de 1754 chèques frauduleux.[40] Pourtant, la Banque centrale dispose d'un comité d'audit dont la composition, les missions et le fonctionnement sont prévus en ces termes statutaires :

Article 64[41] *: il est institué au sein du système de contrôle de la Banque Centrale un Comité d'Audit.*

Le Comité d'Audit est composé de cinq (5) membres :

- quatre Administrateurs, à raison d'un Administrateur par État membre non représenté au collège des censeurs, désigné à la majorité simple par le Conseil d'Administration. En cas d'empêchement, l'Administrateur est remplacé par son suppléant ;

- une personnalité extérieure, désignée à la majorité simple par le Conseil d'Administration pour ses compétences en matière d'audit, sur une liste de cinq (5) candidats proposés par le Gouvernement de la Banque Centrale, pour un mandat de trois (3) ans renouvelable une (1) fois. Un suppléant est désigné dans les mêmes conditions.

La Présidence du Comité d'Audit est assurée par un Administrateur membre désigné par le Conseil d'Administration.

Le Collège des Censeurs assiste aux travaux du Comité d'Audit avec voix consultative.

Le Comité d'Audit assiste le Conseil d'Administration de la Banque Centrale et a tous pouvoirs d'investigation et de proposition à cette fin. Il

---

[40] www.jeuneafrique.com.n°2540

[41] Statuts de la BEAC

contrôle la fiabilité des états financiers, l'exhaustivité de l'information financière et le fonctionnement des organes de contrôle. A ce titre, il doit notamment vérifier la clarté des informations fournies et porter une appréciation sur la pertinence des méthodes comptables, la qualité du contrôle interne notamment la cohérence des systèmes de mesure, de surveillance et de maîtrise des risques.

Article 66 : Le Comité d'Audit se réunit au moins deux (2) fois par an. Il remet un rapport au Conseil d'Administration à l'issue de chaque réunion.
Le Règlement intérieur du Comité d'Audit est adopté par le Conseil d'Administration.
Les indemnités allouées aux membres du Comité d'Audit sont fixées par le Conseil d'Administration.

REGLEMENT INTERIEUR DU COMITE D'AUDIT DE LA BEAC
Le Conseil d'Administration de la Banque des Etats de l'Afrique Centrale,
Vu le Traité instituant la Communauté Economique et Monétaire de l'Afrique Centrale ;
Vu la Convention régissant l'Union Monétaire de l'Afrique Centrale ;
Vu la Convention régissant l'Union Economique de l'Afrique Centrale ;
Vu la décision du Conseil d'Administration en date du 14 mars 2002 instituant un Comité d'Audit à la BEAC ;
Vu les Statuts de la Banque Centrale ;
Après en avoir délibéré lors de sa séance du 23 septembre 2007 ;

Adopte le Règlement Intérieur dont la teneur suit :

CHAPITRE 1er : MISSIONS, COMPOSITION, PRESIDENCE ET MOYENS DU COMITE D'AUDIT

Article 1 : Mission – Composition – Présidence

Les missions, la composition et la présidence du Comité d'Audit sont précisées par les Statuts de la BEAC.

Article 2 : Moyens

Dans le cadre de sa mission, le Comité d'Audit peut :

-diligenter des investigations de toute nature au sein de la Banque ;
- solliciter, après accord du Conseil d'Administration sur les modalités, un conseil extérieur, des comptables ou tout autre expert pouvant le

conseiller ou l'assister dans la conduite de ses investigations ;
- demander l'appui de la Direction Générale du Contrôle Général après accord du Gouverneur.

CHAPITRE 2 : REUNIONS DU COMITE D'AUDIT

Article 3 : Périodicité des réunions – Appui de la Banque

Le Comité d'Audit se réunit comme défini à l'article 62 des Statuts de la Banque Centrale.

Le Comité d'Audit peut se réunir en session extraordinaire aussi souvent que nécessaire à l'initiative de trois de ses membres ou du Conseil d'Administration.

La Banque Centrale prête son appui à l'organisation des réunions du Comité d'Audit.

Le Comité d'Audit peut demander la participation à ses réunions de toute personne interne, après accord du Gouverneur, ou externe à la BEAC, en vue d'apporter un éclairage technique sur tout point de l'ordre du jour.

Article 4 : Secret des délibérations

Les délibérations du Comité d'Audit sont confidentielles. Toutes les personnes qui assistent aux réunions du Comité sont tenues de garder le secret des délibérations. Tous les documents établis ou reproduits par les services de la Banque Centrale ou les autres organes de contrôle ne peuvent être reproduits ou communiqués à quiconque. De même, toutes les informations dont les membres du Comité ou toutes autres personnes participant aux réunions ont eu connaissance ne peuvent être divulguées.

Cette obligation de secret ne s'applique pas à la communication d'informations au Conseil d'Administration.

Sans préjudice des autres conséquences de droit, le Comité d'Audit peut, en cas de violation de l'obligation de secret prévue au présent article, prononcer la suspension ou l'exclusion des réunions du Comité d'Audit de l'intéressé et, le cas échéant, proposer au Conseil d'Administration le retrait de la qualité de membre du Comité d'Audit.

Article 5 : Rapports du comité d'Audit

A l'issue de chacune de ses réunions, le Comité d'Audit présente les conclusions de ses travaux au Gouvernement de la Banque Centrale afin de requérir son avis et ses réserves éventuelles. Les réserves n'ayant pas donné lieu à modification du rapport sont annexées audit rapport. Le rapport, signé par tous les membres du Comité d'Audit, est adressé et présenté au Conseil d'Administration par le Comité d'Audit

CHAPITRE 3 : DISPOSITIONS DIVERSES ET FINALES

Article 6 : Indemnités

Les membres du Comité d'Audit perçoivent des indemnités de session dont le montant est fixé par le Conseil d'Administration.

Article 7 : Entrée en vigueur – Révision – Interprétation

Le Conseil d'Administration connaît de toute difficulté d'interprétation et d'application du présent Règlement Intérieur. Il est seul compétent pour le modifier.

Le présent Règlement Intérieur entre en vigueur dès son adoption par le Conseil d'Administration.

Il s'agit de comprendre l'impact de la gouvernance sur le profil de risque. Il revient donc aux autorités de contrôle non seulement d'évaluer les politiques et les procédures mais également de s'assurer de leur mise en pratique et de l'existence de contre-pouvoirs. Ainsi l'installation et l'exercice effectif d'un audit interne et externe procédant en toute indépendance devraient permettre un examen exhaustif et sans concession des normes de gestion.

Il peut être établi un processus régulier de surveillance prudentielle consistant dans des rencontres avec les administrateurs, les réunions avec les auditeurs, les responsables de la gestion des risques, etc.

Chapitre 2

Le traitement spécifique des établissements de crédit en difficulté

Le traitement des établissements de crédit ne peut pas se satisfaire de mesures d'assainissement non contraignantes. Après les mises en garde, recommandations et autres injonctions sans suites positives, la banque se retrouve sous administration provisoire sans davantage de perspectives pour son redressement. Selon notre analyse, les autorités doivent porter l'effort de réglementation sur deux points : la définition de la cessation des paiements et la liquidation des établissements de crédit

Le passé nous a offert de nombreux exemples de faillites bancaires et dans un monde de plus en plus universel et financiarisé, le minimum est de se moderniser. Les procédures collectives de droit commun ne sont pas cohérentes avec l'importance de des autorités nationales et des superviseurs bancaires ou même de l'Etat. Aussi faut-il sacrifier aux réformes accompagnatrices de l'évolution souhaitée, c'est-à-dire la réorganisation des commissions bancaires et l'encadrement législatif de la restructuration.

Section 1. La réforme des organes de traitement des difficultés

La complexité de la nature juridique des commissions bancaires africaines confine à la confusion. Présentées comme des organes de l'UEMOA et de l'UMAC, elles ne correspondent à aucune nature juridique connue. Ce sont des greffons des Banques Centrales au pouvoir tentaculaire, d'une autorité verticale, qui n'ont aucune indépendance et dont la structure n'est pas toujours compréhensible.

I. Pour la reconnaissance de la personnalité morale aux Commissions bancaires et la consécration légale du Secrétaire Général

Les commissions bancaires sont structurellement adossées aux Banques Centrales qui les fournissent en moyens financiers et en personnel. Elles sont dépourvues de la personnalité morale et peuvent même se constituer parties civiles dans certaines procédures sans répondre aux préalables procéduraux fondamentaux.

Questions : de quelle autorité relève par exemple la défense devant les juridictions civiles ou pénales et à tous les stades de la procédure ? Quelle est la composition de la Commission en tant que juridiction avec pour contrainte le respect des règles essentielles de procédure : principe du contradictoire, impartialité, neutralité, égalité des armes ?

Le Secrétaire Général est la cheville ouvrière de la COBAC ainsi que l'attestent son organigramme et le rapport d'activité de la Commission. Pourtant, sa fonction n'est pas légalement reconnue. Dans l'UEMOA où une place lui est faite aux réunions, il y participe avec voix consultative alors qu'il mériterait une voix délibérative.

Organigramme du Secrétariat Général de la COBAC
Secrétaire Général
Coordonnateur
Secrétariat du Secrétaire Général
Secrétaire Général Adjoint
Secrétariat du Secrétaire Général Adjoint
Conseiller du Secrétaire Général
Secrétariat du Conseiller du Secrétaire Général
Département de l'Inspection Bancaire
Chef de Département
Chefs de mission
Adjoint au Chef de mission
Inspecteurs
Département du Contrôle Permanent
Chef de Département
Chef du service du contrôle permanent I (Congo et Gabon)
Chef du service contrôle permanent II (RCA, Tchad et Guinée E.)
Chef du service du contrôle permanent III (Cameroun)
Agents
Département de la Réglementation et des Etudes
Chef de Département
Chef du service des études et statistiques bancaires
Chef du service de la réglementation
Chef de service des relations internationales
Agents
Département de la Microfinance
Chef de Département
Adjoint au Chef de Département
Chefs de service du contrôle sur pièces
Agents

Département Administratif et Juridique
Chef de Département
Chef du service études juridiques, réglementation et gestion budgétaire
Chef du service affaires juridictionnelles et questions administratives
Agents
Cellule informatique
Chef de Service
Agents

Il serait indiqué de lui reconnaître ses pouvoirs et de lui accorder une autonomie financière qui lui permettent d'assurer son autorité et sa fiabilité dans la défense des intérêts des déposants.

II. Pour une restriction efficace de ses pouvoirs

Pour mieux en appréhender l'intérêt, il faut présenter l'organisation actuelle des autorités, qui souligne une phénoménale concentration des pouvoirs entre les mains des Commissions Bancaires.

Dans la zone UMOA, le pouvoir réglementaire est réparti entre le Conseil des Ministres de l'Union, les autorités nationales monétaires et la BCEAO. La commission bancaire émet l'avis conforme pour la délivrance de l'agrément et assure la charge du contrôle bancaire et des punitions. Au contraire, la COBAC détient des pouvoirs qui dans des Etats de droit sont séparés. Elle a :

- un pouvoir réglementaire, en ce qu'elle fixe les règles destinées à assurer et à contrôler la liquidité et la solvabilité des établissements de crédit et l'équilibre de leur structure financière ; elle définit les plan et procédures comptables applicables aux établissements de crédit et prescrivent les ratios prudentiels, elles déterminent la liste, la teneur et les délais de transmission des documents et informations qu'elle attend ;
- un pouvoir de contrôle et de surveillance des conditions d'exploitation des établissements de crédit et de respect des règles déontologiques ;
- un pouvoir juridictionnel qui conduit au prononcé de sanctions disciplinaires
- un pouvoir d'interprétation de ses propres textes et actes

Le résultat de cet exercice solitaire, c'est de favoriser l'isolement de la commission bancaire dans une bulle qui ne facilite ni l'écoute ni la concertation. La preuve en est rapportée par la prise de mesures qui ne figurent pas dans son dispositif préventif telle que la recommandation ou dans la médication législative comme la nomination d'un mandataire. En effet, la recommandation ne figure pas dans le panel des mesures prévues par le texte. A moins d'y remédier, la COBAC n'a pas pour l'heure le droit de faire une recommandation à un établissement de crédit comme mentionné dans son rapport.

La Commission Bancaire a formulé des recommandations au vu de la situation préoccupante de deux établissements de crédit. Ces recommandations impliquaient les Autorités des pays où sont implantées les banques concernées.
La situation de la première banque était marquée par l'amenuisement de ses activités et le déficit préoccupant de son exploitation. Ainsi, la COBAC a invité l'Autorité Monétaire du pays à porter une attention particulière sur la situation de la banque.

S'agissant du second établissement, l'Organe de Supervision bancaire a demandé à la Direction Générale de l'établissement de communiquer à son Secrétariat Général et en accord avec l'Autorité Monétaire concernée, un plan de restructuration dont les grands axes ont été définis. A cet effet, les actionnaires de la banque ont été enjoints à ouvrir le capital social à des investisseurs crédibles et expérimentés dans un délai déterminé ».

Si une mise en garde sanctionne le manquement à une règle de bonne conduite, la réglementation ne détermine pas la faute qui conduit à une injonction. L'injonction a un caractère obligatoire en ce qu'elle consiste en un ordre de prendre dans un délai déterminé des mesures destinées à rétablir, à renforcer son équilibre financier ou à corriger ses méthodes de gestion. La recommandation devrait donc être une mesure intermédiaire entre la mise en garde et l'injonction.

En outre, il serait plus efficace d'appeler les choses par leur nom, d'utiliser les termes prévus par sa propre réglementation et d'éviter des prendre des libertés nocives pour le redressement de l'établissement de crédit en souffrance.

Exemple : l'affaire FSTL

La Commission Bancaire de l'Afrique Centrale réunie en session ordinaire le 27 mars 2008 à Douala ;
Vu le Traité instituant la Communauté Economique et Monétaire de l'Afrique Centrale (CEMAC) du 16 mars 1994 et son Additif en date du 5 juillet 1996 ;

Vu les dispositions de la Convention régissant l'Union Monétaire de l'Afrique Centrale (UMAC) ;
Vu la Convention de coopération monétaire du 22 novembre 1972 ;
Vu la Convention du 16 octobre1990 portant création de la Commission Bancaire de l'Afrique Centrale ;
Vu la Convention du 17 janvier 1992 portant Harmonisation de la Réglementation Bancaire dans les Etats de l'Afrique Centrale ;
Vu le Règlement n°01/02/CEMAC/UMAC/COBAC COBAC EMF 2002/03 et EMF 2002/04 relatif aux Conditions de Contrôle et d'Exercice de l'activité de Microfinance dans la CEMAC ;
Vu l'Acte Uniforme OHADA relatif au droit des sociétés commerciales et du groupement d'intérêt économique (AUSCGIE) ;
Vu les Règlements COBAC EMF 2002/01 à 21 sur les normes prudentielles des EMF ;
Vu l'arrêté n°00612/MINEFI du 20 novembre 2001 de First Trust Savings and Loan (FTSL en abrégé) en qualité de société coopérative d'épargne et de crédit ;
Vu la notification par lettre du Ministre de l'Economie et des Finances N°00950/MINEFI/SG/DGTCFM/DCFMA/SDMF du 25 octobre 2005 de l'agrément de FTSL en qualité d'établissement de microfinance (EMF) de première catégorie, de Monsieur X, en qualité de dirigeant responsable, et de Monsieur Y, en qualité de Commissaire aux comptes ;
Vu les conclusions du projet de rapport de la vérification qui a été transmis par lettre COB/224/DIB/JM du 10 mars 2008 à l'établissement ;
Vu le contenu des réponses de l'établissement à ce projet de rapport ;
Vu les autres pièces du dossier ;

Considérant les différents Règlements COBAC relatifs aux normes prudentielles applicables aux EMF en vigueur ;

Considérant qu'en application de l'article 4 Règlement n°01/02/CEMAC/UMC/COBAC relatif aux Conditions d'Exercice et de Contrôle de l'Activité de Microfinance dans la Communauté Economique et Monétaire de l'Afrique Centrale, les dirigeants des établissements de crédit doivent se soumettre aux normes de gestion ;
Considérant que la COBAC a diligenté une mission de contrôle au sein de FTSL du 03 au 19 décembre 2007 et du 07 au 09 janvier 2008 et que les investigations réalisées en vue d'évaluer la situation financière de l'établissement ont mis en exergue diverses anomalies au regard de la réglementation des établissements de micro finance :
I. Une situation financière fortement dégradée…

Le rapport de vérification de FTSL révèle que la situation financière de l'établissement est fortement dégradée. Parmi les normes prudentielles, seule celle relative à la liquidité paraît observée : elle est évaluée à 103 % pour un minimum réglementaire de 100 %. Aucune des normes de solvabilité n'est honorée.
En effet, les fonds propres nets ressortent à – 2 811 MFCFA. Ils font en outre l'objet d'une correction en application de l'article 3 du Règlement COBAC EMF 2002/10 relatif aux engagements des EMF en faveur de leurs actionnaires, administrateurs, dirigeants et personnel qui stipule que « lorsqu'ils excèdent 5 % des fonds patrimoniaux ou fonds propres nets de l'établissement tels que définis par les règlements COBAC EMF 2002/03 et EMF 2002/04, les engagements portés directement ou indirectement par un établissement assujetti sur un de ses administrateurs ou dirigeants agréés, sur de ses agents, viennent en déduction du passif interne pris en compte pour la représentation du capital minimum fixé par l'article 7 du règlement du Comité Ministériel de l'UMAC relatif à l'activité de microfinance et du montant des fonds propres patrimoniaux ou des fonds propres nets déterminé conformément aux dispositions des Règlements COBAC EMF 2002/03 et EMF 2002/04susvisés ».

Après prise en compte de ces engagements qui s'élèvent à 838 M (dont 682 M portés sur la famille X), les fonds propres nets ressortent à – 3 649 M. En conséquence, le capital minimum n'est pas représenté et aucune des normes prudentielles assises sur les fonds propres n'est respectée. Il en est ainsi notamment des normes de division des risques mais aussi de la couverture des risques et de la couverture des immobilisations.

S'agissant de la couverture des risques, le Règlement COBAC EMF 2002/07 relatif à la couverture des risques stipule en son article 1er que « les EMF sont tenus de respecter en permanence un rapport minimum, dit rapport de couverture des risques, entre le montant de leurs fonds propres nets ou fonds patrimoniaux nets et celui des risques qu'ils encourent du fait de leurs opérations avec leur clientèle ». L'article 5 fixe ce rapport à un minimum de 10 %. Chez FTSL, le rapport s'établit à – 72 % au 30 septembre 2007.
En ce qui concerne la couverture des immobilisations, l'article 1er du Règlement COBAC EMF 2002/09 relatif à la couverture des immobilisations par les EMF indique que ces établissements sont tenus de respecter en permanence un rapport minimum, dit rapport de couverture des immobilisations, entre le montant de leurs ressources permanentes d'une part, et celui de leurs immobilisations corporelles d'autre part. Ce rapport minimum est fixé à l'article 4 à 100 %. Il s'élève chez FTSL à – 642 % au 30 septembre 2007.

Le besoin en ressources pour rétablir tous les ratios de solvabilité s'élève à 3 379 M, dans l'hypothèse de prise concomitante de mesures (sous forme de réduction drastique) permettant d'ajuster les engagements excédant les limites réglementaires en matière de division des risques et des engagements sur les apparentés au niveau des fonds propres résultant d'un tel rapport. Ce besoin s'établirait à 4.429 M, en cas de maintien à leurs niveaux au 30 septembre 2007, de l'encours net le plus élevé parmi les engagements sur la clientèle (234 M) et des engagements sur la famille X (682 M).

2. ...à cause principalement du non-respect de la réglementation des établissements de micro finance...

Le déséquilibre de la situation financière résulte de divers manquements à l'égard des prescriptions relatives au contrôle interne, aux normes de division des risques, à la limitation des engagements sur les apparentés et à la non-observation des prescriptions relatives à la comptabilisation et au provisionnement des créances douteuses.

2.1. Infractions relatives au contrôle interne

L'article 50 du Règlement N°01/02/CEMAC/UMAC/COBAC relatif aux Conditions d'Exercice et de Contrôle de l'Activité de Microfinance dans la Communauté Economique et Monétaire de l'Afrique Centrale stipule que « tout établissement est tenu de se doter d'un système de contrôle interne susceptible de :
- vérifier que ses opérations, son organisation et ses procédures internes sont conformes à la réglementation en vigueur, aux normes et usages professionnels et déontologiques ainsi qu'aux orientations de l'organe exécutif et délibérant ;
- vérifier le respect des limites fixées en matière de prise des risques, notamment pour les crédits accordés aux membres ou à la clientèle ainsi que les opérations avec d'autres établissements ;
- veiller à la qualité de l'information comptable et financière, e particulier aux conditions de conservation et de disponibilité de cette information ».

FTSL ne s'est pas dotée des moyens lui permettant de se conformer à cette prescription. L'inefficacité des contrôles mis en place est illustrée par l'existence de nombreux suspens dans les opérations entre agences qui nécessitent la constitution de provisions pour non-valeurs comptables à concurrence de 1 117 MFCFA.
S'agissant de la qualité du système d'information comptable et financière, FTSL utilise le progiciel comptable FLEXTRA. Acquis en 2003 auprès de la société SOFT TECH, ce logiciel serait la nouvelle version du logiciel

OVATION dont certaines banques implantées au Cameroun étaient dotées à la fin des années 1990 et qui se caractérisait déjà à l'époque par la génération de suspens inextricables conduisant à la constitution de substantielles provisions pour non-valeurs comptables.
Ce logiciel apparaît inadapté aux besoins de l'établissement ; il ne lui permet pads de produire une situation consolidée de ses comptes et son mauvais fonctionnement est à l'origine de nombreuses irrégularités décelées dans les états financiers produits (bilans et comptes de résultats notamment). Ainsi, la mission a, par exemple, été confrontée à plusieurs reprises à la présentation de relevés faisant ressortir des soldes différents pour le même compte et la même période. Aucune explication satisfaisante n'a pu être fournie à ce sujet.

2.2. Non-respect des normes de division des risques

Selon l'article 1er du Règlement COBAC EMF 2002/08 relatif à la division des risques, les établissements de microfinance sont tenus de respecter :

- un rapport minimum entre le montant de leurs fonds propres patrimoniaux ou fonds propres nets et l'ensemble des risques qu'ils encourent du fait de leurs opérations sur un même bénéficiaire
- un rapport minimum entre le montant de leurs fonds propres patrimoniaux ou fonds propres nets et l'ensemble des risques qu'ils encourent du fait de leurs opérations avec des bénéficiaires ayant reçu chacun des concours supérieurs à une certaine proportion desdits fonds propres patrimoniaux ou fonds propres nets.

Les articles 5 et 6 dudit Règlement précisent :
- d'une part, que les établissements assujettis doivent pouvoir justifier à tout moment que le montant total des risques encourus sur un même bénéficiaire n'excède pas :
- 15 % des fonds propres patrimoniaux nets pour les EMF de première catégorie. Cette limitation ne s'applique pas aux concours accordés par l'organe faîtier à ses affiliés ;
- 25 % des fonds propres nets pour les EMF de deuxième et troisième catégories ;
- et, d'autre part, que le montant total des risques encourus sur les bénéficiaires dont les engagements dépassent pour chacun d'entre eux 10 % des fonds propres nets pour les EMF des deuxième et troisième catégories n'excède pas l'octuple des fonds propres nets.
L'apparition chez FTSL de fonds propres nets négatifs aurait dû entraîner la suspension immédiate de la distribution de crédit ou, tout au moins, sous réserve d'approbation de cette démarche par la Commission Bancaire qui

aurait dû être consultée à ce sujet, de leur limitation à un montant déterminé sur la base d'un projet de reconstitution des fonds propres dans un délai raisonnable.

En considérant que les fonds propres auraient pu raisonnablement être reconstitués au niveau du capital social, la mission a considéré que tous les engagements excédant 25 M FCFA ont été octroyés en violation de la limite individuelle des risques. Vingt et un (21) dossiers dont les engagements varient de 28 à 234 M ont ainsi été recensés parmi les engagements productifs.

2.3. Transgression des limitations relatives aux engagements sur les apparentés

Les engagements sur les apparentés sont soumis à des limites fixées par le Règlement COBAC EMF 2002/10 relatif aux engagements des EMF en faveur de leurs actionnaires, administrateurs, dirigeants et personnel.

Selon l'article 2 « l'encours global des engagements nets portés directement ou indirectement par un établissement de crédit assujetti sur ses actionnaires, administrateurs, dirigeants et personnel ne pourra excéder 20 % du montant des fonds patrimoniaux ou fonds propres nets de l'établissement tels que définis par les règlements COBAC EMF 2002/03 et EMF 2002/04. Pour la première catégorie, ces engagements ne pourront excéder 30 % à condition que les bénéficiaires ne participent pas aux délibérations d'octroi des crédits ».
En prenant, ici aussi, le capital social pour base, les engagements portés ur les apparentés n'auraient pas dû excéder 20 M FCFA. Or, les engagements sur le personnel s'établissent à 112 M FCFA. En outre, les engagements sur la famille X ressortent à 682 M FCFA, dont 58 M FCFA en faveur du Directeur Général (Mr X) au mépris de l'interdiction d'octroi des crédits aux administrateurs personnes physiques inscrite à 'article 21 des statuts. Des engagements sont également portés à hauteur de 45 M sur la société SOFT TECH, SARL unipersonnelle appartenant à M. Z, Président du Conseil d'Administration de FTSL.

2.4. Non-observation des prescriptions relatives à la comptabilisation et au provisionnement des créances douteuses

Le Règlement COBAC EMF2002/18 fournit la définition des créances douteuses et indique les modalités de constitution des provisions y afférentes. La non-application de ces prescriptions par l'établissement a conduit à l'accumulation d'un important volume de créances douteuses sous-provisionnées. La mise en conformité nécessite la constitution de provisions complémentaires à concurrence de 1. 715 M.

3 ... qui s'accompagne de nombreuses anomalies administratives
La situation administrative de FTSL est émaillée de nombreuses anomalies qui se rapportent d'une part à la réglementation des établissements de microfinance et, d'autre part, au droit commun des sociétés commerciales et aux statuts de l'établissement.

3.1. Infractions relatives à la réglementation des établissements de microfinance

Créé sous le régime des sociétés coopératives et des groupes d'initiative commune, FSTL, s'est transformé en société anonyme en décembre 2004.

Le Règlement COBAC EMF 2002/17 du 15 avril 2002 relatif aux modifications de situation juridique et aux conditions de prise de participation dans les EMF soumet à l'autorisation préalable de la Commission Bancaire les modifications de situation d'un établissement de microfinance portant sur la catégorie dans laquelle l'établissement a été agréé, la forme juridique, le type d'activité pour lequel l'établissement a été agréé et le montant du capital des sociétés des deuxième et troisième catégories.

La transformation en société anonyme et la modification du capital social qui l'accompagnait auraient dû faire l'objet d'autorisations préalables accordées par la Commission Bancaire.

S'agissant de l'activité, FTSL collecte désormais l'épargne et accorde des crédits aux tiers. Or, selon l'article 3 du COBAC EMF 2002/21 du 15 avril 2002 relatif aux formes juridiques liées à chaque catégorie d'EMF, cette activité est réservée aux établissements de deuxième catégorie.
La demande d'autorisation préalable pour sa transformation en établissement de deuxième catégorie a été introduite par FTSL auprès de l'Autorité Monétaire en date du 13 avril 2005. Cette requête demeure sous instruction au Secrétariat Général de la COBAC, en raison, notamment, de la non-communication de certaines informations complémentaires sollicitées par lettre COB/370/DMF/SL du 11 mai 2006. Cette demande d'informations concerne les statuts et l'effectivité de l'augmentation du capital. Si les statuts ont été transmis par lettre du 15 juin 2006, la question de la libération du capital est demeurée sans suite.

3.2. Infractions relatives au droit commun des sociétés et aux statuts de FTSL

La transformation de FTSL en société anonyme s'est opérée conformément aux dispositions des articles 181, 182 et 265 de l'Acte Uniforme OHADA relatif au droit des sociétés commerciales et du groupement d'intérêt économique (AUSCGIE).
Mais a priori, ces dispositions de l'AUSCGIE s'appliquent aux transformations des sociétés commerciales régies par ce texte, ce qui exclut les sociétés coopératives d'épargne et de crédit. Dans ce contexte, il aurait été indiqué de procéder à la liquidation de FTSL, société coopérative d'épargne et de crédit et à la transmission de son patrimoine à FTSL, société anonyme.

Par ailleurs, l'assemblée générale des actionnaires du 13 décembre 2004 ayant décidé la transformation de l'établissement en société anonyme n'ayant pas délibéré sur les modalités de libération du surplus du capital non libéré à cette date, il appartenait au conseil d'administration de procéder à l'appel de fonds en application de l'article 389 de l'AUSCGIE et de l'article 9 des statuts. Aucune démarche n'a été entreprise en ce sens. Or, selon les dispositions précitées de l'AUSCGIE et des statuts, cette libération aurait dû intervenir dans un délai maximum de trois ans. Le délai prescrit ayant expiré, il y a lieu d'en tirer toutes les conséquences prévues à l'article 580 de l'AUSCGIE.

En outre, les articles 135 et 458 de l'AUSCGIE prescrivent que les procès-verbaux des assemblées des associés et des réunions de l'organe délibérant sont établis sur un registre spécial tenu au siège social et coté et paraphé par l'autorité judiciaire compétente. S'agissant des délibérations du conseil d'administration, cette disposition est également reprise par l'article 19 des statuts. Cependant, ces registres sont inexistants à FTSL.

Jusqu'à l'arrêté des comptes de l'exercice clos le 31 décembre 2006, le commissariat aux comptes a été assuré par Monsieur J régulièrement agréé à cet effet. L'intéressé a démissionné de cette fonction. Il a déclaré à la mission n'avoir pas été invité aux assemblées générales des actionnaires. Or, les articles 721 de l'AUSGIE et 24 des statuts stipulent que le commissaire aux comptes est obligatoirement convoqué à toutes les assemblées d'actionnaires, au plus tard lors de la convocation des actionnaires eux-mêmes, par lettre au porteur contre récépissé ou par lettre recommandée avec demande d'avis de réception.

Deux versions de la déclaration statistique et fiscale de l'exercice clos le 31 décembre 2004 ont été présentées à la mission. Selon l'une des versions, le capital social s'établit à cette date à 342 334 478 FCFA. D'après la seconde version, le capital social ressort à la même date à 82 970.000 FCFA. Dans les deux cas, les capitaux propres s'élèvent à 68 553 229 FCFA. A la clôture de l'exercice 2005, le capital social a été ramené à 72 970.000 FCFA. Les modalités par lesquelles le capital est passé de 342 334 478 FCFA à 82 970 000 FCFA puis à 72 970 000 FCFA n'ont pas été explicitées. Ce capital social est demeuré inchangé depuis lors, tandis que les capitaux propres s'établissaient à 33 351 921 FCFA fin 005 et à – 241 240 525 FCFA à la clôture de l'exercice 2006. Si l'on retient la première version pour 2004 et de manière incontestable pour 2005 et 2006, les capitaux propres s'établissent à un niveau inférieur à la moitié du capital social. Cette situation aurait dû entraîner la mise en œuvre des dispositions des articles 664 et 665 de l'AUSCGIE qui prescrivent la reconstitution des fonds propres et qui sont reprises dans les statuts de FTSL en leur article 43. Cela n'a pas été fait.

Les délibérations des assemblées générales relatives à l'approbation des résultats ne mentionnent nullement leurs montants et comportent des clauses par lesquelles il est décidé « l'affectation des résultats dudit exercice aux réserves ». Cette formulation conduit à penser que des résultats bénéficiaires sont régulièrement déclarés alors que les états certifiés font ressortir des pertes nettes. Le procès-verbal de l'assemblée générale du 12 mai 2005 ne fait d'ailleurs pas mention de la lecture du rapport du commissaire aux comptes, qui est pourtant obligatoire en cette circonstance.

Les états financiers élaborés par le commissaire aux comptes sont sujets à caution. Entre autres anomalies relevées, on peut citer :

- *l'absence de concordance d'une année à l'autre de certains chiffres reportés sur les déclarations statistiques et fiscales (DSF) ;*
- *des contradictions relatives aux bénéfices de l'établissement entre les DSF et les procès-verbaux des assemblées générales ;*
- *la non-conformité à l'article 711 de l'AUSCGIE et à l'article 24 des statuts des termes utilisés par le commissaire aux comptes pour la certification des comptes annuel.*

D'autres manquements sont relevés dans l'accomplissement du mandat du commissaire aux comptes.

Il s'agit notamment de :

- *la non-observation des diligences à l'article 715 de l'AUSCGIE qui fait obligation au commissaire aux comptes de dresser un rapport dans lequel il*

porte à la connaissance du conseil d'administration la méthodologie utilisée pour l'exécution de ses contrôles, les irrégularités et inexactitudes qu'il aurait découvertes et les modifications qui lui paraissent devoir être apportées ;
- la non-observation de l'obligation pour le commissaire aux comptes de s'assurer de la tenue effective des assemblées générales des actionnaires auxquelles il est obligatoirement convoqué, selon les prescriptions de l'article 721 de l'AUSCGIE et de l'article 24 des statuts, notamment pour l'approbation des comptes et, à défaut, d'user de a faculté qui lui offerte par l'article 516 du même acte uniforme pour convoquer celle-ci lui-même.

Lors de son entretien avec la mission de vérification, M. J a justifié l'essentiel de ces manquements par la faiblesse des moyens mis à sa disposition par la direction générale de l'établissement pour l'exercice de sa mission.

Le Président du conseil d'administration de FTSL est également le principal promoteur de la société SOFT TECH qui a fourni à FTSL le logiciel comptable et en assure la maintenance entre FTSL et SOFT TECH auraient dû être soumis au régime des conventions réglementées régies par les articles 438 et suivants de l'AUSCGIE et par l'article 21 des statuts. Ils auraient dû notamment être soumis à l'autorisation préalable du conseil d'administration et faire l'objet d'un rapport spécial du commissaire aux comptes à l'assemblée générale des actionnaires. Ces diligences n'ont pas été accomplies.

En outre, un règlement de 160 M FCFA a été effectué en juillet 2007 pour la fourniture d'une version améliorée du logiciel FLEXTRA. Cette commande ne repose sur aucun cahier de charges garantissant que la nouvelle version permettra effectivement de corriger les nombreux dysfonctionnements qui caractérisent la version actuelle. Lors de la réunion de clôture de la mission de vérification (le 09 janvier 2008), à laquelle assistait le Président du conseil d'administration, il a été indiqué que le développement de cette nouvelle version serait encore en cours et aucun calendrier de son déploiement n'a pu être fourni. La mission a ainsi été conduite à assimiler la dépense effectuée à une non-valeur comptable à inscrire parmi les créances diverses en souffrance et à recommander, dans l'attente du remboursement de cette somme, son provisionnement intégral.

Considérant que les dirigeants de FTSL ne remettent pas en cause la pertinence des constats dressés par la mission de vérification dans leur réponse susvisée ;

Qu'ils tentent cependant d'atténuer la gravité des lacunes relevées en arguant d'une méconnaissance des textes ou d'une simple fatalité ;
Qu'ils sollicitent l'indulgence de la Commission Bancaire et plaident leur bonne foi et leur ferme et réelle volonté de procéder aux corrections nécessaires pour une meilleure gestion et un redressement rapide de la situation de leur établissement ;
Considérant que la direction générale de FTSL envisage les meures suivantes pour parvenir au respect des ratios prudentiels :
1. Augmentation du capital de 1 milliard au cours de la prochaine réunion du conseil d'administration appelant à statuer sur les comptes de l'exercice 2007 et les conclusions du rapport définitif de la COBAC ;
2. Désignation de nouveaux responsables des organes sociaux (conseil d'administration et direction générale) avant la fin de l'exercice en cours ;
3. Ouverture du capital aux investisseurs nationaux ou étrangers ;
4. Réduction à 30 % maximum la part d'un individu et les personnes qui lui sont rattachées ;
5. Remboursement au plus tard au 30 juin 2008 des créances sur X et apparentés.

Que ces mesures seront renforcées par la capacité bénéficiaire de l'établissement avec des résultats prévisionnels de 430 M pour l'exercice 2008 et 700 M par an pour les exercices 2009 à 2011 ;

Que ces prévisions de rentabilité ne peuvent pas être appréciés car elles ne reposent pas sur des projections financières détaillées qui permettent d'apprécier les hypothèses sur lesquelles elles reposent ;
Considérant qu'aux termes de l'article 63 du Règlement n° L'article 50 du Règlement N°01/02/CEMAC/UMAC/COBAC relatif aux Conditions d'Exercice et de Contrôle de l'Activité de Microfinance dans la Communauté Economique et Monétaire de l'Afrique Centrale, la Commission Bancaire est habilitée à désigner un administrateur provisoire doté de toutes les attributions nécessaires à l'administration et à la direction de l'établissement ;

Que cette nomination peut intervenir notamment si la gestion ne peut plus être assurée dans des conditions normales ;

Considérant qu'il résulte de tout ce qui précède, que manifestement la gestion de First Trust Savings and Loan (FTSL en abrégé) n'est pas plus assurée dans des conditions normales et qu'il y a urgence à placer First Trust Savings and Loan sous administration provisoire ;

Considérant le bien fondé des motifs invoqués et après en avoir dûment délibéré ;

DECIDE

Article 1-L'établissement de microfinance de First Trust Savings and Loan (FTSL en abrégé) est placé sous administration provisoire.

Madame Ida DJOJJU ENCHEI est nommée en qualité de mandataire de la COBAC au sens de l'article 63 du Règlement N°01/02/CEMAC/UMAC/COBAC relatif aux Conditions d'Exercice et de Contrôle de l'Activité de Microfinance dans la CEMAC

Article 2- La mission du mandataire consiste d''une part, prendre toutes les mesures conservatoires qui s'imposent afin de préserver les intérêts des déposants, notamment de procéder au gel des avoirs des actionnaires dans l'établissement, et d'autre part à :
- poursuivre la gestion courante de l'établissement en collaboration avec le personnel actuel ;
- organiser le recouvrement des créances compromises ;
- élaborer un plan de restructuration crédible soumis à l'approbation de la COBAC en vue de rétablir la situation financière de l'établissement ;
- instaurer la bonne gouvernance au sein de l'établissement notamment en matière de distribution de crédits ;
- mettre en œuvre les mesures nécessaires à l'organisation du renouvellement des organes sociaux dans le respect des dispositions régissant le fonctionnement d'une société anonyme conformément à l'acte uniforme OHADA relatif aux sociétés commerciales et au groupement d'intérêt économique.

Article 3- Le mandataire dispose de tous les pouvoirs d'administration, de direction et de représentation de First Trust Savings and Loan.

Cette désignation père dessaisissement des organes sociaux suivants, Conseil d'administration et direction générale qui sont par conséquent suspendus pendant toute la durée des fonctions du mandataire.

Le mandataire peut déclarer la cessation des paiements.
Article 4- Le mandataire est investi des pouvoirs les plus étendus pour agir en toutes circonstances au nom de la société et dans le cadre du mandat confié par la COBAC
Il exerce ce pouvoir dans la limite de l'objet social et sous réserve de ceux que la loi attribue expressément aux assemblées d'actionnaires.

Article 5 : le mandataire assure tous les actes de gestion courants mais doit recueillir l'autorisation préalable du Président de la COBAC pour les actes de disposition.

Article 6 – La durée du mandat est de trois mois à compter de la date de notification de la présente décision à l'intéressée.

Toutefois, il peut y être mis fin à tout moment par la COBAC ou par son Président par délégation de pouvoirs.

Article 7 – Le mandataire a l'obligation de rendre compte du déroulement de sa mission à la COBAC de façon régulière. Au terme de chaque mois, il élabore et communique au Secrétariat Général de la COBAC, un rapport sur l'exécution d son cahier de charges.

Article 8- Les prestations du mandataire dont payables en francs CFA.

Il bénéficie d'un traitement mensuel fixé par le Président de la COBAC sur proposition du Secrétaire Général, en fonction des pratiques en vigueur dans ce secteur d'activité mais aussi de la nature et du volume d'activité de l'établissement ainsi que de sa situation financière.

Article 9 – Le Secrétaire Général de la Commission Bancaire est chargé de la communication de la présente décision à l'Autorité Monétaire, de sa notification au siège de First Trust Savings and Loan, et à Madame DJOJJU ENCHEI avec ampliation à la Direction Nationale de la Banque des Etats de l'Afrique Centrale.

Ainsi fait et décidé à Douala, le 27 mars 2008 étant présents :

Monsieur Philibert ANDZEMBE, Président ; MM. Herminio Edu ABESO, NCARA, Bruno CABRILLAC, Jean-Paul CAILLOT, ELUNG Paul Che, Richard LAKOE, AZIZ MAHAMAT SALEH, Jean-Baptiste NGOLO ALLINI, Maurice BLADE, Louis ALEKA-RYBERT, Isidore ONDOKI et Madame Agnès MANDENG, membres.

Pour la Commission Bancaire de l'Afrique Centrale,

Le Président,

Philibert ANDZEMBE

Faits : en octobre 2005, FTSL, une société coopérative d'épargne et de crédit est agréée comme établissement de micro finance de première catégorie, c'est-à-dire qu'elle est autorisée à procéder à la collecte de l'épargne de ses membres et de l'employer en opérations de crédit exclusivement à leur profit. Lors d'une mission de contrôle, la COBAC constate que cet établissement s'est transformé sans autorisation en société anonyme puis est entré par effraction en deuxième catégorie en distribuant des crédits aux tiers. Cet établissement de micro finance ne respecte aucune norme de gestion, sa situation financière se dégrade et affiche des pertes abyssales. Forte de ce constat, la COBAC désigne un administrateur provisoire en mars 2008 chargé de la mission décrite ci-dessus.

Sans engager un débat exhaustif sur les aspects techniques de la décision de la COBAC, nos questions porteront sur les points juridiques les plus saillants.

- Le mandataire n'est pas une institution prévue par la réglementation en vigueur. Le rôle de la COBAC est d'organiser la suppléance de la direction des établissements de crédit en cas de difficulté et non de prendre part à sa gestion.
- Au moment où la COBAC statue, c'est-à-dire en 2008, la demande d'agrément de FTSL comme établissement de deuxième catégorie est pendante et sous son instruction depuis le 13 avril 2005. La COBAC expose que cette demande est restée sans suite, faute par FTSL d'avoir communiqué des informations complémentaires, notamment l'effectivité de l'augmentation de capital depuis le 11 mars 2006, soit depuis deux ans. Pourquoi la COBAC ne tire-t-elle pas les conséquences de cette impéritie en refusant clairement l'agrément sollicité et en ordonnant l'assainissement de la structure au statu quo ante ?

Elle regrette plutôt que l'assemblée générale n'ait pas voté la dissolution de FTSL, société coopérative d'épargne et de crédit et transmis son patrimoine à FTSL, société anonyme, sauf que ce serait encourager l'illégalité en entérinant la fraude qu'elle lui reproche, d'autant que l'agrément n'est pas transmissible et que FTSL, société anonyme n'en avait pas et n'en a toujours pas.
- Procéder au gel des avoirs des actionnaires dans l'établissement est une mesure abusive qu'il est difficile de traduire juridiquement en fait.
Quelle est la définition des avoirs des actionnaires : s'agit-il de leurs parts dans le capital social, de leurs dépôts en compte ou des deux ? Comment l'administrateur provisoire s'emploie-t-il à cette mesure : est-ce par une saisie conservatoire qui chercherait son fondement juridique ; est-ce une voie de fait sous forme de confiscation par décision d'indisponibilité de

l'administrateur provisoire ou encore un séquestre ? Un séquestre serait parfaitement illégal parce que, ayant décidé de traiter FTSL comme une société anonyme, la COBAC ne peut pas obérer les droits des actionnaires contre leur gré. Et encore ne faudrait-il pas confondre actionnaires et dirigeants.

- Poursuivre la gestion courante en collaboration avec le personnel actuel équivaut à une interdiction de licenciement. Cela porte atteinte aux pouvoirs de direction légalement reconnus à l'administrateur provisoire et n'est pas compatible avec les exigences de la restructuration. Car trouver de l'argent pour un organisme qui n'en a pas, c'est d'abord faire des économies de gestion et malheureusement pour le personnel, les licenciements constituent la première mesure de restructuration de bas de bilan.

- Demander la mise en œuvre des mesures nécessaires à l'organisation du renouveau des organes sociaux dans le respect des dispositions régissant le fonctionnement des sociétés anonymes, c'est rendre légitime une infraction car l'établissement sous administration provisoire est juridiquement un établissement de micro finance de première catégorie conformément à son agrément.

- Quant à solliciter l'autorisation du Gouverneur de la BEAC pour poser un acte de disposition, elle est inadéquate et engagerait sa responsabilité en cas de préjudice de l'établissement financier. La COBAC n'a pas à s'immiscer dans la gestion de l'établissement de crédit, sauf à engager sa propre responsabilité pour faute. Son travail c'est de contrôler, surveiller et d'organiser la suppléance en nommant un administrateur provisoire ou un liquidateur.

Le résultat de cette confusion est une détérioration continue de la situation financière de l'établissement, la gestion de susceptibilités exacerbées, le manque d'objectivité face à la réalité du sinistre, des combats souterrains pour la reprise de l'établissement non fondés sur l'intérêt des déposants.

Autre problème : Le désordre concurrentiel créé par la surenchère des organes, en l'occurrence, La Commission des Marchés Financiers au Cameroun à l'échelle nationale et la Commission de Surveillance des Marchés Financiers à Brazzaville au niveau communautaire auquel se mêle la COBAC.

Cas pratique : SFA[42]

En date du 18 mai 2010, la COBAC a clos l'administration provisoire de la Société Financière Africaine, et procédé au retrait de son agrément à l'issue d'une procédure disciplinaire. Toute la difficulté est de déterminer le cadre juridique dans lequel évoluait SFA.

Selon le site, www.cbc-bank.com consulté le 12 août 2010, la société SFA créée le 15/02/2001 bénéficiait d'un agrément COBAC délivré sous le numéro D-2003/38 délivré le 15 octobre 2003. Pour faire quel métier ? Probablement comme établissement financier.

Sur le même site au rang des métiers de SFA figurent :

- Les transactions sur titres
- La création et la commercialisation des OPCVM
- L'ingénierie financière.

Ces métiers étaient apparemment exercés comme prestataires de services d'investissement agréé par la Commission des Marchés Financiers du Cameroun (CMF).

De la procédure disciplinaire entreprise contre SFA, il ressort notamment la tenue des Assemblées Générales des souscripteurs d'OPCVM selon lesquelles SFA gérait deux fonds communs de placement respectivement désignés « FCP »OBLIGATIONS PLUS » et FCP »TELECOM 2 », dont le premier détenait même un.... Fonds Commun de Créances (FCC) !

Quid alors de la Commission des Marchés Financiers née au Cameroun par décret n°2001/213 du 31 juillet 2001 et de la Commission de Surveillance et du Marché Financier de l'Afrique Centrale créée par Acte Additionnel n°03/01-CEMAC-CE du 8 décembre 2001 ?

Le *Règlement Général de la CMF, aux termes de son article 2, s'applique :« aux émetteurs faisant ou réputés avoir fait appel public à l'épargne ; aux prestataires de services d'investissement et autres personnes effectuant des prestations de services d'investissement ; à l'entreprise de marché et autres entités agissant en son nom ; aux investisseurs en produits de placement diffués dans le public* ; »

---

[42] Annexe : Procédure disciplinaire à l'encontre de la SFA

Ce règlement dispose de ses propres procédures de contrôle et de sanction.

Les activités de contrôle sont de la compétence d'inspecteurs habilités par le Collège du CMF pour :

- convoquer et entendre toute personne susceptible de lui fournir des informations ;
- accéder directement à toute information administrative, financière, fiscale, douanière ou bancaire détenue par toute administration ou structure publique ou privée installée au Cameroun ;
- accéder aux locaux à usage professionnel pour procéder à des constatations.

Le contrôle s'effectue sur pièces et sur place et donne lieu à l'établissement d'un rapport remis par son auteur à la Commission à l'opérateur incriminé. En cas de manquement, la Commission adresse une lettre recommandée avec accusé à l'intéressé qui dispose d'un délai de quinze jours à compter de la notification pour faire ses observations. La procédure subséquente est contradictoire, l'opérateur pouvant se faire assister par tout conseil de son choix.

La décision signée du Président est notifiée aux parties par lettre recommandée avec accusé de réception.

Selon l'article 113 dudit Règlement :

« Les sanctions administratives sont prononcées par le Collège statuant en matière disciplinaire.

Toutefois, en cas d'urgence et à titre conservatoire pour faire cesser des agissements particulièrement graves, le Président de la Commission peut décider de sanction à effet immédiat »

Les sanctions disciplinaires encourues sont les suivantes :

- la mise en garde ;
- l'avertissement ;
- le blâme ;
- une suspension consistant en une restriction ou une interdiction temporaire d'activité ne pouvant dépasser une année
- une interdiction partielle ou totale temporaire ou définitive d'activité

Ces sanctions nationales qualifiées d'administratives peuvent faire l'objet d'un recours devant la Chambre Administrative de la Cour Suprême du Cameroun. Si les manquements retenus prennent une coloration pénale, le procès-verbal transmis par la Commission au Procureur de la République vaut plainte de cette dernière.

Pour sa part, selon son article 2, le Règlement Général de la COSUMAF s'applique :

- au collège, aux dirigeants et au personnel de la COSUMAF ;

- aux émetteurs procédant ou ayant procédé à une opération par appel public à l'épargne ;

- aux organismes de marché ;

- aux intermédiaires de marché ;

- aux organismes de placement collectif, à leurs sociétés de gestion et à leurs dépositaires ;

- aux investisseurs en valeurs mobilières ou en tous autres produits de placement émis dans le cadre d'une opération d'appel public à l'épargne ;

- aux offres publiques de titres

- aux procédures de contrôle, d'enquête et de sanction engagées à l'encontre des personnes visées au présent article »

Où l'on retrouve le problème de la hiérarchie des normes juridiques.

Opération connexe permise aux banques et aux prestataires de services d'investissement, la gestion de patrimoine consiste à assurer la rentabilité, la régularité et la liquidité des revenus d'une personne par des placements et une gestion prudente du risque à partir d'éléments caractéristiques de son patrimoine en considération de son état civil. Dans ce cadre, les banques sont confrontées à la gestion de deux types de produits financiers : les valeurs mobilières et les titres d'Organismes de Placement Collectif en Valeurs Mobilières dits OPCVM.

Les Organismes de Placement Collectif en Valeurs Mobilières dits OPCVM relèvent du Règlement Général de la COSUMAF et recouvrent les

Sociétés d'Investissement à Capital Variable (SICAV), les Fonds Communs de Placement (FCP) et tout autre organisme agréé par la COSUMAF.

Peuvent créer des OPCVM les sociétés de gestion de portefeuille, les banques, les sociétés de bourse et toute autre personne morale habilitée à cet effet par la COSUMAF. Bien entendu, l'agrément de la COSUMAF pour la constitution d'un OPCVM.

Quant à l'article 3 dudit Règlement, il fait de la COSUMAF l('Autorité de telle, de régulation et de contrôle du Marché Financier de l'Afrique Centrale avec pour mission de veiller :
- à la protection de l'épargne investie en valeurs mobilières ;
- à l'information des investisseurs ;
- au bon fonctionnement du marché

La procédure de retrait d'agrément est décrite par l'article 251 dudit Règlement aux termes duquel :

« La COSUMAF peut procéder au retrait de l'agrément délivré à un OPCVM.
L'agrément peur être retiré à un OPCVM sur la base d'un rapport circonstancié et motivé lorsqu'une mise en garde, une mise en demeure, un avertissement ou un blâme sont restés sans effet.
La COSUMAF peut également retirer l'agrément à tout OPCVM :
- *Qui ne remplit plus les conditions sur le fondement desquelles l'agrément lui a été délivré ;*
- *Qui n'a pas fait usage de son agrément dans un délai de six mois à compter de la date de notification du dit agrément ;*
- *Qui n'exerce plus son activité depuis six mois*

Le retrait d'agrément est notifié dans les mêmes conditions que l'octroi d'agrément et entraîne la radiation de la SICAV ou du fonds commun de placement de la liste visée à l'article 265 du présent Règlement Général »

Selon les dispositions de l'Acte uniforme sur les sociétés et le groupement d'intérêt économique, les valeurs mobilières sont des titres émis par les sociétés anonymes qui confèrent des droits identiques par catégorie et donne accès directement ou indirectement à une quotité du capital de la société émettrice (actions), ou à un droit de créance général sur son patrimoine (obligations).

Les OPCVM sont des sociétés ou quasi-sociétés dont l'activité consiste à investir sur les marchés l'épargne collectée auprès de leurs porteurs de parts.

Fonctionnement. Au passif de l'OPCVM figurent les capitaux apportés par les souscriptions des porteurs. Le passif de l'OPCVM est divisé en parts détenues par les souscripteurs, qui sont donc actionnaires de l'OPCVM. Chaque souscription conduit à l'émission de nouvelles parts dont l'investisseur devient propriétaire.

Le cours de l'OPCVM s'appelle la valeur liquidative.

A l'actif de l'OPCVM figurent les instruments financiers qu'il détient. Les fonds apportés par les investisseurs sont investis sur les marchés par l'achat de diverses valeurs. L'actif de l'OPCVM est donc constitué de toutes les valeurs (actions, obligations, TCN, produits dérivés, ...) Le gestionnaire de l'OPCVM n'est pas absolument libre de ses choix d'investissement qui sont encadrés par la réglementation et par les orientations de gestion de l'OPCVM définies lors de sa création.

Catégories d'OPCVM. On distingue deux catégories d'OPCVM sur les Marchés Financiers Régionaux de l'Afrique centrale et de l'Afrique de l'Ouest:

Les Sociétés d'Investissement à Capital Variable (SICAV). Une SICAV est une société anonyme émettrice d'actions qui, sous réserve de l'autorisation de l'autorité compétente (la COSUMAF ou le CREPMF), peuvent être admises aux négociations à la Bourse des Valeurs Mobilières de leur région.

Les actions de SICAV sont intégralement libérées lors de leur émission. Elles sont obligatoirement nominatives. Les actions de SICAV sont émises sans droit préférentiel de souscription. Elles ne deviennent négociables qu'après la constitution définitive de la société. Les statuts de SICAV doivent préciser que le capital est susceptible d'augmentation résultant de l'émission d'actions nouvelles et de réduction consécutive au rachat par la société d'actions reprises aux détenteurs qui en font la demande.

Les Fonds Communs de Placement (FCP). C'est une copropriété de valeurs mobilières dépourvue de personnalité morale qui émet des parts. Le fonds commun de placement est constitué à l'initiative conjointe d'une société de gestion, chargée de sa gestion, et d'une personne morale, dépositaire des actifs du fonds. La société de gestion et le dépositaire établissent le règlement du fonds.

Les actions de SICAV et les parts du fonds commun de placement sont émises et rachetées à tout moment par la société à la demande des actionnaires. Ces émissions et rachat se font à la valeur liquidative des actions, majorée ou diminuée et selon le cas, des frais et commissions.

Gestion des OPCVM. Le principe de la séparation des fonctions entre les sociétés de gestion et les dépositaires étant en vigueur partout, on prendra pour référence la législation de la CEMAC, actuellement fournie en exemple.

Les sociétés de gestion. La gestion des OPCVM est assurée, à titre principal, par des sociétés de gestion de portefeuille, bien qu'elle puisse être à titre accessoire par les sociétés de bourse et par toute autre personne morale habilitée à cet effet. L'établissement gestionnaire d'un OPCVM a son siège social sur le territoire d'un Etat membre de la CEMAC et son capital social doit être entièrement libérée en numéraire.

Gestion de l'actif. La mission de la société de gestion est de faire les choix d'investissement et de prendre des positions sur les marchés pour fructifier les actifs qui lui sont confiés. C'est une fonction de front-office. La société de gestion est assistée dans sa démarche par des analystes financiers qui la conseillent après avoir collecté les informations et porté un jugement sur les sociétés concernées.

Gestion du passif. Elle consiste à centraliser les ordres de souscription / rachat et à tenir le compte émetteur de l'OPCVM. L'on procède ensuite à l'échange des fonds contre les parts d'OPCVM souscrites, c'est-à-dire, à une opération de règlement / livraison qui peut être faite directement chez l'émetteur de l'OPCVM.

La tenue du compte émetteur consiste dans une mise à jour permanente du nombre de parts en circulation de l'OPCVM, qui comme on l'a vu varie constamment.

Le centralisateur s'appelle dans les pays anglo-saxons, où son contenu est beaucoup plus large, "transfer agent". L'agent de transfert qui met en place une structure de support aux distributeurs d'OPCVM fait l'interface entre les fonds et les distributeurs, et tout en collectant et exécutant les ordres de souscription / rachat, tient les positions des distributeurs externes, calcule et enregistre les commissions qui leur sont dues, produit le reporting aux apporteurs d'affaires.

Les formes de gestion

Le comité de gestion. En cas de gestion personnelle d'une SICAV, un comité de gestion doit être constitué. Ce comité est chargé de coordonner les investissements et d'orienter les placements de la SICAV. Le comité de gestion est composé d'au moins deux personnes justifiant d'une expérience et d'une compétence en matière financière. La composition du comité ainsi que les curriculum vitae de ses membres sont communiqués à la COSUMAF, qui peut s'opposer à la désignation de l'un des membres.

La convention de gestion. Lorsqu'ils se voient confier la gestion d'une SICAV, les gestionnaires doivent établir une convention de gestion avec ladite SICAV qui ne prend effet qu'après son approbation par la COSUMAF.

La convention de gestion doit notamment préciser :
- les objectifs de la gestion ;
- les catégories de valeurs mobilières ou d'instruments financiers susceptibles d'intégrer le portefeuille géré ;
- les modalités d'information du souscripteur sur la gestion et l'évolution du portefeuille ;
- la durée et les caractéristiques du mandat ;
- le mode et le montant de la rémunération du gestionnaire

Droits. La SICAV est propriétaire des valeurs mobilières qui composent son patrimoine, les souscripteurs n'étant qu'actionnaires de la SICAV.

Faute de personnalité morale, le fonds commun de placement est géré par une société de gestion de portefeuille. Le gestionnaire définit la politique d'investissement et exerce les droits attachés aux titres détenus par l'OPCVM : droit de vote, droits pécuniaires outre la faculté d'ester en justice.

Obligations. Dans un rapport annuel qu'il adresse à l'OPCVM, le gestionnaire doit rendre compte de sa pratique dans l'exercice des droits de vote.

- Obligations d'information : au plus tard à la fin du troisième mois suivant la clôture de l'exercice, l'établissement gestionnaire doit adresser à la COSUMAF ses états financiers certifiés et approuvés, le rapport de gestion et les rapports du commissaire aux comptes. Le cas échéant, il produit des comptes consolidés. L'établissement gestionnaire tient à la disposition de sa clientèle les documents requis

En cas de changement affectant un élément du dossier d'agrément, l'établissement gestionnaire doit, sans délai, en informer la COSUMAF. La COSUMAF précise s'il y a lieu de modifier la nature de l'agrément initial et si, en fonction de la nature ou de l'importance du changement intervenu, une information doit être publiée.

Interdictions. Sous peine de sanctions, il est interdit au gestionnaire de l'OPCVM de :
- vendre des titres à découvert ;
- donner en garantie un élément de l'actif ;
- prêter de l'argent ou des titres du portefeuille ;
- garantir les titres d'un autre OPCVM.

Les dépositaires. La garde des actifs d'un OPCVM doit être assurée par un établissement dépositaire unique, indépendant et distinct de la société de gestion ou des OPCVM. Les conditions d'exercice des missions du dépositaire d'OPCVM sont définies par une convention entre l'OPCVM et le dépositaire.

Missions.

Conservation des titres. Le dépositaire d'OPCVM exerce les fonctions suivantes :

- la conservation des actifs ;

Les actifs des OPCVM sont constitués :

- de titres cotés à la BVMAC,
- d'actions ou de parts d'OPCVM,
- de titres émis ou garantis par un Etat membre de la CEMAC,
- de titres de créances négociables.

Sous réserve d'approbation préalable de la COSUMAF, un OPCVM pourra procéder à des investissements sur d'autres catégories de valeurs, y compris des titres émis sur un marché situé en dehors de la zone CEMAC. A titre accessoire, l'actif d'un OPCVM peut comprendre des liquidités dans des proportions fixées par instruction.

Une SICAV peut posséder en outre les immeubles nécessaires à son fonctionnement.

Le dépositaire assume une obligation de garde des actifs de l'OPCVM. En toutes circonstances, il veille à la correspondance entre les avoirs conservés et les titres inscrits aux comptes des souscripteurs. Il ne peut utiliser pour son propre compte les titres dont il assure la conservation.
Le dépositaire assume en outre une obligation de restitution des actifs qui lui sont confiés.

Fonctions financières. Dans le cadre de ses fonctions, le dépositaire est chargé de :
- recevoir les souscriptions ;
- effectuer les rachats d'actions ou de parts d'OPCVM ;

- s'assurer de l'exécution des ordres d'achat et de vente de titres ainsi que de ceux relatifs à l'exercice des droits de souscription ou d'attribution attachés aux titres composant l'actif de l'OPCVM ;
- assurer les encaissements et les paiements.

Contrôle. Au sein de l'exercice de sa mission de contrôle de la régularité des décisions de l'OPCVM ou de la société de gestion, le dépositaire assure les fonctions suivantes :

- contrôle de la régularité des décisions d'investissement ;
- contrôle de l'établissement de la valeur liquidative ;
- contrôle des règles relatives au montant de l'actif minimum de l'OPCVM ;
- contrôle de l'organisation comptable.

Le dépositaire doit veiller à recevoir du gestionnaire toutes les informations lui permettant d'effectuer ces différents contrôles. Lorsque, dans le cadre de ces différents contrôles, il constate des anomalies ou des irrégularités, le dépositaire doit adresser au gestionnaire une demande de régularisation. Si, dans un délai de dix jours calendaires, aucune réponse n'est formulée par le gestionnaire, le dépositaire lui adresse une mise en demeure. Le dépositaire informe sans délai l'OPCVM, le commissaire aux comptes et la COSUMAF des manquements relevés.

Le dépositaire intervient à différentes étapes de la vie des OPCVM :
- à la création d'un fonds commun de placement, le dépositaire est chargé d'établir, en collaboration avec l'établissement gestionnaire, le règlement de gestion du fonds ;
- à la création d'un OPCVM, le dépositaire est chargé d'établir l'attestation de dépôt des fonds correspondant au montant minimum des actifs des fonds communs de placement ou au capital initial de la SICAV ;
- en cours de vie de l'OPCVM, le dépositaire doit être informé par la société de gestion de tout changement relatif aux dirigeants, à l'organisation de l'OPCVM, au contenu du document d'information de l'OPCVM, au règlement ou aux statuts de l'OPCVM ;
- en cas de liquidation, le dépositaire s'assure que les conditions de liquidation et, en particulier, les modalités de répartition des actifs, sont conformes aux dispositions réglementaires.

Obligations. Le dépositaire est tenu d'informer l'OPCVM des opérations relatives aux titres conservés pour son compte. Il procède au dépouillement des opérations et à l'inscription en compte des titres et des espèces. Le dépositaire doit sans délai informer l'établissement gestionnaire :
- de l'exécution des opérations relatives aux titres et aux espèces ;
- des événements affectant la vie des titres, lorsqu'il en a eu connaissance.

Dispositions financières et comptables

Valorisation des OPCVM. Les valeurs mobilières et autres instruments financiers ou dépôts inscrits à l'actif d'un OPCVM sont évalués chaque jour conformément aux conditions précisées dans le document d'information.

La valeur liquidative est obtenue en divisant l'actif net de l'OPCVM par le nombre d'actions ou de parts.

Lorsque l'OPCVM émet différentes catégories de parts ou d'actions, la valeur liquidative des parts ou actions de chaque catégorie est obtenue en divisant la quote-part de l'actif net correspondant à la catégorie de parts ou d'actions concernée par le nombre de parts ou d'actions de cette catégorie.

Le jour même de sa détermination, la valeur liquidative est communiquée à la COSUMAF. La valeur liquidative est par ailleurs communiquée à toute personne qui en fait la demande auprès de la société de gestion de l'OPCVM.

Les OPCVM sont tenus d'établir leur valeur liquidative selon une fréquence précisée par instruction. Cette valeur sera établie au moins une fois par mois pour les fonds communs de placement et au moins deux fois par mois pour les SICAV.

Comptes annuels. Les statuts et le règlement de gestion d'un fonds commun de placement fixent la durée des exercices comptables qui ne peut dépasser douze mois. Toutefois, le premier exercice peut avoir une durée différente, sans excéder dix-huit mois.

A la clôture de chaque exercice, le conseil d'administration de la SICAV ou l'établissement gestionnaire d'un fonds commun de placement dresse l'inventaire des divers éléments de l'actif et du passif de l'OPCVM. Le dépositaire certifie l'inventaire des actifs de l'OPCVM, le montant des dépôts détenus par l'OPCVM et, le cas échéant, le nombre de parts ou actions de l'OPCVM en circulation. Le conseil d'administration de la SICAV ou l'établissement gestionnaire d'un fonds commun de placement établit les comptes annuels de l'OPCVM et arrête, le cas échéant, le montant et la date de distribution des revenus.

Les comptes sont présentés conformément au plan comptable en vigueur. Ils sont certifiés par un commissaire aux comptes.

Les comptes annuels de l'OPCVM ainsi que le rapport de gestion sont adressés au commissaire aux comptes au plus tard quarante-cinq jours après la clôture de l'exercice. Quarante-cinq jours au plus tard après avoir reçu le rapport de gestion, le commissaire aux comptes est tenu de déposer au siège de la SICAV ou de la société de gestion, son rapport général ainsi que, le cas échéant, le rapport spécial sur les conventions réglementées.

Les comptes annuels, l'inventaire des actifs à la clôture de l'exercice, le rapport de gestion et les rapports des commissaires aux comptes sont mis à la disposition des souscripteurs de parts ou actions au siège de la SICAV ou de la société de gestion. Ils sont adressés à tous les porteurs qui en font la demande dans les huit jours ouvrés suivant la réception de la demande.

Information du public. En vue de son agrément et préalablement à la commercialisation de ses actions ou parts, un OPCVM est tenu d'établir un document d'information soumis au visa de la COSUMAF.

Le document d'information présente les caractéristiques de l'OPCVM. Il décrit les règles d'investissement et de fonctionnement de l'OPCVM. Sont notamment précisés : l'orientation et les risques de la gestion, les règles de valorisation et la fréquence de publication de la valeur liquidative, la classification de l'OPCVM, la durée de placement adaptée au produit, les frais d'entrée et de sortie, les frais annuels de gestion, la rémunération du dépositaire.

Le document d'information comporte obligatoirement, outre la description détaillée de ces éléments, les documents suivants :
- un document simplifié, qui précise les caractéristiques essentielles de l'OPCVM et donne à l'investisseur les renseignements nécessaires devant lui permettre de prendre, en toute connaissance de cause, une décision sur son investissement ;
- le règlement de gestion ou les statuts de l'OPCVM.

Toute mise à jour du document d'information est soumise au visa de la COSUMAF dans les mêmes conditions et modalités que le document initial.

Les investisseurs peuvent, sans frais, obtenir communication de ces documents auprès de la SICAV ou de l'établissement gestionnaire.

A la clôture de chaque exercice, la SICAV ou l'établissement gestionnaire est tenu d'établir et de publier dans un journal d'annonces légales ou sur tout autre support précisé par la COSUMAF, un rapport annuel et un rapport semestriel couvrant les six premiers mois de l'exercice. Ces rapports sont destinés aux actionnaires ou souscripteurs de parts. Ils sont communiqués sans délai à la COSUMAF.

Le rapport annuel est publié dans un délai de trois mois après la clôture de l'exercice. Il informe sur les éléments suivants :

- le bilan et le compte de résultat de l'OPCVM ;
- la composition du portefeuille de titres ;
- le nombre d'actions ou de parts en circulation ;
- la politique de placement qui a été suivie ;
- la ventilation des revenus de l'OPCVM ;
- les plus-values ou moins-values réalisées ;
- l'affectation du résultat ;
- les valeurs liquidatives constatées au début et à la fin de l'exercice ;
- tout renseignement permettant de connaître l'évolution du patrimoine de l'OPCVM.

Le rapport semestriel est publié dans un délai de deux mois à compter de la fin du premier semestre. Il informe sur l'état du patrimoine et l'évolution de l'activité de l'OPCVM au cours de la période considérée. Préalablement à la diffusion des rapports visés au présent article, les documents comptables qu'ils contiennent doivent être certifiés par le commissaire aux comptes.
Le document simplifié doit être tenu à jour et remis gratuitement, par tout moyen, avant toute souscription. Il doit indiquer que le dernier rapport annuel, le dernier rapport semestriel, et le document d'information peuvent être obtenus gratuitement, par tout moyen, sur simple demande.

Contrôle des OPCVM

Surveillance de la COSUMAF. Dans le cadre de ses missions, la COSUMAF exerce un contrôle permanent de l'activité des OPCVM, des établissements gestionnaires et des dépositaires à l'occasion duquel elle peut diligenter des enquêtes auprès des entités ou organismes visés conformément à son Règlement Général dont extrait ci-après :

Section IX : Contrôle des OPCVM

Article 328 **:** *La COSUMAF exerce un contrôle permanent de l'activité des OPCVM, des établissements gestionnaires, des dépositaires, des commissaires aux comptes et des distributeurs ou commercialisateurs.*

Dans le cadre de son contrôle permanent, la COSUMAF est habilitée à demander à ces organismes tous documents et renseignements nécessaires. Elle peut exiger la communication de tous les documents diffusés par un OPCVM et en faire modifier le contenu et la présentation.
Les OPCVM doivent transmettre à la COSUMAF les rapports annuel et semestriel visés à l'article 325 du présent Règlement Général ainsi que toute modification de leur document d'information.

Pour la recherche des infractions aux dispositions du présent règlement général et des textes pris pour son application, la COSUMAF est habilitée à diligenter des enquêtes auprès des entités ou organismes visés au présent article.

Article 329 **:** *La SICAV ou l'établissement gestionnaire doivent désigner un commissaire aux comptes pour une durée de trois exercices.*
Le commissaire aux comptes doit être choisi sur la liste des experts comptables agréés par la CEMAC.
La nomination du commissaire aux comptes est soumise à un enregistrement auprès de la COSUMAF.

Article 330 **:** *Le commissaire aux comptes d'un OPCVM assure les fonctions suivantes :*

- *vérification des livres et des valeurs de l'OPCVM ;*
- *contrôle de la régularité et de la sincérité des comptes ;*
- *vérification de la sincérité des informations afférentes à la situation financière préalablement à leur diffusion ;*
- *certification des comptes.*

Une instruction de la COSUMAF précise le rôle, les attributions et les obligations professionnelles des commissaires aux comptes d'OPCVM.

Article 331 **:** *Le commissaire aux comptes informe sans délai la COSUMAF des irrégularités et inexactitudes relevées dans l'exercice de ses fonctions.*
Lorsque des circonstances particulières l'exigent, il peut convoquer l'assemblée générale de la SICAV ou de l'établissement gestionnaire.

CONTROLES ET ENQUETES
Chapitre 1 : Dispositions générales

Article 367 **:** *La COSUMAF est l'organe de tutelle du Marché Financier de l'Afrique Centrale. A ce titre, elle jouit des pouvoirs les plus étendus pour ordonner tout contrôle ou enquête à l'égard de toutes les personnes ou entités impliquées dans le fonctionnement dudit Marché, qui y interviennent ou y exercent une fonction.*
Les pouvoirs de contrôle et d'enquête dévolus à la COSUMAF s'exercent également sur toute opération portant sur une ou plusieurs valeurs inscrites à la cote de la Bourse Régionale.

Article 368 **:** *Les contrôles et enquêtes sont effectués sur pièces et sur place.*
Un ordre de mission est établi. Il est signé par le Président de la COSUMAF.

L'ordre de mission indique notamment l'entité ou la personne à contrôler, l'identité du chef de mission et l'objet de la mission. Le chef de la mission informe la personne ou entité concernée de l'identité des agents ou enquêteurs associés à la mission.
Les personnes chargées de la mission indiquent à l'entité ou à la personne contrôlée la nature des renseignements, documents et justifications dont la communication est demandée. Elles peuvent entendre toute personne agissant pour le compte ou sous l'autorité de la personne ou entité contrôlée et susceptible de leur fournir des informations qu'elles estiment utiles au bon déroulement de leur mission. Elles peuvent procéder à la vérification des informations transmises par confrontation avec des informations recueillies auprès de tiers.
Les personnes ou entités contrôlées apportent leur concours à la COSUMAF avec diligence et loyauté.

Article 369 : Les contrôles et enquêtes sont menés par des agents des services de la COSUMAF.
Toutefois, la COSUMAF peut recourir à des corps de contrôle extérieurs, à des commissaires aux comptes, à des autorités ou experts spécialisés. Ces personnes peuvent recevoir une rémunération à la charge de la COSUMAF.

Article 370 : Les inspecteurs et enquêteurs mandatés par la COSUMAF peuvent :

- *se faire communiquer et obtenir copie de tout document, quel qu'en soit le support, auprès des personnes ou entités contrôlées, auprès des tiers ou des administrations publiques de tous les Etats membres de la CEMAC;*
- *convoquer et entendre toute personne susceptible de leur fournir des informations utiles au bon déroulement de l'enquête ;*
- *accéder aux locaux à usage professionnel afin de procéder à des constatations.*

Article 371 : Dans le cadre des contrôles et enquêtes effectués par la COSUMAF, le secret professionnel ne peut être opposé ni par la personne ou l'entité qui en fait l'objet, ni par ses commissaires aux comptes, ses avocats ou ses conseils juridiques et fiscaux, ni par tout tiers détenant des informations ou documents susceptibles de servir au bon déroulement de la mission.

Article 372 : Lorsque des obstacles ont été mis au bon déroulement d'une mission de contrôle ou d'enquête effectuée par la COSUMAF, mention en est faite dans le rapport par les contrôleurs ou les enquêteurs.

Article 373 : Toute obstruction à une mission de contrôle ou d'enquête effectuée par la COSUMAF expose le contrevenant à des sanctions prévues au présent Règlement Général, sans préjudice des éventuelles poursuites judiciaires.

Article 374 : L'Entreprise Gestionnaire du Marché et le Dépositaire Central sont tenus de communiquer à la COSUMAF, dès qu'ils en ont connaissance, toute information de nature à affecter le bon fonctionnement du marché, la régularité des transactions qui y sont exécutées, la crédibilité d'un intervenant ou de l'un quelconque de leurs propres administrateurs ou actionnaires.

Chapitre 2 : Règles de procédure

Article 375 : Au terme des missions de contrôle ou d'enquête, un rapport écrit est établi. Ce rapport doit préciser les éventuels manquements relevés au présent Règlement Général et à la réglementation générale du marché.
Il précise si ces manquements sont susceptibles de recevoir une qualification pénale.

Article 376 : Lorsque le rapport de contrôle ou d'enquête fait état d'éventuelles infractions pénales, il est transmis par le Président de la COSUMAF au procureur de la République. Lorsqu'il indique des faits ne relevant pas de la compétence de la COSUMAF, il est transmis aux autorités compétentes, sous-régionales ou internationales.

Article 377 : Tout rapport établi au terme d'un contrôle ou d'une enquête est communiqué, par le Président de la COSUMAF, à la personne ou entité qui en a fait l'objet. Une synthèse du rapport est adressée aux membres du collège de la COSUMAF.
Toute autre personne concernée par le contrôle ou l'enquête peut solliciter, auprès du Président de la COSUMAF, la communication de tout ou partie dudit rapport. La COSUMAF apprécie souverainement la suite à donner à cette demande.
La communication du rapport se fait soit par lettre recommandée avec avis de réception soit par remise en main propre contre récépissé ou décharge.
La personne ou l'entité qui a fait l'objet du contrôle ou de l'enquête dispose d'un délai de dix (10) jours, à compter de la date de la réception dudit rapport, pour faire part de ses éventuelles observations.

Article 378 : Au vu des conclusions du rapport et des observations éventuellement reçues, la COSUMAF indique à l'entité ou la personne concernée, par lettre recommandée avec avis de réception ou remise en

main propre contre récépissé ou décharge, les mesures à prendre afin de mettre fin aux pratiques contraires aux dispositions légales et réglementaires.
Les exigences de la COSUMAF sont d'application immédiate, sous peine de sanctions ou de poursuites judiciaires, lorsque ces pratiques sont de nature à porter atteinte aux droits des épargnants ou ont pour effet de fausser le fonctionnement du marché ou de procurer à l'intéressé un avantage injustifié qu'il n'aurait pas obtenu dans le cadre normal du marché. La décision prise par la COSUMAF peut être rendue publique.
La personne ou l'entité qui a fait l'objet du contrôle ou de l'enquête est tenue de communiquer le rapport et la lettre de la COSUMAF à l'organe délibérant de sa structure, ainsi qu'aux commissaires aux comptes, et le cas échéant à l'organisme professionnel auquel elle est affiliée.

Article 379 **:** *La COSUMAF peut enjoindre à la personne ou entité responsable de la pratique relevée de se conformer aux dispositions légales en vigueur, et de mettre fin à l'irrégularité ou d'en supprimer les effets.*

Article 380 **:** *La COSUMAF peut déléguer à l'Entreprise Gestionnaire du Marché ou au Dépositaire Central le contrôle de l'activité et des opérations effectuées par les émetteurs dont les valeurs sont inscrites à la cote de la Bourse Régionale, ainsi que celles effectuées par les Sociétés de Bourse et les autres intermédiaires agréés. Cette délégation peut être retirée à tout moment.*

Chapitre 3 : Assistance et coopération en matière de contrôle et d'enquête

Article 381 **:** *Lorsqu'une enquête est diligentée à la requête d'une autorité étrangère à laquelle la COSUMAF est liée par un accord de coopération, la COSUMAF lui apporte son concours.*
L'assistance demandée par une autorité étrangère peut être écartée par la COSUMAF lorsque :

- *l'exécution de la demande est de nature à porter atteinte à la souveraineté, à la sécurité, aux intérêts économiques essentiels ou à l'ordre public d'un Etat membre de la CEMAC ;*
- *une procédure pénale a déjà été engagée sur la base des mêmes faits et contre les mêmes personnes ;*
- *les personnes qui font l'objet de la requête ont été sanctionnées, par une décision définitive, pour les mêmes faits.*

La COSUMAF peut requérir l'assistance d'une autorité étrangère avec laquelle elle a conclu un accord de coopération.

Sans préjudice des sanctions pénales applicables, sont passibles de sanctions pécuniaires les dirigeants d'un organisme de placement collectif, ceux de l'établissement gestionnaire ou de l'établissement dépositaire qui :
- auront procédé à la collecte de l'épargne auprès du public sans que le document d'information visé aux articles 323 et 334 du présent Règlement Général ait reçu le visa préalable de la COSUMAF ;
- auront procédé à des opérations de transformation, de fusion ou de scission dans des conditions autres que celles prévues aux articles 252 et 253 du présent Règlement Général ;
- refusent de procéder à tout moment à l'émission et au rachat des actions ou parts d'organismes de placement collectif ;
- ne se conforment pas aux règles d'évaluation des actifs apportés à l'organisme de placement collectif ;
- n'établissent pas la valeur liquidative avec la fréquence requise.

Procédure de sanction. Les manquements à la réglementation sur les OPCVM donnent lieu à des sanctions pénales et pécuniaires.

Collège de la COSUMAF[43]

Il est composé de 12 membres comprenant :

- un Président nommé par la Conférence des Chefs d'Etat de la CEMAC ;
- 11 membres nommés par le Comité Ministériel de l'UMAC eu égard à leur expérience reconnue en matière comptable, financière ou juridique, à savoir :
- Six membres représentant les Etats sur proposition de ceux-ci ;
- Un représentant de la BEAC sur proposition du Gouverneur de la BEAC
- un représentant de la Commission de la CEMAC sur proposition du Président de ladite commission
- un représentant de la COBAC sur proposition du Secrétaire Général de la COBAC
- un magistrat désigné sur proposition du Président de la Cour de Justice de la CEMAC
- un expert-comptable agréé CEMAC désigné sur proposition du Président de la COSUMAF

Chaque membre est doté d'un suppléant et leur mandat est de trois ans renouvelable une fois.

[43] www.cosumaf.org

Notification du rapport de contrôle ou d'enquête Rapport de contrôle ou d'enquête soumis à l'examen du Collège de la COSUMAF. Si le rapport conclut à des manquements ou des pratiques contraires à la règlementation du Marché ou aux règles et pratiques professionnelles, le Collège peut décider de l'ouverture d'une procédure de sanction. Dans ce cas, il notifie à l'intéressé les griefs retenus contre lui accompagnés du rapport de contrôle ou d'enquête, précision étant faite qu'il peut obtenir copie des pièces du dossier et se faire assister par tout conseil de son choix. Cette notification est faite par lettre recommandée avec accusé de réception, remise en main propre contre récépissé ou par acte d'huissier. Un rapporteur est désigné pour chaque affaire, qui peut solliciter l'assistance de toute autre personne dont l'intervention lui paraît utile. Le mis en cause peut, sur sa demande, être entendu par le rapporteur, qui a également la latitude d'entendre toute autre personne estimée utile. Et si le rapport juge de l'opportunité d'un complément, décèle de nouveaux griefs ou appelle de nouvelles mises en cause, il doit saisir le collège qui statue sans délai sur cette demande.

Convocation des mis en cause. Les personnes intéressées sont convoquées dans un délai minimum de 30 jours devant le Collège de la COSUMAF dans les mêmes formes que la notification du rapport. La convocation précise la date et invite ces personnes à formuler leurs observations écrites dans un délai de quinze jours au moins avant la séance de sanction.

La séance de sanction. A la demande de l'une des parties ou à l'initiative du Collège, l'audience peut être publique sauf risque d'atteinte à l'ordre public, au secret des affaires ou à un autre secret protégé par la loi. Présidée par le Président de la COSUMAF, cette séance est contradictoire. Le collège peut suspendre la procédure et demander au rapporteur des investigations supplémentaires lorsqu'il ne s'estime pas suffisamment instruit. Le rapporteur ne participe pas à la délibération de l'affaire qu'il a instruite. La décision est prise en la seule présence du Président et du Collège. Elle fait l'objet d'un procès-verbal signé du Président et du rapporteur puis est notifiée aux parties par les formes susvisées. Si elle concerne un établissement de crédit, la décision est également communiquée à la COBAC. La décision peut être publiée aux frais des auteurs incriminés dans des publications désignées par la COSUMAF ;

Recours. Le recours contre décision est ouvert auprès de la Cour de Justice de la CEMAC dans les deux mois de sa notification.

Il n'est pas suspensif mais la Cour Commune de Justice peut ordonner qu'il soit sursis à l'exécution de la sanction si elle est susceptible d'entraîner des conséquences manifestement excessives.

L'intervention de la COSUMAF est d'autant plus requise Selon que la situation est confuse, si l'on en croit les extraits du rapport sur la procédure disciplinaire de SFA relatifs aux Assemblées Générales des Souscripteurs des OPCVM :

« 2. Les assemblées générales des souscripteurs des Fonds communs de Placement (FCP) « OBLIGATIONS PLUS » et Télécom 2 se sont tenues à Douala le 16 décembre 2009. ...

2.3.2.1. FCP « OBLIGATIONS PLUS »

Au cours de leur assemblée générale, les souscripteurs du FCP « OBLIGATIONS PLUS » ont décidé de dissoudre le Fonds commun de créances (FCC) « OBLIGATION PLUS GABON TELECOM » sans liquidation, avec transmission universelle du patrimoine au FCP « OBLIGATION PLUS » après avoir constaté :

D'une part, la détention du FCC « OBLIGATION PLUS GABON TELECOM » par un investisseur unique le FCP « OBLIGATION PLUS » :

Et, d'autre part, le remboursement total de sa créance par l'Etat Gabonais, laquelle créance constituait en exclusivité l'actif du FCC « OBLIGATION PLUS GABON TELECOM »

En outre, l'assemblée générale des souscripteurs a décidé à l'unanimité de la poursuite des activités du Fonds incluant en particulier la poursuite des actions de recouvrement des créances en cours.

2.3.2.2. FCP « TELECOM 2 »

L'assemblée générale des souscripteurs a décidé à l'unanimité du maintien en l'état du Fonds »

Selon les textes mêmes de la COSUMAF, un fonds commun de créances est une copropriété ayant pour objet unique d'acquérir des créances et d'émettre des parts représentatives de ces créances. Il peut s'agir de créances détenues par les établissements de crédit ou par d'autres organismes définis par elle. Il est constitué à l'initiative conjointe d'une société de gestion et d'un dépositaire de ses actifs qui en établissent le règlement de gestion et le document d'information destiné aux souscripteurs de fonds. En clair, un Fonds Commun de Placement ne peut pas détenir un Fonds Commun de créances.

Questions

- Comment maintenir en activité deux Fonds Communs de Placement construits en marge des règles juridiques ?
- Comment maintenir en « l'état », des fonds communs de placement, dont la société de gestion, qui en est également le dépositaire, n'a plus d'agrément et qu'il n'a pas été procédé à son remplacement
- Comment les porteurs de parts vont-ils faire valoir leurs droits ?
- Quand sera publiée l'instruction de la COSUMAF :

- Classant les différentes catégories d'OPCVM en fonction de leur stratégie d'investissement, de la composition et de la nature dez leurs actifs ?
- Fixant le montant minimum de l'actif exigé pour la constitution d'un fonds commun de placement ?

Ces questions sont déterminantes dans la mesure où les dispositions impératives du Règlement Général de la COSUMAF prescrivent :

- la dissolution du fonds lorsque son actif net demeure, pendant 90 jours, inférieur à la moitié du montant minimum exigé pour sa constitution ;
- la dissolution du fonds sans délai lorsque son actif net descend à 25% du minimum légal
- la suspension des émissions et rachats lorsque l'actif net atteint la moitié du minimum légal
- la dissolution du fonds en cas de cessation des fonctions de la société de gestion sans désignation d'un remplaçant

En tout état de cause, la liquidation d'un fonds résulte :

- d'un retrait d'agrément
- de la cessation des fonctions de la société de gestion sans remplaçant
- des autres cas prévus par le règlement du fonds.

III. La mise en jeu de la responsabilité des Commissions Bancaires

De la naissance à la disparition des établissements de crédit, les commissions bancaires décident de tout et ses décisions s'imposent à tous. Cette dictature n'a d'équivalent dans aucun autre secteur de la vie économique. Il paraît équitable que dans l'exercice de ses innombrables missions, elle puisse répondre d'une faute, simple ou lourde. En effet, sa responsabilité, peut être mise en jeu aussi bien dans sa fonction administrative de contrôle et de surveillance que dans sa fonction juridictionnelle d'administration de sanctions. Une illustration des débats relatifs à cette responsabilité nous est fournie par la Cour Administrative d'Appel de Paris et le Conseil d'Etat dans l'affaire UBC/KECHICHIAN[44] :

« Il résulte tant du rapport d'inspection établi le 5 mai 1987 ....qu'en raison de l'existence d'un passif net de 15,3 milliards de francs, d'infractions à la réglementation sur la division des risques, d'absences de provisionnement sur ces derniers, de l'insuffisance du ration fonds propres sur concours et d'un volume de pertes probables sur les créances douteuses évalué à 54

---

[44] CAA Paris, 25 janvier 2000, n° 93PA01250 et n° 93PA01251, Aff. Kechichian, Hamod et autres contre République Française in Droit des défaillances bancaires op.cit.

millions de francs, il y avait lieu de s'interroger sur les chances d'avenir de l'établissement « United Banking Corporation » (;...) il est constant que les manquements ainsi constatés présentaient un caractère de gravité certaine ;(...) le fait qu'ils aient déjà été relevés plusieurs fois lors des missions de contrôle antérieurement réalisées auprès de la banque accentue encore cette gravité (...) Il y avait donc lieu, pour la Commission Bancaire, une fois qu'elle avait pros connaissance des conclusions du rapport, d'exercer sur la banque une vigilance accrue et de proposer sans tarder à ses dirigeants les mesures propres à assurer le redressement de la gestion de l'établissement ».

Cette carence a conduit à la misse en lumière de quatre fautes de la Commission Bancaire entraînant la responsabilité de l'Etat :

- l'imprécision des décisions de la Commission Bancaire qui a contribué à la réalisation du dommage dénoncée en ces termes : *« En raison de la gravité de la situation décrite par le rapport d'inspection de M. Sagot-Duvauroux et de la longueur du délai qui s'est écoulé entre la date de dépôt de ce rapport et l'envoi de la lettre de suite, l'augmentation des fonds propres prescrite par le courrier du 6 octobre 1987, présentait pour le rétablissement de la solvabilité de la banque, un caractère d'urgence marqué ; dans ces conditions, rien ne justifie l'imprécision avec laquelle les délais de mise en œuvre de cette mesure ont été impartis à Mr Kairouz dans ledit courrier, imprécision qui, en ouvrant la voie à une négociation, a notamment permis (des) concessions ci-dessus décrites ».*

- un retard fautif dans la réaction de la Commission Bancaire ainsi établi : *« Rien ne justifie non plus la date éloignée à laquelle a été fixée la réunion du 4 décembre 1987 ; (...) enfin, le délai accordé lors de cette réunion, sur lequel l'Etat ne fournit pas d'explication, a été d'une longueur excessive, eu égard, d'une part, a fait qu'il résultait clairement du rapport d'inspection déposé le 5 mai 1987, que la situation de la banque apparaissait déjà compromise à cette dernière date, et, d'autre part, au fait qu'entre le 6 octobre et le 4 décembre 1987, aucune mesure n'a été engagée par les dirigeants de la banque pour y remédier, ces derniers n'ayant pas été, il est vrai, enjoints à le faire par la Commission Bancaire (...). Ce délai qui, dans le meilleur des cas, ne pouvait que retarder le rétablissement de la situation de la banque, a, en outre, eu pour effet d'aggraver cette situation en permettant aux dirigeants de l'United Banking Corporation, pendant qu'ils négociaient de nouveaux sursis auprès de la Commission Bancaire, de consentir à leur clientèle des crédits toujours plus risqués.(...) le volume de ceux-ci, qui est à l'origine directe de la défaillance de la banque, a en effet augmenté de manière importante au cours du second semestre 1988, les manœuvres frauduleuses conçues pour dissimuler leurs concentrations*

excessives ayant, quant à elles, commencé à être effectuées dès le 18 décembre 1987 ».
- les manquements récurrents à sa mission de surveillance en l'absence de nouveaux contrôles sur place pour avoir laissé sans explication des anomalies visibles dès le second trimestre 1988 dans les indicateurs prudentiels : *« Il en est ainsi notamment de l'apparition, dans les états de division des risques du 30 juin 1988, d'un nouvel emprunteur, la société offshore E., à la tête d'engagements supérieurs à 25 % des fonds propres nets ; qu'à supposer que la Commission Bancaire n'eût pu soupçonner à cette date qu'il s'agissait là d'une société fictive créée pour diviser les risques excessifs pris par la banque sur le groupe S. , le seul fait que la banque, à un moment où il lui fallait, aux termes du rapport Sagot-Duvauroux, améliorer rapidement la qualité de ses engagements « par une sélection rigoureuse de la clientèle d'emprunteurs, ait pu faire état auprès de la commission bancaire d'un risque net total de 30 941 000 F portant sur une société inconnue domiciliée dans un paradis fiscal et ayant pour activité « le commerce en général », aurait normalement dû conduire la Commission à s'interroger sur la manière dont la banque mettait en œuvre la politique d'apurement des risques qui lui avaient été assignée ; que la mise en place par la banque, le 30 septembre 1988, d'un nouveau ratio de liquidité calculé sur la base d'un reclassement entre les « comptes ordinaires débiteurs et les autres crédits à court terme » portant sur environ 250 millions de francs, et dont la Commission Bancaire a été informée le 27 octobre 1988, aurait également dû attirer l'attention de celle-ci, dès lors que ce reclassement, aux dires mêmes de la Commission Bancaire, pouvait faire l'objet d'une double interprétation, signifiant que soit l'établissement avait sécurisé ses crédits en assortissant d'une échéance ses comptes ordinaires débiteurs, soit que n'en ayant rien fait, il aurait tenté d'abuser la Commission par une falsification du ratio ; que pourtant la Commission Bancaire n'a pendant la période dont il s'agit, pris l'initiative d'aucun contrôle sur place ».*
- le défaut d'effet exonératoire pour la transmission d'éléments comptables celés ou falsifiés : *« les anomalies susmentionnées, visibles selon l'expert aux yeux d'un professionnel averti et dont celle qui concernait l'état de division des risques, n'aurait, d'après une bote interne de la banque « pas résisté à un audit sérieux, ainsi que la nécessité, en tout état de cause, de vérifier l'effectivité et la régularité des mesures de renforcement des fonds propres ».*

Cette vision a été corrigée par le Conseil d'Etat [45]dans la décision ci-après.

---

[45] Ministère de l'Economie, des Finances et de l'Industrie c/ Mr ou Mme Kechichian et autres, 30/11/2001, n°219562, Semaine juridique, édition générale n°11, 13/03/2002, pp. 499-504.

Conseil d'Etat, Assemblée, 30 novembre 2001, n° 219562, Ministre de l'économie, des finances et de l'industrie c/ M. Kechichian et autres

La responsabilité de l'Etat pour les fautes commises par la Commission bancaire dans l'exercice de sa mission de surveillance et de contrôle des établissements de crédit ne se substitue pas à celle de ces établissements vis-à-vis, notamment, de leurs déposants. Dès lors, et eu égard à la nature des pouvoirs qui sont dévolus à la Commission bancaire, la responsabilité que peut encourir l'Etat pour les dommages causés par les insuffisances ou carences de celle-ci dans l'exercice de sa mission ne peut être engagée qu'en cas de faute lourde.

CONSEIL D'ETAT

Statuant au contentieux

N° 219562

MINISTRE DE L'ECONOMIE, DES FINANCES ET DE L'INDUSTRIE c/ M. ou Mme Kechichian et autres

Mme Legras, Rapporteur

M. Seban, Commissaire du gouvernement

Séance du 16 octobre 2001

Lecture du 30 novembre 2001

REPUBLIQUE FRANCAISE

AU NOM DU PEUPLE FRANCAIS

Le Conseil d'Etat, Statuant au contentieux

Sur le rapport de la 6ème sous-section de la Section du contentieux

Vu la requête sommaire et le mémoire complémentaire, présentés pour le MINISTRE DE L'ECONOMIE, DES FINANCES ET DE L'INDUSTRIE demandant au Conseil d'Etat d'annuler l'arrêt du 25 janvier 2000 par lequel, à la demande de MM. Kechichian, Hamod et autres, la cour administrative d'appel de Paris

1°) a annulé les jugements du 7 juillet 1993 par lesquels le tribunal administratif de Paris avait rejeté leurs demandes tendant, à ce que l'Etat soit condamné à les indemniser du préjudice qu'ils auraient subi du fait de fautes lourdes commises par la Commission bancaire dans l'exercice de sa mission de surveillance des établissements de crédit

2°) a condamné l'Etat à payer à M. et Mme Kechichian et autres diverses sommes en réparation de ces préjudices ;

Vu les autres pièces du dossier ;

Vu le code civil ;

Vu le code de commerce ;

Vu la loi n° 84-46 du 24 janvier 1984 ;

Vu le décret n° 84-708 du 24 juillet 1984 ;

Vu le code de justice administrative ;

Après avoir entendu en séance publique :

- *le rapport de Mme Legras, Auditeur,*

- *les observations de la SCP Célice, Blancpain, Soltner, avocat du MINISTRE DE L'ECONOMIE, DES FINANCES ET DE L'INDUSTRIE et de la SCP Lyon-Caen, Fabiani, Thiriez, avocat de M. et Mme Abdouche,*

- *les conclusions de M. Seban, Commissaire du gouvernement ;*

Sans qu'il soit besoin d'examiner les autres moyens du pourvoi :

Considérant qu'aux termes de l'article 37 de la loi du 24 janvier 1984 relative à l'activité et au contrôle des établissements de crédit dans sa rédaction alors en vigueur : "Il est institué une Commission bancaire chargée de contrôler le respect par les établissements de crédit des dispositions législatives et réglementaires qui leur sont applicables et de sanctionner les manquements constatés. Elle examine les conditions de leur exploitation et veille à la qualité de leur situation financière. Elle veille au respect des règles de bonne conduite de la profession" ; que les articles 39 et 40 de la même loi donnent à la Commission bancaire le pouvoir de procéder à des contrôles sur pièces et sur place et celui de demander que lui soient transmis des documents et informations ; que les articles 42 à 44 l'habilitent, si elle constate des manquements aux règles de bonne conduite, à adresser une mise en garde à un établissement de crédit, à lui recommander de prendre les mesures appropriées pour restaurer sa situation financière, à lui adresser une injonction et à désigner un administrateur provisoire ; qu'enfin, en vertu de l'article 45, la Commission bancaire peut prononcer une sanction disciplinaire à l'encontre d'un établissement de crédit qui "a enfreint une disposition législative ou réglementaire afférente à son activité, n'a pas déféré à une injonction ou n'a pas tenu compte d'une mise en demeure" ;

Considérant que la responsabilité de l'Etat pour les fautes commises par la Commission bancaire dans l'exercice de sa mission de surveillance et de contrôle des établissements de crédit ne se substitue pas à celle de ces établissements vis-à-vis, notamment, de leurs déposants ; que, dès lors, et eu égard à la nature des pouvoirs qui sont dévolus à la Commission bancaire, la responsabilité que peut encourir l'Etat pour les dommages causés par les insuffisances ou carences de celle-ci dans l'exercice de sa mission ne peut être engagée qu'en cas de faute lourde ; qu'il suit de là qu'en jugeant que toute faute commise par la Commission dans la surveillance et le contrôle des établissements de crédit pouvait engager la responsabilité de l'Etat, la cour administrative d'appel de Paris a commis une erreur de droit ;

Considérant qu'il résulte de ce qui précède que le MINISTRE DE L'ECONOMIE, DES FINANCES ET DE L'INDUSTRIE est fondé à demander l'annulation de l'arrêt de la cour administrative d'appel de Paris du 25 janvier 2000 ; qu'il y a lieu, par voie de conséquence, de rejeter le pourvoi incident formé par M. et Mme Kechichian et autres ;

Considérant que, dans les circonstances de l'espèce, il y a lieu de régler l'affaire au fond, en application de l'article L. 821-2 du code de justice administrative ;

Considérant que si un rapport d'inspection a été remis le 5 mai 1987 à la Commission bancaire, qui soulignait que la situation de la Saudi Lebanese Bank apparaissait dégradée et que son avenir ne pourrait être préservé qu'à la condition que fût engagée au plus vite une politique d'amélioration de la qualité de ses engagements et d'apurement des créances douteuses, il résulte toutefois de l'instruction que la Saudi Lebanese Bank avait contracté dès le mois de juin 1987 un emprunt participatif de 25 millions de francs et que le rapport remis en mai 1987 soulignait la bonne volonté des dirigeants de la banque et leur imposait pour la première fois de constituer des provisions au titre des "risques pays" ; que, dans ces conditions, la Commission bancaire n'a pas commis de faute lourde en n'adressant que le 6 octobre 1987 une "lettre de suite" aux dirigeants de cet établissement les invitant à opérer un assainissement financier "dans les meilleurs délais" ;

Considérant que si la Commission bancaire a accepté que la recapitalisation qu'elle demandait fût assurée à hauteur de 25 millions de francs par un prêt participatif souscrit par les sociétés du groupe Kairouz alors que ces sociétés, actionnaires de la banque, étaient elles-mêmes endettées auprès de celle-ci, il ne résulte pas de l'instruction que ce prêt participatif aurait été financé ou re-financé par la Saudi Lebanese Bank ; que, dès lors, M. et Mme Kechichian et autres ne sont pas fondés à soutenir que la Commission bancaire aurait commis une faute lourde en prenant en compte ce prêt participatif au titre de l'augmentation des fonds propres qu'elle avait exigée des dirigeants de la banque ;

Considérant, qu'il résulte de l'instruction et des annexes au rapport d'expertise que seuls des documents internes confidentiels faisaient état des montages frauduleux entrepris par les dirigeants de la Saudi Lebanese Bank à partir de 1988 ; que jusqu'à la révélation des agissements occultes des dirigeants de la Saudi Lebanese Bank, la Commission bancaire a continué de négocier avec ceux-ci le rétablissement de la solvabilité de l'établissement ; qu'il suit de là que la Commission bancaire n'a pas commis de faute lourde en s'abstenant de diligenter un contrôle sur place entre mai 1987 et avril 1989 ;

Mais considérant qu'alors que par lettre du 6 octobre 1987, la Commission bancaire avait demandé au président-directeur général de la banque qu'une augmentation de capital de 50 millions de francs fût réalisée "dans les meilleurs délais", elle a ensuite réduit de moitié le montant de l'augmentation de capital prescrite et a accordé à la banque un délai pour le réaliser allant jusqu'à fin mai 1988 ; qu'eu égard au caractère urgent que présentait, comme l'avait souligné le rapport d'inspection du 5 mai 1987, le rétablissement de la solvabilité de la Saudi Lebanese Bank, la Commission bancaire, si elle pouvait légitimement choisir de négocier avec les dirigeants une stratégie permettant le rétablissement de leur banque plutôt que d'engager sur le champ une procédure juridictionnelle, aurait dû toutefois adresser à ces dirigeants des prescriptions plus fermes et assortir celles-ci de délais contraignants ; que, par ailleurs, revenant sur les exigences qu'elle avait formulées, la Commission bancaire a également admis, le 14 mars 1988, que soient analysés séparément et non ensemble, au regard de la réglementation prudentielle, les engagements de la Saudi Lebanese Bank sur l'Union nationale S.A.L. et le groupe Kairouz, alors que la première société était une filiale de la seconde ; qu'alors même qu'en l'état des règles prudentielles alors applicables, elle avait seulement la faculté d'exiger le regroupement de ces créances, la Commission bancaire aurait dû maintenir, en considération de la situation dans laquelle se trouvait la banque, les exigences qu'elle avait formulées ; que ces carences sont constitutives d'une faute lourde de nature à engager la responsabilité de l'Etat ;

Considérant qu'alors même que la faillite de l'United Banking Corporation a une origine principalement frauduleuse, cette faute lourde commise par la Commission bancaire a contribué à concurrence d'une fraction qui peut être fixée à 10 %, à la réalisation du préjudice subi par les requérants de première instance, qui correspond au montant non remboursé de leurs dépôts au 9 mai 1989, date d'ouverture de la procédure de redressement judiciaire de la banque ;

Considérant qu'il résulte de ce qui précède que les requérants, que l'ouverture d'une procédure collective ne privait pas de la possibilité d'engager une action en leur qualité de déposants, sont fondés à demander l'annulation du jugement par lequel le tribunal administratif de Paris a rejeté leurs conclusions dirigées contre l'Etat et à demander que celui-ci soit condamné à leur verser des sommes correspondant à la fraction indemnisable, telle qu'elle vient d'être définie, du préjudice qu'ils ont subi ;

Considérant en outre que les requérants ont droit, à compter du jour de la réception par le ministre de l'économie, des finances et de l'industrie de leur réclamation préalable, aux intérêts de la somme qui leur est due ; que ceux au nom desquels a été présentée la requête n° 93PA01250 au greffe de la cour administrative d'appel de Paris ont demandé la capitalisation des intérêts le 4 novembre 1993, le 3 mai 1995, le 15 juin 1998, le 16 novembre 1999 et le 5 février 2001 ; que ceux au nom desquels a été présentée la requête enregistrée sous le n° 93PA01251 ont demandé cette capitalisation le 4 novembre 1993, le 3 mai 1995 et le 5 février 2001 ; qu'à chacune de ces dates, il était dû au moins une année d'intérêts ; que, dès lors, conformément aux dispositions de l'article 1154 du code civil, il y a lieu de faire droit à ces demandes ;

Considérant que compte tenu de ce qui vient d'être dit et des données chiffrées fournies par l'expert, l'Etat doit être condamné à verser à M. et Mme Nicolas Abdouche la somme de 106 222 F, augmentée des intérêts au taux légal à compter du 23 juillet 1992, à M. et Mme Georges Abikaram la somme de 77 725 F, augmentée des intérêts au taux légal à compter du 27 juillet 1992, à M. Joseph Abi Nader la somme de 162 933 F, augmentée des intérêts au taux légal à compter du 28 septembre 1992, à M. et Mme Wadji

Sélim Absi la somme de 15 537 F, augmentée des intérêts au taux légal à compter du 30 septembre 1992, à M. et Mme Antoine Adjoury la somme de 6 908 F, augmentée des intérêts au taux légal à compter du 30 septembre 1992, à M. Jacques Andraos la somme de 172 704 F, augmentée des intérêts au taux légal à compter du 17 juillet 1992, à M. Marcel Aractingi la somme de 407 087 F, augmentée des intérêts au taux légal à compter du 1er juin 1992, à Mme Anna Arakelyan la somme de 6 935 F, augmentée des intérêts au taux légal à compter du 4 juin 1992, à M. Sami Bassil la somme de 38 862 F, augmentée des intérêts au taux légal à compter du 23 juillet 1992, à M. Méguerditch et Mlle J. Bouldoukian la somme de 86 174 F, augmentée des intérêts au taux légal à compter du 23 juillet 1992, à M. Georges Boulos la somme de 61 762 F, augmentée des intérêts au taux légal à compter du 5 août 1992, à Mme Oghlakian veuve Boyadjian la somme de 18 555 F, augmentée des intérêts au taux légal à compter du 4 juin 1992, à M. François Chaanine la somme de 10 118 F, augmentée des intérêts au taux légal à compter du 17 juillet 1992, à M. Michel Chahloub la somme de 56 384 F, augmentée des intérêts au taux légal à compter du 17 juillet 1992, à M. et Mme Nizar Choucair la somme de 12 115 F, augmentée des intérêts au taux légal à compter du 5 août 1992, à la Sarl Costa Bitar la somme de 78 781 F, augmentée des intérêts au taux légal à compter du 28 septembre 1992, à M. Fernand Dagher la somme de 42 288 F, augmentée des intérêts au taux légal à compter du 18 juin 1992, à M. et Mme François Debbane la somme de 112 354 F, augmentée des intérêts au taux légal à compter du 20 juillet 1992, à M. Mohammed Dogmoch la somme de 87 897 F, augmentée des intérêts au taux légal à compter du 18 juillet 1992, à M. et Mme Doumet et M. Shougayar la somme de 42 755 F, augmentée des intérêts au taux légal à compter du 4 juin 1992, à M. et Mme Robert El Amm la somme de 5 264 F, augmentée des intérêts au taux légal à compter du 4 juin 1992, à M. Elias El Hage la somme de 31 931 F, augmentée des intérêts au taux légal à compter du 18 juillet 1992, à M. Tarek El Mokdessi la somme de 38 070 F, augmentée des intérêts au taux légal à compter du 6 août 1992, à MM. Saïd Ahmed et Youssef El Tawil la somme de 8 984 F, augmentée des intérêts au taux légal à compter du 28 septembre 1992, aux Etablissements Haddad la somme de 28 885 F, augmentée des intérêts au taux légal à compter du 5 août 1992, à M. et Mme Camille Geagea la somme de 36 874 F, augmentée des intérêts au taux légal à compter du 30 septembre 1992, à M. Boutros Gellad la somme de 9 761 F, augmentée des intérêts au taux légal à compter du 18 juillet 1992, à M. et Mme Antoine Gemayel la somme de 31 595 F, augmentée des intérêts au taux légal à compter du 28 septembre 1992, à M. et Mme Evangelos Gholam la somme de 67 628 F, augmentée des intérêts au taux légal à compter du 23 juillet 1992, à M. Sammy Gorayeb la somme de 101 463 F, augmentée des intérêts au taux légal à compter du 18 juillet 1992, à M. Georges Haddad la somme de 40 299 F, augmentée des intérêts au taux légal à compter du 30 septembre 1992, à M. Abderrahman Haddadi la somme de 24 675 F, augmentée des intérêts au taux légal à compter du 17 juillet 1992, à M. et Mme Zareh Hadadjian la somme de 13 572 F, augmentée des intérêts au taux légal à compter du 20 juillet 1992, à M. Salim Hamod la somme de 54 192 F, augmentée des intérêts au taux légal à compter du 5 juin 1992, à M. Joseph Haress la somme de 15 463 F, augmentée des intérêts au taux légal à compter du 5 août 1992, à la société Intercontinental la somme de 19 239 F, augmentée des intérêts au taux légal à compter du 28 septembre 1992, à M. et Mme Amin Jreissati la somme de 104 080 F, augmentée des intérêts au taux légal à compter du 30 septembre 1992, à M. Michel Kahwaji la somme de 143 877 F, augmentée des intérêts au taux légal à compter du 17 juillet 1992, à Mme Rose Marie Karam la somme de 20 127 F, augmentée des intérêts au taux légal à compter du 17 juillet 1992, à M. et Mme Kevork Kechichian la somme de 63 051 F, augmentée des intérêts au taux légal à compter du 5 juin 1992, à M. Robert Kosmerelli la somme de 9 171 F, augmentée des intérêts au taux légal à compter du 28 septembre 1992, à M. Pierre Kosmerelli la somme de 11 931 F, augmentée des intérêts au taux légal à compter du 28 septembre 1992, à M. André Kosmerelli la somme de 8 546 F, augmentée des intérêts au taux légal à compter du 28 septembre 1992, à M. José Martinez la somme de 354 572 F, augmentée des intérêts au taux légal à compter du 30 septembre 1992, à MM. Mahmoud Masekh et El Sayed la somme de 48 368 F, augmentée des intérêts au taux légal à compter du 18 juillet 1992, à M. et Mme Alfred Matta la somme de 342 050 F, augmentée des intérêts au taux légal à compter du 23 juillet 1992, à M. Robert Matta la somme de 48 368 F, augmentée des intérêts au taux légal à compter du 23 juillet 1992, à M. et Mme Michel Nadim la somme de 288 976 F, augmentée des intérêts au taux légal à compter du 17 juillet 1992, à M. et Mme Youssef Noujaim la somme de 32 533 F, augmentée des intérêts au taux légal à compter du 30 septembre 1992, à M. et Mme Sarkis Parmaksizian la somme de 22 848 F, augmentée des intérêts au taux légal à compter du 4 juin 1992, à Mme Aline Parseghian la somme de 18 044 F, augmentée des intérêts au taux légal à compter du 17 juillet 1992, à M. Rodrigue Raad la somme de 6 886 F, augmentée des intérêts au taux légal à compter du 17 juillet 1992, à Mlle Chaki Rachdouni la somme de 43 243 F, augmentée des intérêts au taux légal à compter du 17 juillet 1992, à M. et Mme Raymond Rassam la somme de 59 797 F, augmentée des intérêts au taux légal à compter du 5 août 1992, à Mlle Solange et Mme Pascale Rebeiz la somme de 23 524 F, augmentée des intérêts au taux légal à compter du 17 juillet 1992, à M. et Mme Elias Saade la somme de 565 956 F, augmentée des intérêts au taux légal à compter du 4 juillet 1992, à MM. Youssif et Georges Saddi la somme de 32 551 F, augmentée des intérêts au taux légal à compter du 27 juillet 1992, à Mgr Ghofraïl Saleeby la somme de 15 009 F, augmentée des intérêts au taux légal à compter du 20 juillet 1992, à M. Albert Saliba la somme de 41 977 F, augmentée des intérêts au taux légal à compter du 4 juin 1992, à M. Edgar Saliba la somme de 75 845 F, augmentée des intérêts au taux légal à compter du 17 juillet 1992, à M. et Mme Georges Saliba la somme de 51 526 F, augmentée des intérêts au taux légal à compter du 30 septembre 1992, à M. et Mme Henri Sarkissian la somme de 15 506 F, augmentée des intérêts au taux légal à compter du 6 août 1992, à MM. Mitri et Michel Schoucair la somme de 36 049 F, augmentée des intérêts au taux légal à compter du 23 juillet 1992, à Mme Badrya Sebti la somme de 39 113 F, augmentée des intérêts au taux légal à compter du 30 septembre 1992, à M. et Mme Emile Sfeir la somme de 18 523 F, augmentée des intérêts au taux légal à compter du 17 juillet 1992, à M. Raymond Sfeir la somme de 15 597 F, augmentée des intérêts au taux légal à compter du 4 juin 1992, à M. et Mme Sami Shoughayar la somme de 14 418 F, augmentée des intérêts au taux légal à compter du 23 juillet 1992, à Mme Nouhad Tabry la somme de 13 291 F, augmentée des intérêts au taux légal à compter du 28 septembre 1992, à M. et Mme Zafer Tambe la somme de 169 088 F, augmentée des intérêts au taux légal à compter du 28 septembre 1992, à M. et Mme Joseph Tayar la somme de 199 888 F, augmentée des intérêts au taux légal à compter du 28 septembre 1992, à M. Youssef Adib Tohme la somme de 78 108 F, augmentée des intérêts au taux légal à compter du 30 septembre 1992, à Mlle Nathalie Viriot Los Arcos la somme de 29 407 F, augmentée des intérêts au taux légal à compter du 17 juillet 1992, à M. Hirosayu Yamaguchi la somme de 7 062 F, augmentée des intérêts au taux légal à compter du 17 juillet 1992, à Mme Afaf Zeinoun la somme de 46 467 F, augmentée des intérêts au taux légal à compter du 28 septembre 1992, à Mme Wadad Zeinoun la somme de 27 797 F, augmentée des intérêts au taux légal à compter du 18 juillet 1992 ;

Sur les frais d'expertise exposés en appel

Considérant qu'il y a lieu, dans les circonstances de l'affaire, de mettre ces frais à la charge de l'Etat ;

Sur les conclusions tendant au remboursement des frais exposés et non compris dans les dépens

Considérant qu'il y a lieu, dans les circonstances de l'espèce, de faire application des dispositions de cet article et de condamner l'Etat à payer à M. et Mme Kechichian et aux autres auteurs du pourvoi incident la somme de 60 000 F qu'ils demandent au titre des frais exposés par eux devant le Conseil d'Etat et non compris dans les dépens, ainsi qu'une somme de 50 000 F au titre de la procédure suivie devant la cour administrative d'appel ;

DECIDE :

Article 1er : Les jugements du tribunal administratif de Paris du 7 juillet1993 et l'arrêt de la cour administrative d'appel de Paris du 25 janvier 2000 sont annulés.

Article 2 : L'Etat est condamné à payer à M. et Mme Nicolas Abdouche la somme de 106 222 F, augmentée des intérêts au taux légal à compter du 23 juillet 1992, à M. et Mme Georges Abikaram la somme de 77 725 F, augmentée des intérêts au taux légal à compter du 27 juillet 1992, à M. Joseph Abi Nader la somme de 162 933 F augmentée des intérêts au taux légal à compter du 28 septembre 1992,à M. et Mme Wadji Sélim Absi la somme de 15 737 F augmentée des intérêts au taux légal à compter du 30 septembre 1992, à M et Mme Antoine Adjoury la somme de 6 908 F, augmentée des intérêts au taux légal à compter du 30 septembre 1992, à M. Jacques Adraos la somme de 172 704 F augmentée des intérêts au taux légal à compter du 17 juillet 1992, à M. Marcel Aractingi, la somme de 407 087, augmentée des intérêts au taux légal à compter du 1er juin 1992, à Mme Anna Arakelyan la somme de 6 935 F, augmentée des intérêts au taux légal à compter du 4 juin 1992, à M Sami Bassil la somme de 38 862 F, augmentée des intérêts au taux légal à compter du 23 juillet 1992, à M Méguerditch et Mlle J. Bouldoukian la somme de 86 174 F augmentée des intérêts au taux légal à compter du 23 juillet 1992, à M George Boulos la somme de 61 762 F, augmentée des intérêts légaux à compter du 5 août 1992, à Mme Oghlakian veuve Boyadjan la somme de 18 555 F, augmentée des intérêts légaux à compter du 4 juin 1992, à M. François Chaanine la somme de 10 118 F, augmentée des intérêts légaux à compter du 17 juillet 1992, à M. Michel Chaaloub la somme de 56 384 F, augmentée des intérêts au taux légal à compter du 17 juillet 1992, à M. et Mme Nizar Choucairla somme de 12 115 F, augmentée des intérêts au taux légal compter du 5 août 1992, à la Sarl Costa Bitar la somme de 78 781 F, augmentée des intérêts au taux légal à compter du 28 septembre 1992, à M. Fernand Dagher la somme de 42 288 F, augmentée des intérêts au aux légal à compter du 18 juin 1992, à M. et Mme François Debbane la somme de 112 354 F, augmentée des intérêts au taux légal à compter du 20 juillet 1992,à M. Mohammed Dogmoch la somme de 87 897 F, augmentée des intérêts au taux légal à compter du 18 juillet 1992, à M. et Mme Dounet et M. Shougayar la somme de 42 755 F, augmentée des intérêts au taux légal à compter du 4 juin 1992, à M. et Mme Robert El Amm la somme de 5 264 F, augmentée des intérêts au taux légal à compter du 4 juin 1992, à M ; et Mme Elias El Hage la somme de 32 931 F augmentée des intérêts au taux légal à compter du 18 juillet 192, à M. Tarek El Mokadessi la somme de 38 070F, augmentée des intérêts au taux légal à compter du 6 août 1992, à MM. Saïd

Ahmed et Youssef El Tawil la somme de 8 984 F, augmentée des intérêts au taux légal à compter du 28 septembre 1992, aux Etablissements Haddad la somme de 28 885 F, augmentée des intérêts au taux légal à compter du 5 août 1992, à M. et Mme Camille Geagea la somme de 36 874 F, augmentée des intérêts au taux légal à compter du 30 septembre 1992, à M. Boutros Gellad la somme de 9 761 F, augmentée des intérêts au taux lagal à compter du 18 juillet 1992, à M. et Mme Antoine Gemayel la somme de 31 595 F, augmentée des intérêts au taux légal à compter du 28 septembre 1992, à M. et Mme Evangelos Gholam la somme de 67 628 F, augmentée des intérêts au taux légal à compter du 23 juillet 1992, à M. Sammy Gorayeb la somme de 101 463 F, augmentée des intérêts au taux légal à compter du 18 juillet 1992,à M. Georges Haddad la somme de 40 299 F, augmentée des intérêts au taux légal à compter du 30 septembre 1992,à M. Abderrahman Haddadi la somme de 24 675 F, augmentée des intérêts au taux légal à compter du 17 juillet 1992, à M. et Mme Zareh Hadadjan la somme de 13 572 F, augmentée des intérêts au taux légal à compter du 20 juillet 1992, à M. Salim Hamod la somme de 54 192 F, augmentée des intérêts au taux légal à compter du 5 juin 1992, à M. Joseph Haress la somme de 15 463 F, augmentée des intérêts au taux légal à compter du 5 août 1992, à la société Intercontinental la somme de 19 239 F, augmentée des intérêts au taux légal à compter du 28 septembre 12, à M. Et Mme Amin Jreissati la somme de 104 080 F, augmentée des intérêts au taux légal à compter du 30 septembre 1992, à M. Michel Kahwaji la somme de 143 877 F, augmentée des intérêts au taux légal à compter du 17 juillet 1992, à Mme Rose Marie Karam la somme de 20 177 F, augmentée des intérêts au taux légal à compter du 17 juillet 1992, à M. et Mme Kevork Kechichian la somme de 63 051 F, augmentée des intérêts au taux légal à compter du 5 juin 1992, à M. Robert Kosmerelli la somme de 9 171 F, augmentée des intérêts au taux légal à compter du 28 septembre 1992, à M. Pierre Kosmerelli la somme de 11 931 F, augmentée des intérêts au taux légal à compter du 28 septembre 1992, à M. André Kosmerelli la somme de 8 546 F, augmentée des intérêts au taux légal à compter du 28 septembre 1992, à M. José Martinez la somme de 354 572 F, augmentée des intérêts au taux légal à compter du 10 septembre 1992, à MM. Mahmoud Masekh et El Sayed la somme de 48 368 F, augmentée des intérêts au taux légal à compter du 18 juillet 1992,à M. et Mme Alfred Mata la somme de 342 050 F, augmentée des intérêts au taux léga à compte du 23 juillet 1992, à M. Robert Matta la somme de 48 368 F, augmentée des intérêts au taux égal à compter du 23 juillet 1992 à M. et Mme Michel Nadim la somme de 288 976 F, augmentée des intérêts au taux légal à compter du 17 juillet 1992, à M. et Mme Youssef Noujaim la somme de 32 533 F, augmentée des intérêts au taux légal à compter du 30 septembre 1992, à M. et Mme Sarkis Parmaksizian la somme de 22 848 F, augmentée des intérêts au taux légal à compter du 4 juin 1992, à Mme Aline

Parseghian la somme de 18 044 F, augmentée des intérêts au taux légal à compter du 17 juillet 1992, à M. Rodrigue Raad la somme de 6 886 F, augmentée des intérêts au taux légal à compter du 17 juillet 1992, à Mlle Chaki Rachdouni la somme de 43 243 F, augmentée des intérêts au taux légal à compter du 17 juillet 1992, à M. et Mme Raymond Rassam la somme de 59 797 F, augmentée des intérêts au taux légal à compter du 5 août 1992, à Mlle Solange et Mme Pascale Rebeiz la somme de 23 524 F, augmentée des intérêts au taux légal à compter du 17 juillet 1992, à M. et Mme Elias Saade la somme de 565 956 F, augmentée des intérêts au taux légal à compter du 4 juillet 1992, à MM. Youssif et Georges Saddi la somme de 32 551 F, augmentée des intérêts au taux légal à compter du 27 juillet 1992, à Mgr Ghofraïl Saleeby la somme de 15 009 F, augmentée des intérêts au taux légal à compter du 20 juillet 1992, à M. Albert Saliba la somme de 41 977 F, augmentée des intérêts au taux légal à compter du 4 juin 1992, à M. Edgar Saliba la somme de 75 845 F, augmentée des intérêts au taux légal à compter du 17 juillet 1992, à M. et Mme Georges Saliba la somme de 51 526 F, augmentée des intérêts au taux légal à compter du 30 septembre 1992, à M. et Mme Henri Sarkissian la somme de 15 506 F, augmentée des intérêts au taux légal à compter du 6 août 1992, à MM. Mitri et Michel Schoucair la somme de 36 049 F, augmentée des intérêts au taux légal à compter du 23 juillet 1992, à Mme Badrya Sebti la somme de 39 113 F, augmentée des intérêts au taux légal à compter du 30 septembre 1992, à M. et Mme Emile Sfeir la somme de 18 523 F, augmentée des intérêts au taux légal à compter du 17 juillet 1992, à M. Raymond Sfeir la somme de 15 597F, augmentée des intérêts au taux légal à compter du 4 juin 1992, à M. et Mme Sami Shoughayar la somme de 14 418 F, augmentée des intérêts au taux légal à compter du 23 juillet 1992, à Mme Nouhad Tabry la somme de 13 291 F, augmentée des intérêts au taux légal à compter du 28 septembre 1992, à M. et Mme Zafer Tambe la somme de 169 088 F, augmentée des intérêts au taux légal à compter du 28 septembre 1992, à M. et Mme Joseph Tayar la somme de 199 888 F, augmentée des intérêts au taux légal à compter du 28 septembre 1992, à M. Youssef Adib Tohme la somme de 78 108 F, augmentée des intérêts au taux légal à compter du 30 septembre 1992, à Mlle Nathalie Viriot Los Arcos la somme de 29 407 F, augmentée des intérêts au taux légal à compter du 17 juillet 1992, à M. Hirosayu Yamaguchi la somme de 7 062 F, augmentée des intérêts au taux légal à compter du 17 juillet 1992, à Mme Afaf Zeinoun la somme de 46 467 F, augmentée des intérêts au taux légal à compter du 28 septembre 1992, à Mme Wadad Zeinoun la somme de 27 797 F, augmentée des intérêts au taux légal à compter du 18 juillet 1992.

Les intérêts seront capitalisés, pour chaque requérant, à chacune des dates auxquelles il a demandé cette capitalisation, pour produire eux-mêmes intérêts.

Article 3 : Le surplus des conclusions présentées par M. et Mme Kechichian et autres devant la cour administrative d'appel de Paris, ainsi que les conclusions de leur pourvoi incident, sont rejetés.

Article 4 : L'Etat versera à M. et Mme Kechichian et aux autres auteurs du pourvoi incident une somme totale de 110 000 F en application des dispositions de l'article L. 761-1 du code de justice administrative.

Article 5 : Les frais d'expertise sont mis à la charge de l'Etat.

Article 6 : La présente décision sera notifiée au MINISTRE DE L'ECONOMIE, DES FINANCES ET DE L'INDUSTRIE, à la Commission bancaire, à M. et Mme Nicolas Abdouche, à M. et Mme Georges Abikaram, à M. Joseph Abi Nader, à M. et Mme Wadji Sélim Absi, à M. et Mme Antoine Adjoury, à M. Jacques Andraos, à M. Marcel Aractingi, à Mme Anna Arakelyan, à M. Sami Bassil, à M. Méguerditch et Mlle J. Bouldoukian, à M. Georges Boulos, à Mme Oghlakian veuve Boyadjian, à M. François Chaanine, à M. Michel Chahloub, à M. et Mme Nizar Choucair, à la Sarl Costa Bitar, à M. Fernand Dagher, à M. et Mme François Debbane, à M. Mohammed Dogmoch, à M. et Mme Doumet et M. Shougayar, à M. et Mme Robert El Amm, à M. Elias El Hage, à M. Tarek El Mokdessi, à MM. Saïd Ahmed et Youssef El Tawil, aux Etablissements Haddad, à M. et Mme Camille Geagea, à M. Boutros Gellad, à M. et Mme Antoine Gemayel, à M. et Mme Evangelos Gholam, à M. Sammy Gorayeb, à M. Georges Haddad, à M. Abderrahman Haddadi, à M. et Mme Zareh Hadadjian, à M. Salim Hamod, à M. Joseph Haress, à la société Intercontinental, à M. et Mme Amin Jreissati, à M. Michel Kahwaji, à Mme Rose Marie Karam, à M. et Mme Kevork Kechichian, à M. Robert Kosmerelli, à M. Pierre Kosmerelli, à M. André Kosmerelli, à M. José Martinez, à MM. Mahmoud Masekh et El Sayed, à M. et Mme Alfred Matta, à M. Robert Matta, à M. et Mme Michel Nadim, à M. et Mme Youssef Noujaim, à M. et Mme Sarkis Parmaksizian, à Mme Aline Parseghian, à M. Rodrigue Raad, à Mlle Chaki Rachdouni, à M. et Mme Raymond Rassam, à Mlle Solange et Mme Pascale Rebeiz, à M. et Mme Elias Saade, à MM. Youssef et Georges Saddi, à Mgr Ghofraïl Saleeby, à M. Albert Saliba, à M. Edgar Saliba, à M. et Mme Georges Saliba, à M. et Mme Henri Sarkissian, à MM. Mitri et Michel Schoucair, à Mme Badrya Sebti, à M. et Mme Emile Sfeir, à M. Raymond Sfeir, à M. et Mme Sami Shoughayar, à Mme Nouhad Tabry, à M. et Mme Zafer Tambe, à M. et Mme Joseph Tayar, à M. Youssef Adib Tohme, à

Mlle Nathalie Viriot Los Arcos, à M. Hirosayu Yamaguchi, à Mme Afaf Zeinoun et à Mme Wadad Zeinoun.

Indépendance et responsabilité sont les maîtres mots qui doivent porter l'évolution des commissions bancaires qui exercent actuellement un pouvoir totalitaire et sans contrôle. Il est vrai que les membres de la Commission bénéficient d'immunités pour les actes accomplis dans le cadre de leurs fonctions. Encore faut-il en matière de responsabilité civile, faire le départ entre la faute de service et la faute personnelle. Si la faute de service est inhérente à la fonction, elle ne soumet pas l'intéressé à responsabilité. Quid d'une faute personnelle, notamment pénale ?

Le comportement de l'agent entraîne sa responsabilité personnelle. Ce n'est pas le cas en UEMOA où les membres de la Commission Bancaire ne peuvent faire l'objet d'aucune poursuite civile ou pénale pour les actes accomplis dans l'exercice de leurs fonctions. Dans tous les cas, la menace d'une sanction ne peut être que bénéfique pour les missions de surveillance et de contrôle qui s'en trouveraient consolidées et exercées avec sérieux.

Section 2 : L'encadrement législatif de la restructuration

Cette mesure est nécessaire pour donner tracer des lignes directives du plan de restructuration que la Commission Bancaire réclame aux établissements en souffrance et de rendre objective l'appréciation de sa crédibilité.

En principe, la restructuration consiste soit, dans sa réorganisation patrimoniale structurelle (fusion, scission, dissolution, apport partiel d'actifs, etc…), soit dans le réaménagement de sa dette. La restructuration d'une société en difficulté, et à plus forte raison d'une banque concerne généralement, le second terme, c'est-à-dire, la restructuration financière. Mais les mesures traditionnelles de restructuration sont connues, le seul effort nécessaire étant celui de la définition juridique des différents outils.

S/section I. Les restructurations internes

I. Les restructurations de bas de bilan.

Elles se résument en mesures d'économies et d'opérations de cessions.

1° Les économies de gestion.

Elles se traduisent par trois trains de mesures :

- **la réduction de la masse salariale**, autrement dit les licenciements, constitue le premier poste de compression de charges. Les départs sont déclinés sous diverses formes : retraites anticipées, départs volontaires, licenciements collectifs, etc…
- **la réduction du train de vie de l'entreprise** : fermeture des filiales peu rentables, reconfigurations d'agences, réductions d'avantages en nature, etc…
- **le repositionnement sur le marché** : il s'agit de recentrer l'activité sur un axe majeur ou même d'un repli géographique en renonçant à une internationalisation coûteuse ou hasardeuse.

2° Les transferts et les cessions

Il faut éviter des cessions et des transferts compulsifs ou systématiques qui confineraient à une liquidation amiable. Ils doivent intégrer dans un plan réaliste de restructuration. Pour éviter de traîner des provisionnements dans le temps, il vaut mieux valoriser les actifs au prix du marché pour circonscrire les pertes.

a) **Le transfert de passif ou defeasance.** Cette technique sert à anticiper les difficultés.

Définition. Délégation imparfaite, c'est une opération au terme de laquelle le délégant, l'entreprise initiatrice, donne l'ordre à un tiers, le délégué, l'entité ad hoc, d'assurer le service d'une dette à l'égard des créanciers du délégant, les délégataires. La transmission de la dette n'efface pas l'engagement initial de l'entreprise. Résultat, le créancier se retrouve avec deux débiteurs au lieu d'un, faute de novation.

L'intérêt de l'opération pour son initiateur, c'est l'amélioration de son image bilancielle, la disparition de la dette rectifiant le ratio d'endettement sur fonds propres donc la capacité d'endettement de l'entreprise en lui donnant une meilleure image auprès des agences de notation. Le coût de l'opération et le montant à rembourser figurent à l'annexe du bilan.

La transmission de la dette s'accompagne de la remise par la société initiatrice d'un portefeuille de valeurs mobilières sans risque de recouvrement (exemple bon du Trésor) qui supporte le service de la dette et le remboursement de l'emprunt. Cette exemption de risque des valeurs transmises porte sur leur montant, leur échéance et leur paiement.

L'exercice démontre que cette technique doit être réservée aux entreprises en bonne santé financière, lestées d'un endettement relativement lourd et d'excédents peu actifs et peu productifs.

Mécanisme juridique. Il repose sur trois éléments essentiels :
- Le tiers cessionnaire : en raison de la transparence fiscale, le tiers cessionnaire peut revêtir trois formes, en l'occurrence, une société en nom collectif, une société anonyme contrôlée au seuil d'intégration ou le groupement d'intérêt économique ;
- le tiers cessionnaire ne doit pas être défaillant. A cette fin, les techniques d'usage sont une forte dotation en capital, un fonds de garantie ou un contrat d'assurance, l'engagement des actionnaires ou la garantie de l'Etat ;
- l'irrévocabilité du transfert de valeurs mobilières effectué au service de la dette afin d'affermir la déconsolidation.

b) **Le transfert des créances**

Modalités	Avantages	Inconvénients
Cession civile de créance	sécurité transport des sûretés transport de la valeur nominale	- lourdeur et coût (une signification par acte d'huissier par créance
Titrisation	sécurité transport des sûretés transport de la valeur nominale	- réduction du champ des titrisations
Sous-participation	absence de formalisme contraignant bénéfice des sûretés économiquement transmis	incertitudes juridiques (qualifications, effets...) gestion des créances
Endossement	sécurité transport des sûretés transport de la valeur nominale	Champ limité (la cession par endos doit être prévue, par exemple par copie exécutoire à ordre
Subrogation	absence de formalisme contraignant	Transport de la valeur d'acquisition et non de la valeur nominale
Cession de fonds de commerce	sécurité transport des sûretés transport de la valeur nominale	champ limité (existence d'un fonds de commerce) coût fiscal
Apport partiel d'actifs	sécurité transport des sûretés transport de la valeur nominale	champ limité (existence d'une branche complète d'activité et acquéreur personne morale) cédant devient actionnaire/associé de l'acquéreur (rétrocession coûteuse) nécessité d'un commissaire aux apports)

c) **Outils juridiques de transfert de créances**[46]

Les instruments juridiques de transfert

La titrisation : *« Opération par laquelle une entreprise cède des créances qu'elle détient sur sa clientèle à une entité ad hoc qui finance l'acquisition des créances par l'émission de titres sur le marché des capitaux »*[47].

[46] Extrait de Droit des défaillances bancaires

Bien que ce ne soit pas une pratique légalement établie partout, rien ne l'interdit dans le cadre conventionnel. Appliquée à un établissement de crédit, la titrisation permet au bilan de souffler en agissant sur les ratios déterminants. La sortie des créances améliore les conditions de refinancement de la banque et donc le crédit de l'établissement dans le marché interbancaire au bénéfice du ratio de solvabilité. De même, la diminution des besoins en fonds de roulement liés au recouvrement des créances améliore la liquidité de l'actif pour profiter au ratio de liquidité. L'établissement de crédit rétablit ainsi sa capacité de négociation auprès de la Commission Bancaire compétente.

Le cantonnement : c'est une technique d'isolement des zones à risques susceptibles de redressement.
- *Le cantonnement interne simple* intègre trois types d'opérations : le cantonnement interne simple comme les opérations de sous-participation, la défaisance active et la foncière.
- *Le cantonnement externe* peut se révéler tellement audacieux et coûteux que le présent rapport préfère ne pas s'y attarder. Comme exemple, l'opération de sauvetage du Crédit Lyonnais en France suffit parfaitement.

Garde – fous. Les limites juridiques et comptables constituent les garde - fous des opérations de restructuration financières.
Au niveau juridique : il faut toujours veiller à ce que l'opération qu'on effectue corresponde à la définition que la loi ou les autorités compétentes lui reconnaissent. Ainsi, si l'achat de créances non échues constitue une opération de banque au sens de la Commission Bancaire en France, seule une entreprise dotée d'un agrément peut y souscrire, à moins qu'il ne s'agisse d'un coup unique pour éviter le critère de l'habitude.
Au niveau comptable : ne jamais oublier l'exigence d'image fidèle et sincère requise par l'article 100 de l'Acte Uniforme relatif au Droit comptable :

« Lorsqu'une entreprise établit des états financiers consolidés, les commissaires aux comptes certifient que ces états sont réguliers et sincères et donnent une image fidèle du patrimoine, de la situation financière ainsi que de l'ensemble constitué par les entreprises comprises dans la consolidation.... »

La fidélité se rapporte à la réalité de la situation comptable, la sincérité à la loyauté.

---

[47] Kergommeaux (de) et Saint-Marc, « la technique de la titrisation », Droit et patrimoine, juin 1996, n°39, P.22-27

Problème, cette exigence rend difficile l'appréciation des provisions.
« On entend par provisions, les sommes que l'établissement inscrit dans ses comptes en les prélevant sur ses résultats courants ou ses fonds propres pour faire face à des pertes probables, par exemple la défaillance d'un emprunteur, mais dont le coût définitif ne peut être connu avec exactitude, par exemple parce qu'il est possible que l'emprunteur défaillant revienne à meilleure fortune, ou encore parce que les ages qu'il a donnés à son banquier, tels qu'une hypothèque ou une caution, sont susceptibles d'être mis effectivement en jeu. Pour ces raisons, le calcul des provisions repose pour partie sur des éléments subjectifs. Les règles prudentielles recommandent de provisionner les risques de manière suffisante pour couvrir toute la perte définitive le jour où elle se manifestera, compte tenu des informations dont on dispose au jour de l'arrêté des comptes »[48].

Dans les faits, les commissions bancaires déplorent généralement des pratiques de sous-provisionnement. A quel moment doit-on s'inquiéter ?

Réglementation : Règlement COBAC R-98/03 relatif à la comptabilisation et au positionnement des créances en souffrance et des engagements par signature douteux.

Définitions

Les créances en souffrance sont constituées des créances immobilisées, des créances impayées et des créances douteuses.

Sont considérés, comme des mouvements créditeurs significatifs enregistrés sur un compte courant ou ordinaire, les mouvements créditeurs dont le montant cumulé couvre les intérêts débiteurs imputables au compte concerné sur la période examinée.

Les créances immobilisées. Ce sont des créances échues depuis plus de trois mois mais dont le recouvrement final, sans être compromis, ne peut être effectué immédiatement.

Un compte courant débiteur est considéré comme immobilisé si, bien que le recouvrement du solde ne soit pas compromis, l'on n'y observe pas de mouvements créditeurs significatifs depuis plus de trois mois.

Les créances impayées. Elles sont des sommes non payées à l'échéance normale. Elles sont notamment constituées :

---

[48] Cour des Comptes, Le groupe Crédit Lyonnais, exercices 1987-19993, Rapport 1995, p.17

- des loyers de location-simple, de location avec option d'achat ou de crédit-bail mobilier et des échéances de crédits autres qu'immobiliers impayés pendant un délai inférieur ou égal à trois (3) mois ;
- des loyers de location-simple immobilière ou de crédit-bail immobilier et des échéances de crédits immobiliers impayés pendant un délai inférieur ou égal à six (6) mois ;
Sont également considérés comme impayés, les concours frappés de déchéance de terme depuis moins de trois (3) mois, pour tout motif autre que la survenance d'impayés.

Par contre, sont exclus des créances impayées, les échéances bénéficiant d'une prorogation de terme.

Les créances douteuses. Elles sont des concours de toute nature, même assortis de garantie, qui présentent un risque probable de non-recouvrement total ou partiel. Elles sont notamment constituées par :
- les concours comportant au moins une échéance impayée depuis plus de trois (3) mois ou plus de six (6) mois pour les crédits immobiliers, que cette échéance ait été préalablement classée en créance impayée ou non ;
- les comptes ordinaires débiteurs (comptes courants ou autres) sans aucun mouvement créditeur significatif depuis plus de trois (3) mois ;
- les créances ayant un caractère contentieux (recouvrement confié au service contentieux, procédure judiciaire ou arbitrale engagée, faillite, liquidation de biens, règlement judiciaire) ;
- les loyers échus afférents aux opérations de crédit-bail, de location avec option d'achat, de location-vente, dont au moins un terme est impayé depuis plus de trois (3) mois ou six (6) mois pour le crédit-bail immobilier.

La classification en créances douteuses d'une fraction impayée des concours portés par une personne morale ou physique entraîne le transfert de l'intégralité des concours par caisse accordés à cette personne en encours douteux, nonobstant toute considération liée aux garanties éventuellement détenus (effet de contagion).

Les créances irrécouvrables. Ce sont les créances dont le non-recouvrement est estimé certain après épuisement de tous les voies et moyens amiables ou judiciaires, ou pour toute autre considération pertinente.

Les engagements par signature douteux. Ce sont les engagements comptabilisés hors bilan qui présentent un risque probable ou certain de défaillance partielle ou totale du donneur d'ordre lors de leur réalisation.

Comptabilisation. Les créances en souffrance, les créances irrécouvrables et les engagements par signature douteux sont comptabilisés conformément aux principes suivants :

- Les créances immobilisées et les créances impayées sont enregistrées aux comptes prévus par le plan comptable des établissements de crédit. Toutefois, pour tenir compte des délais techniques de recouvrement, les établissements assujettis peuvent ne procéder au déclassement des créances devenues impayées qu'un mois après chaque échéance concernée.
- Les impayés constatés seront apurés au fur et à mesure de leur paiement ; en tout état de cause, si le plus ancien des impayés imputés à un même débiteur remonte à plus de trois mois, ils subiront le traitement appliqué aux créances douteuses.
- Les créances douteuses sortent de leur compte d'origine dès qu'elles sont considérées comme douteuses ; elles sont alors suivies dans le compte de « créances douteuses " relatif à chaque classe.
- Les intérêts et commissions ne sont enregistrés dans les comptes de produits que s'ils sont effectivement perçus, ainsi :

  a)- les écritures de comptabilisation des intérêts et commissions enregistrées avant le déclassement en créances immobilisées, en créances impayées ou en créances douteuses sont contre-passées dans le cas où les produits concernés n'ont pas été effectivement perçus ; ces produits font alors l'objet d'un enregistrement dans des comptes de hors bilan;

  b)- les intérêts générés par les créances immobilisées, les créances impayées et les créances douteuses non réglés ne sont pas comptabilisés dans les comptes de produits ; ils doivent être enregistrés dans des comptes de hors bilan ;

  c)- les créances irrécouvrables doivent être passées en pertes pour l'intégralité de leur montant. La totalité des provisions antérieurement constituées sur ces créances devra être reprise le cas échéant ;

  d)- les engagements par signature sont extraits de leur compte d'origine dès qu'ils sont considérés comme douteux ; ils sont alors suivis dans le compte " d'engagements douteux " de la classe 9.

Provisions. Les provisions sur les créances en souffrance sont constituées conformément aux principes suivants :
- Pour les créances immobilisées, les créances impayées et les créances douteuses garanties par l'Etat, la constitution de provision est facultative.
- Pour les créances douteuses non couvertes par la garantie de l'Etat et les engagements par signature douteux, les provisions sont constituées selon les modalités suivantes :

  a)- provisionnement intégral dans un délai maximum de trois ans des risques non couverts par des garanties réelles ; la provision cumulée doit couvrir, au moins
  25 % des encours la première année et 75 % la deuxième année ;

  b)- provisionnement intégral dans un délai maximum de quatre ans des risques couverts par des garanties réelles ; la provision cumulée doit couvrir, au moins 15 % du total des risques concernés au terme de la première année, 45 % au terme de la deuxième année et 75 % au terme de la troisième année.

Les créances douteuses relatives aux opérations de crédit-bail et de location avec option d'achat doivent faire l'objet d'un provisionnement à concurrence de leur montant.

Les provisions sur créances en souffrance sont enregistrées aux comptes prévus à cet effet dans les classes 3, 4 et 5 du plan comptable des établissements de crédit. En particulier, les provisions se rapportant aux créances douteuses sur le crédit-bail sont enregistrées au compte " provisions pour créances douteuses sur le crédit-bail ".
Les provisions relatives aux engagements par signature doux sont enregistrées, selon les cas, au compte de " provisions pour exécution d'engagements d'avals et cautions ", ou, s'agissant des engagements se rapportant au crédit-bail ou à la location avec option d'achat, au compte de " provisions pour risque de non perception de loyers ".

L'identification en créances immobilisées, créances impayées et créances douteuses doit être abandonnée lorsque les paiements reprennent de manière régulière pour les montants correspondants aux échéances, même si les retards de paiement et l'encours non échu sont renégociés en durée et en montant. Les montants consolidés sont suivis, en fonction de la durée de la consolidation, dans les comptes principaux " crédits à long terme " " crédits à moyen terme " et " crédits à court terme " au sein des comptes divisionnaires " crédits moratoriés ou consolidés sur l'Etat " en ce qui concerne l'Etat et " crédits non ventilables " pour les autres clients.

Les provisions antérieurement constituées sur créances douteuses qui excéderaient les montants découlant de l'application de l'article 9 ci-dessus ne peuvent faire l'objet de reprise de provisions que si celle-ci est justifiée par une amélioration effective des perspectives de recouvrement.

Autre objet d'attention – le bilan, car il faut prendre garde au délit de présentation de faux bilan.

II. Les restructurations de haut de bilan

L'objectif ici, c'est le renforcement des fonds propres. Naturellement, on pense aux opérations d'augmentation de capital destinées aux actionnaires ou réservées à un chevalier blanc. La difficulté, c'est d'obtenir l'accord de tous les actionnaires. La formule courante consiste dans le recours aux prêts participatifs ou aux titres subordonnés.

1° Les prêts participatifs

La législation communautaire ne leur affecte pas une définition et ne l'invoque que comme « autres valeurs mobilières ». Toutefois, ils sont perçus comme un mode de financement intermédiaire entre le prêt à long terme et la prise de participation. Ce sont des instruments de dette, des prêts que, par artifice d'analyse la loi assimile à des fonds propres pour améliorer la structure bilancielle des établissements de crédit. Ils présentent une double caractéristique

Au niveau des conditions de rémunération, il bénéficie « *du service d'un intérêt fixe généralement majoré d'une participation au bénéfice net de l'emprunteur* »[49] ou par *« le jeu d'une clause de participation au bénéfice net de l'emprunteur ou au bénéfice réalisé par l'emprunteur lors de l'utilisation des biens dont l'acquisition a été financée totalement ou partiellement par ce prêt ou la plus-value réalisée lors de la cession ou sous forme de rétrocession de la marge réalisée ».*[50]

En cas de liquidation amiable ou judiciaire, de redressement judiciaire par cession de la banque, les prêts participatifs ne sont remboursés qu'après désintéressement de tous les autres créanciers, privilégiés ou chirographaires, mais avant les titres participatifs et les titres de capital. Là aussi, il faudrait trouver un preneur prêt à accepter d'être traité avec si peu de cas, sauf garanties.

La pratique recourt souvent à des titres subordonnés à durée indéterminée, une longévité à laquelle ils doivent leur dénomination d'obligation perpétuelle.

2° Les titres subordonnés à durée indéterminée

D'une durée moyenne de 15 ans, ils sont classés parmi les quasi-fonds propres pour la détermination du ratio de solvabilité. Aucune date de remboursement n'est prévue, le remboursement étant simplement subordonné au règlement de toutes les autres dettes.

---

[49] Œuvre collective sous la direction de P. Raimbourg et M. Boizard : Dalloz 2009/2010 : Ingénierie financière, fiscale et juridique

[50] Art. L 313-6-17, al.1 du code monétaire et financier

S/Section 2. Les restructurations externes

I.L'intervention de l'Etat : cas de la Commercial Bank of Cameroon dite CBC

Parmi les mesures de restructuration externe figure l'intervention de l'Etat. Plus facile à concevoir lorsque l'Etat est actionnaire de l'établissement de crédit, elle est plus délicate à mettre en œuvre dans le cas contraire où elle trouve une justification dans la nécessité d'éviter à l'économie nationale une perturbation grave. C'est ce qu'il risque d'arriver dans le cas de la Commercial Bank of Cameroon, mise sous administration provisoire par Décision COBAC D-2009/204 du 2 novembre 2009 afin, entre autres motifs : *« de prévenir le risque systémique car la défaillance d'un établissement de crédit peut mettre en péril les autres banques par des effets de contagion ».*

Il faut dire que le redressement de la CBC réclame une injection massive de fonds de l'ordre de 30 milliards de francs CFA, ce qui a provoqué une déclaration remarquée.

« La Commercial Bank of Cameroun va bénéficier d'un appui financier de l'Etat. L'Etat du Cameroun va apporter une aide financière à la Commercial Bank of Cameroon (Cbc), a annoncé jeudi soir le ministre camerounais des Finances Essimi Menye après une visite effectuée à l'agence de Yaoundé de cette institution bancaire mise la semaine dernière sous administration provisoire par la Commission bancaire d'Afrique centrale (Cobac).
« Dans les prochaines semaines, nous allons mettre à la disposition de cette institution une enveloppe financière pour l'aider à refinancer les fonds propres, moyennant un plan de restructuration qui est en préparation », a déclaré le ministre des Finances. « Cette enveloppe de l'Etat sera fonction de ce que le plan de restructuration nous aura soumis. Si le plan de restructuration a besoin de 5 milliards, nous allons donner ces 5 milliards », a-t-il précisé [51]
Cette déclaration attribuée au Ministre des Finances incite à s'interroger sur la forme éventuelle de cette intervention de l'Etat et son montant et sur le cadre juridique dans lequel elle s'inscrit. Car, Commercial Bank of Cameroon s'est toujours enorgueillie d'être une banque à capitaux privés camerounais et allemands. C'est l'occasion de rappeler que l'intervention de l'Etat est soumise à quelques contraintes car l'enveloppe financière de l'Etat, c'est l'impôt des Camerounais.

---

[51] www.souslemanguier.com

Contraintes budgétaires et légales. Au Cameroun, les finances publiques, donc les questions budgétaires, relèvent du domaine de la loi : article 26-d-e de la Constitution

Art. 26.- (1) la loi est votée par le Parlement. Sont du domaine de la loi :
...d- Les questions financières et patrimoniales suivantes :
1. le régime d'émission de la monnaie ;
2. le budget ;
3. la création des impôts et taxes et la détermination de l'assiette, du taux et des modalités de recouvrement de ceux - ci ;
4. Le régime domanial, foncier et minier ;
5. Le régime des ressources naturelles
e- La programmation des objectifs de l'action économique et sociale.... »

Il appartient donc au Gouvernement de solliciter l'autorisation du Parlement qui devra voter une loi pour définir la nature et le montant de cette « enveloppe financière » : subvention, prêt, prise de participation ou garantie ? L'état des finances de l'Etat le permet-il ? Si pour le financement de ses propres besoins l'Etat recourt aux institutions internationales, la question du financement de cette intervention mérite d'être posée.

« Encours de la Dette Publique [52]
Au 30 juin 2009, la Dette Publique du Cameroun s'établit à 1339 milliards de FCFA, dont 912 milliards de dette extérieure. Cette dette est en diminution de 2,9% par rapport à l'encours au 31 mars 2009 et de 3,1% par rapport au niveau de l'encours constaté en fin d'année 2008. Il convient de relever qu'après de légères révisions dues à la prise en compte des nouveaux décaissements constatés au cours du second trimestre 2009, la Dette Publique du Cameroun au 31 décembre 2008 se situe à 1379 milliards de FCFA, dont 67,8% de dette extérieure, contre 1 381 milliards de FCFA de Dette Publique observée au 31 mars 2009, dont 68,6% de dette extérieure. L'encours de la dette extérieure a diminué de 3,8% par rapport au trimestre précédent et de 2,6% en glissement semestriel. La dette intérieure, quant à elle est en diminution de 1,4% par rapport au trimestre précédent et de 3,5% sur l'ensemble du premier semestre 2009 ».

Contraintes communautaires. L'espace légal de l'exercice bancaire en Afrique centrale c'est la CEMAC, une aire géographique unique, sans disparité nationale. Un Etat non actionnaire peut-il apporter une aide

[52] www.caa.cm

financière à une banque sans rompre les règles de la concurrence ? La noblesse de ce geste de sauvetage justifie-t-elle un avantage gratuit à une banque perdue par un laxisme professionnel notoire, pendant que les autres banques s'efforcent au respect de la réglementation prudentielle ?

Peut-être faudrait-il une nationalisation pure et simple de la banque ou tout au moins une prise de contrôle public temporaire pour donner un signal fort et stopper l'hallali des tragédies latentes. Cela dit, l'intervention de l'Etat devrait se limiter à l'effort nécessaire pour la renaissance et la viabilité de la banque. Une Injonction de fonds publics serait coûteuse et inefficace si elle n'est pas accompagnée d'une vraie politique du crédit

II. La prise de contrôle

La gestion familiale de la CBC ne permettra pas de déterminer de manière précise le niveau des pertes présentées comme abyssales. En raison de la nullité de la valeur de l'action, la CBC ne peut raisonnablement être rachetée qu'au franc symbolique en contrepartie de l'investissement massif auquel est de toute façon contraint un éventuel repreneur dans une opération de croissance externe, par exemple. Pour cela, il faudrait qu'il y ait matière à rebondir comme un portefeuille immobilier, des participations intéressantes dans d'autres établissements de crédit, des compétences particulières, etc…

III. La fusion de banques

La fusion de banques peut se révéler un outil intéressant à condition d'être décidée à temps pour anticiper les difficultés. Tout dépend des objectifs de l'opération.

Désir d'expansion. S'agit-il d'offrir un service globalisé à ses clients ? La logique recourrait effectivement à la recherche d'économies d'échelle dans l'élargissement de la palette de produits offerts à des coûts attractifs, d'une meilleure rentabilité et de compétitivité.

Gestion du risque. C'est également une raison d'agrandissement puisqu'une grande taille facilite la mutualisation des risques. Tout l'enjeu c'est d'être raisonnable pour une adéquation entre le nombre de clients et les volumes en vue du respect du ratio de division des risques.

En conclusion, les conditions de réussite d'une fusion sont connues :

- le passé doit être pris en compte à sa valeur réelle pour éviter une future cessation des paiements ;

- les parties doivent avoir un savoir commun ou des compétences complémentaires ;

- le niveau des fonds propres de l'un doit permettre de faire face aux difficultés de son partenaire.

Chapitre 3

La création d'un fonds de garantie

Ouvrir un compte en banque en Afrique francophone est un acte d'appauvrissement. Déposer de l'argent dans son compte, c'est se dépouiller. En toute légalité. Cette réalité tient en deux raisons que sont la complexité juridique de la nature du contrat de dépôt de fonds, qui est d'un type particulier, et l'inexistence d'un fonds de garantie des dépôts et des titres. Lorsqu'une personne dépose de l'argent dans un compte à la banque, cette dernière a le droit de l'utiliser pour son propre compte, à charge pour elle de le restituer aux conditions convenues comme, entre autres ordres, les chèques ou les virements. En raison de la nature fongible de l'argent, le déposant n'a plus la propriété de la somme versée, qui perd son individualité en se fondant dans les avoirs de même nature de la banque. Dès lors, le déposant devient le simple titulaire d'une créance chirographaire du même montant envers la banque.

Certes, un fonds de garantie des dépôts vient d'être créé en Afrique centrale. S'il faut saluer l'initiative, on déplore l'opacité qui l'entoure et on relève le scepticisme de ceux qui ont eu l'honneur d'avoir accès à es textes fondateurs tellement les questions restent nombreuses.

La préoccupation grandit quand, au regard des balbutiements de notre marché financier, le constat est facilement établi, d'une économie d'endettement dans laquelle les banques jouent incontestablement un rôle vital comme auxiliaires de commerce. C'est donc peu dire que la faillite d'une banque peut se révéler catastrophique pour l'économie d'un pays, à plus forte raison, sur la vie des déposants qui parfois ont toute leur vie dans un compte en banque. En conséquence, l'épargne publique mérite plus de considération pour le traitement des établissements de crédit et de microfinance en difficulté.

Il est évident que l'invitation des actionnaires à faire un geste et la solidarité de place ne sont pas des outils juridiques capables de faire face à la faillite d'une banque. Confiants et ignorants, les déposants méritent d'être prémunis d'un sinistre intégral en instituant un moyen simple et efficace de limiter les dégâts en cas de catastrophe bancaire, en l'occurrence un fonds de garantie des dépôts des titres et des cautions. Cet organisme permettrait d'assurer une indemnisation minimale au seuil défini et même mettre en jeu la responsabilité des dirigeants de droit ou de fait soumis à son magistère. C'est une question de morale publique.

La seule façon de pallier l'insuffisance de la méthode préventive est de créer un système de garantie avec pour objet d'indemniser en cas d'indisponibilité de leurs fonds.

Le déposant est démuni dès le versement et cette fragilité peut créer des problèmes économiques et mêmes sociaux en cascade. L'entreprise qui perd sa trésorerie du fait de la défaillance de son banquier peut être amenée à déposer son bilan avec toutes les conséquences de droit, dont une charrette de licenciements. Celle qui se heurte au retrait d'agrément d'un établissement de crédit après avoir reçu un virement subit le cours ennuyeux des procédures collectives. Pour prendre l'exemple français, pour ne pas le nommer, il existe un fonds de garantie chargé d'indemniser les déposants en cas d'indisponibilité de leurs dépôts, c'est-à-dire en cas de faillite.

I. Principes de financement d'un fonds de garantie

Postulat : adhésion obligatoire des établissements de crédit au fonds de garantie avec contribution de principe en dehors de tout sinistre. En contrepartie, une rémunération est servie à l'établissement de crédit. C'est la dotation ex ante. Elle est gouvernée par les règles suivantes :
- elle est proportionnelle au profil de risque de chaque établissement de crédit. L'évaluation du risque est effectuée par la Commission Bancaire en fonction des informations en sa possession, notamment les ratios réglementaires. En conséquence, plus le risque est grand, plus la contribution est élevée. La gestion est donc un élément déterminant de cette évaluation.
- les calculs sont faits par la Commission Bancaire qui détermine la contribution de chaque établissement de crédit sur la base des informations que ce dernier lui transmet. Naturellement, les calculs peuvent être modifiés à la suite d'une contestation de l'établissement de crédit ou de la connaissance postérieure à la transmission par la Commission Bancaire d'éléments déterminants.
- les contributions peuvent être exécutées par provision. Mais la Commission peut procéder à une taxation d'office en cas de retard ou de lacune de l'information indispensable aux calculs.

Financement. La loi bancaire française, par exemple, prévoit trois modes de financement :
- la cotisation annuelle obligatoire. Les montants sont fixés de manière raisonnable pour ne pas perturber la stabilité du système financier. Ses modalités de versement sont arrêtées par la Commission Bancaire.

- les certificats d'association : ce sont des « titres de participations particuliers achetés obligatoirement par l'établissement de crédit contributeur »[53]
Variable, la contribution de chaque adhérent repose sur une double considération :
L'assiette des dépôts et la part nette du risque qui lui est attribué en fonction de la notation de sa solvabilité, de la division des risques et de la rentabilité d'exploitation.
Leur rémunération est conditionnelle et facultative.
- l'emprunt : il s'agirait pour le fonds de garantie d'une mesure exceptionnelle pour ne pas obérer à l'avance les futures contributions des adhérents.
Sanctions en cas de refus de versement. Elles vont de la pénalité de retard à la gamme de sanctions disciplinaires à la disposition de la Commission Bancaire, c'est-à-dire de l'avertissement au retrait d'agrément ou encore une sanction pécuniaire.

II. Missions du fonds de garantie. L'objectif principal de l'institution d'un fonds est la prévention de l'indisponibilité de l'argent des déposants, d'une part, puis, en cas de sinistre, de fournir une réponse en terme de remboursement. D'où une intervention en amont, à titre préventif et une autre, en aval, à titre curatif.

Dispositif préventif. Hypothèse de l'établissement de crédit « dont la situation laisse craindre, à terme, une indisponibilité des dépôts » : L.312-5 COMOFI

L'enjeu ici est d'armer le fonds en moyens de pression plus efficace que l'invitation au devoir d'actionnaire comme l'expropriation d'actionnaires réfractaires au redressement de l'établissement de crédit, cession du fonds de commerce, action en responsabilité contre les dirigeants de fait ou de droit, etc…

Dispositif curatif. Hypothèse de la cessation des paiements de l'établissement de crédit

L'intervention du fonds est de nature à entraîner le retrait d'agrément donc la liquidation. Dans ce cas, il faudrait dispenser le fonds des contraintes des procédures collectives pour permettre le remboursement rapide des déposants.

Négliger la constitution d'un organisme de cette nature, c'est croire que les banques sont à l'abri de la défaillance alors que la dernière crise du

[53] Marini : « Oui à la sécurité des déposants, non à l'infaillibilité bancaire »

système bancaire africain date à peine de trente ans, qui a enregistré de nombreuses fermetures de guichets et l'apparition de sociétés de recouvrement de sommes dues à l'Etat. Les petites gens et leurs toutes aussi petites économies ont été ruinées. Les tempêtes actuelles n'ont rien de rassurant, qui bousculent jusqu'aux autorités de régulation et de contrôle. Il est évident que l'épargne publique est en danger et qu'elle mérite considération avec un réel traitement.

BIBLIOGRAPHIE

• Ouvrages

T. Granier et C. Jaffeux : la titrisation : *Aspects juridique et financier, Economica, 2ème édition*
Leguevaques C., *Droit des défaillances bancaires, p.77, Economica*
Mattout : *La déontologie financière et bancaire en France, Bruylant*

P. RAIMBOURG & M. BOIZARD : *Ingénierie financière, fiscale et juridique, Dalloz, 2009/2010.*
Tonye A., *Pratique juridique des financements structurés en Afrique, L'harmattan*

• Articles

Affaire Vuillième , *(BCP), JCP(E) , 1997, pan. n°12, P.103*
Bonneau, *De la notion de place dans les textes législatifs contemporains, Mélanges AEDBF-France II, 1998, p.83 et s.*
Commission Bancaire de l'Afrique Centrale, *Rapport Annuel 2007*
Commission Bancaire de l'Afrique de l'Ouest, *Rapport annuel 2007*
Comité de Bâle sur le contrôle bancaire : *Renforcement de la gouvernance d'entreprise dans les établissements bancaires, février 2006, P.4*
Cour des Comptes, *Le groupe Crédit Lyonnais, exercices 1987-19993, Rapport 1995, p.17*
Duquesne P., *Le rôle de la Banque Centrale dans le contrôle bancaire – Séminaire du FMI, 30/01/1997 sur « Les rapports entre solidité du système bancaire et politique monétaire dans un contexte de marchés financiers mondialisés »* Caen, Conférence EFE 31 mars 1999
Hirigoyen : « *Quelques réflexions sur le lien entre l'éthique et la finance* », Cahier spécial Banque Stratégie, « Ethique et finance », mai 1995.
Kergommeaux (de) et Saint-Marc, *« La technique de la titrisation », Droit et patrimoine, juin 1996, n°39, P.22-27*
Lambert, *Banque, votre santé nous intéresse, Rapport du Sénat 1999,*
La Vie Financière n° 304., 2003.
Marini, « *Oui à la sécurité des déposants, non à l'infaillibilité bancaire », Banque, avril 1999*
Navarro Marion, *Regards croisés sur l'économie, n°3*
Dossiers BCCI, PALLAS –STERN, AOM-AIR LIBERTE

Oppetit : *« Ethique et vie des affaires », Mélanges Colomer, Litec, 1995, p. 319*
Peltier, *Marchés financiers et droit commun, Banque éditeur, 1997, n°78*
Péricard *: La faillite de la BCCI*
Pr Schilder : *comptabilité bancaire et contrôle bancaire : principaux enjeux*

Sites Internet

Net-iris
www.agefi.fr
www.beac.int
www.bceao.int
www.caa.cm
www.icemac.com
www.sous lemanguier.com
www.jeuneafrique.com.n°2540
www.cosumaf.org

INDEX ALPHABETIQUE

R

S

T

TABLE DES MATIERES

AFRIQUE

Dernières parutions

50 ans de relations belgo-congolaises. Rétrospective et perspectives
Tambwe Kitenge Bin Kitoko Eddie, Mova Sakanyi Henri
A l'occasion d'un colloque "rétrospective et prospective" sur cinquante ans de relations belgo-congolaises, réunissant une cinquantaine de chercheurs, d'experts et de témoins de l'Histoire, de nationalité belge et congolaise, voici des textes sur la colonisation et la décolonisation du Congo, les relations diplomatiques entre les deux pays, de 1960 à 2010, la coopération.
(22.00 euros, 224 p.) ISBN : 978-2-296-56054-3

L'accès aux médicaments des pays en développement
Enjeu d'une rénovation des politiques de développement
Bréger Thomas - Préface de German Velasquez
Le médicament est devenu un objet de marché dans une économie mondiale centrée sur l'exploitation commerciale du savoir, en l'occurrence l'innovation pharmaceutique. Le manque d'accès aux traitements s'analyse comme le résultat d'une exclusion des pays en développement du marché pharmaceutique, causée tant par leur situation socio-économique que par la structure du marché et les règles de l'OMC relative à la propriété intellectuelle. Un renouveau du droit au développement "humain" définit l'accès aux médicaments comme un composant du droit fondamental à la santé.
(49.00 euros, 752 p.) ISBN : 978-2-296-55460-3

Barack Obama un homme, un peuple, un destin. Enjeux politiques et stratégiques
Tonye Alphonse
La victoire de Barack Obama le 5 novembre 2008 est historique et révolutionnaire. Toutefois, au regard de la situation catastrophique dont il a hérité, peut-on penser qu'Obama soit arrivé quatre ans trop tard à la Maison Blanche, ou alors qu'il ait besoin de plus de temps pour réaliser pleinement son programme politique et économique ? Ce livre propose des pistes de lectures et pose un regard critique sur les Etats-Unis d'Amérique et le monde à partir de l'Afrique.
(Coll. Défense, Stratégie et Relations Internationales, 25.00 euros, 258 p.) ISBN : 978-2-296-55003-2

Bilan philologique de l'*Esquisse d'une théorie de la pratique* de Pierre Bourdieu
Etude comparée des éditions de 1972 et de 2000
Atangana Jean-Claude - Préface de Valentin Nga Ndongo
En rééditant *l'Esquisse d'une théorie de la pratique*, Bourdieu nous apprend, d'une part, qu'un travail scientifique n'est jamais achevé, qu'il répond aux préoccupations épistémologiques du moment et doit nécessairement subir le

feu des critiques venant des pairs, et, d'autre part, qu'un tel travail doit aussi prendre en compte les nécessaires évolutions scientifiques intervenant dans le champ disciplinaire concerné.
(Coll. Pensée Africaine, 11.50 euros, 108 p.) ISBN : 978-2-296-54961-6

Changement social chez les Makina du Gabon
Agyune Ndone Fabrice - Préface de Pierre-Philippe Rey
Ce livre propose une anthropologie des rythmes de la transformation ethnique, par l'étude du cas spécifique des Makina du Gabon. En substituant aux analyses macroscopiques antérieures une analyse microscopique, l'auteur fait subir à la problématisation de l'ethnie une révolution.
(Coll. Etudes africaines, 29.00 euros, 298 p.) ISBN : 978-2-296-54737-7

Chants de Béhanzin, le résistant (CD inclus)
Akoha Albert Bienvenu, Medagbe Appolinaire
Avec les centenaires respectifs de la mort des rois Glélé, Agonglo puis Béhanzin par la nation béninoise, a commencé le temps d'une relecture de l'histoire du Royaume du Danxomé. Il est apparu important de puiser dans la littérature orale authentiquement produite par Béhanzin lui-même : plus de 200 chansons lui sont attribuées par la tradition. Véritable muse, ce roi chante tout ce qu'il vit, notamment dans sa farouche résistance à la colonisation.
(Coll. Langues et cultures du Bénin, 25.00 euros, 198 p.) ISBN : 978-2-296-55078-0

Congo (1940-1963). Fractures et Conséquences
Ergo André-Bernard
La Seconde Guerre mondiale va modifier profondément les rapports entre les expatriés et les autochtones dans la colonie et l'attitude du roi va désorganiser l'entente jusque-là parfaite des trois piliers de la colonisation, l'administration, les missions et les entrepreneurs. L'effort de guerre éxigé du Congo par les alliés va mettre littéralement à genoux les populations noires et blanches. La rupture est inévitable ; les Belges ne voulant pas d'une guerre coloniale, choisiront d'autres voies.
(Coll. Etudes africaines, 26.00 euros, 294 p.) ISBN : 978-2-296-55219-7

Créer une entreprise en Afrique. Itinéraire et Business Plan
Pony Lucas
Ce livre retrace avec clarté le parcours du créateur d'entreprise : importance de la collaboration professionnelle et nécessité de consulter sans complexe les experts, les notaires, les avocats, tout en ayant les éléments de base pouvant favoriser le dialogue et, partant, la réduction de la marge d'escroquerie d'idées. Il insiste également sur la notion anglo-saxonne du *timing* et se termine sur une synthèse relative, qu'on qualifie de business plan, indispensable pour discuter.
(Coll. Harmattan Cameroun, 17.00 euros, 168 p.) ISBN : 978-2-296-55405-4

Géopolitique de la Côte d'Ivoire
Bakayoko Youssouf, Barrat Jacques, Ferro Coline, El Zein Derek, Wang Charlotte, Notteau Maxime
Préface de Youssouf Bakayoko
Exsangue aujourd'hui, la Côte d'Ivoire devra se relever, panser ses plaies tant physiques que morales et retrouver son unité. C'est la tâche ardue qui attend le Président Alassane Ouattara. Il reste aussi à espérer que revenue à la démocratie, la Côte d'Ivoire puisse, aidée par des pays amis et les institutions internationales, reprendre en matière économique sa place de "poumon vital" de l'Afrique de l'Ouest.
(Editions SPM, Coll. Géopolitiques du XXIe siècle, 25.00 euros, 240 p.)
ISBN: 978-2-901952-84-8

Gestion des sols agricoles : stratégies paysannes et politiques agricoles
Le cas des cinq terroirs du département du Thiès
KADET Pierre Diégane
L'auteur traite des relations entre pratiques culturales et érosion des sols dans la partie nord-occidentale du bassin arachidier sénégalais. Il aborde successivement la problématique et l'approche méthodologique, les formes et facteurs de la dégradation des sols et l'environnement, les différentes stratégies de conservation/protection des ressources naturelles mises en œuvre et leurs impacts tant sur l'environnement que sur les conditions socio-économiques des paysans.
(Coll. Etudes africaines, 32.50 euros, 356 p.) ISBN : 978-2-296-13965-7

La haute fonction publique au Gabon. Les logiques de sélection d'une élite de 1956 à 1991
Nfoule Mba Fabrice
Au moment de l'accession à la souveraineté internationale, le manque de techniciens suffisamment formés a largement contrarié le dessein d'une haute administration au Gabon. De la colonisation à l'indépendance, la mise en place d'un corps de dirigeants administratifs a constitué un problème récurrent au sein de la fonction publique. Les modalités d'émergence de cette élite laissent entrevoir une forte prégnance des logiques géoéthniques. Il s'agit ici d'analyser le mode de cooptation ainsi que la déroute de la carrière des agents de commandement de l'administration à travers l'histoire.
(Coll. Etudes africaines, 32.50 euros, 348 p.) ISBN : 978-2-296-10409-9

Plaidoyer pour l'égalité des femmes. La parité du jugement
Angue Medoux Irma Julienne, Djossou Ariane, Kindo Aissata Soumana
Pour affronter leur destin, les femmes africaines doivent pouvoir neutraliser les traditions qui continuent à leur imposer de se soumettre aux hommes, en faisant valoir une autre parité, la parité des femmes et des hommes dans l'usage du jugement. Elles doivent pouvoir faire reconnaître qu'elles partagent leur faculté de juger avec les hommes en raison de leur usage commun du langage.
(Coll. Femmes Africaines, 13.00 euros, 134 p.) ISBN : 978-2-296-55335-4

Rationalité prédatrice et crise de l'Etat de droit
Ayissi Lucien
La rationalité prédatrice, qui se traduit par l'existence des collusions mafieuses, des prévarications en tout genre et des formes variées d'appropriation du bien commun et de privatisation des institutions publiques, prospère là où la rationalité politique de l'Etat de droit est en crise. Ce livre analyse le conflit sur le mode duquel s'opposent ces deux formes de rationalité, afin de mettre en évidence les dangers politiques dont s'accompagne inévitablement la prédation sociale.
(Coll. Harmattan Cameroun, 20.00 euros, 214 p.) ISBN : 978-2-296-55387-3

Sociologie de Jean-Marc Ela. Les voies du social
Akam Motaze
Ce livre montre que l'œuvre monumentale de Jean-Marc Ela se comprend à la lumière de deux paradigmes : l'épistémologie de la transgression et la libération de l'homme africain. Ce sont deux acquis paradigmatiques qui constituent le socle sur lequel repose une sociologie que l'auteur synthétise en trois grands champs : une sociologie de la théologie africaine, une sociologie du "monde d'en bas" et une sociologie de la production scientifique en Afrique.
(Coll. Etudes africaines, 20.50 euros, 216 p.) ISBN : 978-2-296-55141-1

La théologie politique africaine. Exégèse et Histoire
Mutombo-Mukendi Félix - Préface de Josaphat Paluku Rubinga - Postface de Jean-Pierre Mbelu
Ce XXIe siècle sera celui de l'Afrique à condition que la critique tridimensionnelle de la théologie politique devienne une grandeur structurante de la réflexion et une pratique réelle dans la dévotion. Trois atouts majeurs de l'Afrique : ressources naturelles, ressources humaines et ressources spirituelles ! Cependant, sans critique de la Théologie elle-même, de l'Eglise et de la Société, le Christianisme des pasteurs et prêtres africains, proches du pouvoir politique, renie le Christ et détruit les Nations.
(Coll. Eglises d'Afrique, 32.00 euros, 344 p.) ISBN : 978-2-296-55332-3

Suivi et évaluation des plans de développement communal au Sahel. Avec le cas d'étude de Téra (Niger)
Tiepolo Maurizio
Cet ouvrage décrit les modalités d'introduction des plans de développement au Burkina Faso, au Mali, en Mauritanie, au Niger et au Sénégal, pour analyser ensuite le cas de la commune de Téra (Niger).
(Harmattan Italia, 22.50 euros, 252 p.) ISBN : 978-2-296-13690-8

L'HARMATTAN, ITALIA
Via Degli Artisti 15; 10124 Torino

L'HARMATTAN HONGRIE
Könyvesbolt ; Kossuth L. u. 14-16
1053 Budapest

L'HARMATTAN BURKINA FASO
Rue 15.167 Route du Pô Patte d'oie
12 BP 226 Ouagadougou 12
(00226) 76 59 79 86

ESPACE L'HARMATTAN KINSHASA
Faculté des Sciences sociales,
politiques et administratives
BP243, KIN XI
Université de Kinshasa

L'HARMATTAN CONGO
67, av. E. P. Lumumba
Bât. – Congo Pharmacie (Bib. Nat.)
BP2874 Brazzaville
harmattan.congo@yahoo.fr

L'HARMATTAN GUINÉE
Almamya Rue KA 028, en face du restaurant Le Cèdre
OKB agency BP 3470 Conakry
(00224) 60 20 85 08
harmattanguinee@yahoo.fr

L'HARMATTAN CÔTE D'IVOIRE
M. Etien N'dah Ahmon
Résidence Karl / cité des arts
Abidjan-Cocody 03 BP 1588 Abidjan 03
(00225) 05 77 87 31

L'HARMATTAN MAURITANIE
Espace El Kettab du livre francophone
N° 472 avenue du Palais des Congrès
BP 316 Nouakchott
(00222) 63 25 980

L'HARMATTAN CAMEROUN
BP 11486
Face à la SNI, immeuble Don Bosco
Yaoundé
(00237) 99 76 61 66
harmattancam@yahoo.fr

L'HARMATTAN SÉNÉGAL
« Villa Rose », rue de Diourbel X G, Point E
BP 45034 Dakar FANN
(00221) 33 825 98 58 / 77 242 25 08
senharmattan@gmail.com

www.ingramcontent.com/pod-product-compliance
Lightning Source LLC
LaVergne TN
LVHW021744071126
851857LV00039B/738
9782296563841